당신으로 충분하다

정신과 의사 정혜신의
6 주 간 의 힐 링 톡

푸른숲

푸른숲 편집부와 정혜신 선생님의

미팅 자리에서 심리상담 과정을 그려낸 책을 내보면 어떨까 하는 의견이 나왔습니다. 한 명의 권위자가 특정 사례나 문제를 분석하고 해결법을 제시하는 기존 심리서와 달리, 치유자와 내담자들이 '우리는 모두 치유적 존재'임을 함께 깨달아가는 집단 상담의 장을 만들고, 그 과정을 책으로 담아보기로 했습니다. 푸른숲은 상담 참석자를 모집하는 공고를 내게 되었습니다. 6회의 세션을 통해 정혜신 선생님과 집단 상담을 하고 이 내용이 후에 책으로 출간될 것임을 명시한 공고였지요.

상담 신청자들 30여 명의 동의를 얻은 후 심리검사를 시행했습니다. 그중 심리검사 결과에서 가장 평균적인 모습을 보인 30대 여성 4명과 함께 집단 상담을 시작하기로 최종 결정했습니다.

이들은 각자의 심리검사 결과를 읽으며 심리적 위밍업을 거친 후 정혜신 선생님과 본격적인 집단 상담을 시작했습니다.

책에 실린 이름과 신상 정보는 내담자들의 요청에 따라 모두 수정되었음을 알려드립니다.

프롤로그

나를 치유자로 키운 건

　요즘은 힐링이라는 단어가 '언제 차라도 한잔'이란 인사말처럼 흔하다. 족발집 골목처럼 힐링의 원조를 자처하는 이들까지 생겨날 정도다. 무늬만 힐링이거나 힐링의 산업화 같은 부작용 때문에 눈살 찌푸리는 이들도 적지 않지만 이렇게 힐링이 차고 넘치는 건 사람들 마음속에 해결하지 못한 마음의 상처가 '언제 차 한잔'만큼 많다는 반증이기도 하다.

　내 직업은 정신과 의사다. 지난 24년간 1만 2천 명이 넘는 사람들과 상담을 했으니 원하든 원치 않든 힐링이라는 단어와 무관하지 않다.

　하지만 엄밀하게 말하면 지난 10년간 나는 병원의 진료실을 떠나 있었다. 병원이 아닌 곳에서 자기와 조우하고 싶은 욕구가 강렬한 개인들의 속마음과 마주했으며 거리에서 의자 몇 개 놓고 감정노동자, 고문피해자,

해고노동자, 국가폭력피해자 들과 만나 그들과 함께 웃고 울었다. 그러므로 지난 10년, 나는 정신과 의사라기보다 치유적 활동을 하는 사람에 가까웠다.

그 과정에서 나는 치유적 내공이 쌓이는 행운을 잡았다. 나를 치유자로 키운 건 거리에서 만나 자신과 마주한 사람들이었다. 직업적 겸양이나 의례적 수사가 아니라 실제로 그랬다. 진료실이라는 공간에서 의사라는 직업의 전문가가 누릴 수 있는 최소한의 후광도 없이 나는 그들과 심리적 민낯으로 만났다. 그럴 수밖에 없는 상황이었다. 그런 상황에서 그들은 내 친구인 동시에 상처받은 새였고, 스승인 동시에 삐쳐 있는 연인이었다. 그들과 나는 눈물과 웃음을 주고받았으며 고통과 분노를 함께 나누었다.

그들은 눈물로 내 눈을 밝게 해주었고 나는 그들이 마음의 상처를 추스를 수 있도록 적극적인 조력자(치유자)가 되었다. 그들은 대개 상처 입은 치유자(wounded healer)가 되었다.

아주 쉽고 친근하게 표현하자면, 이 책은 치유자로서 내 영업 비밀을 담은 책이다. 마음의 상처를 입은 이들이 나와의 상담을 통해 조금이라도 치유가 되고 새로운 힘을 얻을 수 있었다면 무엇 때문에 그렇게 되었는지를 조곤조곤 설명하는 책이다. 사람들이 내게 끊임없이 그리고 반복적으로 물었던 질문들에 대해 한번에 몰아서 찬찬히 답하는 심정으로 정리했다.

언젠가 함께 일하는 20대 여자 직원이 전화 한 통을 받고 난 후 다급한 울음과 함께 내게 말했다. "친구가 투신자살했대요. 어떻게 해요? 그 부모님과도 잘 알고 지냈는데 어떻게 위로해드려야 하나요? 저와 친구들은 또 어쩌죠?" 어느 날은 오래 알고 지내는 지인이 머뭇거리며 자신의 고민을 토로했다. 아이가 다니는 학교의 학교폭력방지위원회 활동을 하고 있는데 자기 아이가 왕따 당하고 있는 친구를 집단 폭행한 현장에서 가해 학생 중 하나로 밝혀졌다는 것이다. 아이와 재판 과정을 함께하면서 그는 혼란에 빠졌다. "피해 학생과 부모에게 어떤 사과와 위로를 전해야 하나요? 내 아이에게는 뭐라고 해야 하는 건가요? 내가 아이를 너무 몰랐던 것일까요?"

질문의 결이나 폭에 조금씩 차이가 있을 뿐 사람들은 그런 상황들에서 자신의 문제를 해결하는 방법이나 그런 일을 당한 타인을 어떻게 위로하고 도와야 하는지 난감해한다. 그런데 불행하게도 그런 비상한 상황들이 일상적으로 벌어지는 사회이니 어쩌면 좋을까.

원고를 정리하는 내내 그런 절박한 질문들에 답하는 심정이었다. 이 책은 내가 30대 여성 4명과 함께 떠난 치유여행의 기록이다. 우리는 1주에 한번씩 2시간 동안 만났다. 그렇게 6주 동안 마음여행을 했다. 일종의 '집단 상담'을 한 것이다. 집단 상담에서 내 역할은 치유자였지만 내 마음속 깊은 곳에서 그들은 동생 같았고 때론 친구나 사랑스러운 인생 후배였다. 그 여행 동안 우리가 함께 나누었던 얘기들을 치유자의 입장에서 정리했다. 평가나 분석이 아니다. 치유자로서의 내 속마음이다.

내가 그들에게 '무슨 말을 했는지'보다 '무슨 말을 하지 않았는가'에 더 주목하면 좋겠다. 그것이 더 치유의 본질에 가까울 것이다.

마지막 시간에 그들은 내가 무슨 말을 하면 "그때 마음이 어떠셨어요?" 하고 나한테 되묻곤 자기들끼리 까르르 웃었다. 내가 그들에게 자주 했던 질문이다. 그 말을 따라 하며 그냥 웃는 듯했지만 나는 그들이 이미 치유의 핵심이 무엇인지 체감했다고 느꼈다. 그 웃음소리가 지금도 귓가에 쟁쟁하다.

좋은 글이나 수려한 문장이 나오는 책은 아니지만 음미하듯 읽었으면 좋겠다. 내 품에 기대어 자는 누군가의 잠을 깨우지 않기 위해 상대방과 숨결의 오르내림을 맞추듯 그렇게. 그러다 보면 누군가에게 내가 치유자의 역할을 할 수 있을지도 모르겠다는 마음이 생길 것이다. '모든 인간은 치유적 존재다'라는 그 당연하고 근사한 명제를 새삼 깨닫게 될 것이라고 나는 믿고 싶다.

마지막으로 꼭 언급해야 할 두 명의 스승이 있다. 한 명은 이번 여행을 함께한 지혜다. 그는 많이 아팠지만 더 많이 용감해서 내가 길을 잃지 않도록 이끌어준 가이드였다.

또 한 명. 내가 치유자의 역할을 하며 만나는 사람들을 대상화하지 않도록 끊임없이 나를 돌아보게 하고 격려하는 나의 심리적 구루, 이명수. 이 책의 첫 독자로, 스파링 파트너로 공저자에 가까운 공헌을 했다.

두 사람에게 특별한 감사와 존경의 마음을 전한다.

2013년 5월, 신록이 황홀한 양평 산마을에서

정혜신

차례

프롤로그_ 나를 치유자로 키운 건　6
들어가기 전에　12
상담에 참석한 사람들　19

첫 번째 세션

왜 이렇게 내 삶에 자신이 없는 걸까?

- 상담실 문을 두드리게 된 이유　22
- 공감을 노력한다　39
- 내 마음, 내 감정, 내 느낌, 내 생각　49

두 번째 세션

마음을 말로 표현할 수 없어요

- 지식 말고 네 마음을 말해봐　70
- '서른 넘은 어른'이라는 자아　78
- 울면 나약한 사람　86
- '나와 나'의 관계에 가혹하지 마라　97

세 번째 세션

괜찮다, 모든 게 무너져도 너는 언제나 괜찮다

- 상처를 드러낼 수 있을까　118
- 당신의 상처보다 당신은 더 크다　125
- 아빠에게 듣고 싶었던 한마디　133
- 우울에 잠시 머물기　154

네 번째 세션
내 마음을 알아주는 누군가와 함께 존재하는 순간

- 상처 대신 웃음 　　　　　　　　　　　　　　　164
- 지혜를 도와 미란을 도울 수 있다면 　　　　　　174
- 의존적인 사람이 싫어요 　　　　　　　　　　　183
- 외로움, 두려움의 근원 　　　　　　　　　　　　198

다섯 번째 세션
노력하지 않아도 '당신으로' 충분하다

- 그 순간 공감이 가능했던 건 　　　　　　　　　218
- 내 마음에 한 번만 더 물어봐준다면 　　　　　　233
- 저는 그만 노력하고 싶어요 　　　　　　　　　240

여섯 번째 세션
아, 내가 그런 거였구나

- 제가 좀 착해진 것 같아요, 솔직해지고 　　　　254
- 좀 이렇게 열고 싶다, 하는 마음이 생긴 것 같아요 　257
- 조금씩 내 마음에 솔직해진다는 것 　　　　　　262
- 아, 내가 그렇게 외로웠었나? 　　　　　　　　268
- 매끈하게 정리되지 않는 것, 그것이 사람 마음 　279

들어가기 전에

나를 포함해 집단 상담을 하기로 한 5명이 다 모였다. 그러므로 그곳이 어디이든 여기는 이제부터 마음여행을 떠나는 기차 안이 된다. 이들은 며칠 전 사전 심리검사를 하며 잠깐 얼굴을 보았을 뿐 서로 모르는 사이다. 모르는 사람끼리 만나서 깊은 속내를 꺼내놓는 일이 가능할까. 가능하다면 그것은 어떤 과정을 거쳐 가능하게 되는 것일까. 일상의 많은 부분을 알고 공유하는 식구나 친구에게 자기 속내를 얘기하는 것보다 부담이 없어서 좋은 점도 있지만 선행되어야 하는 심리적인 작업이 있다. 서로에게 일정 정도 이상의 호감을 가질 수 있어야 하고 짧은 시간 안에 서로에 대한 신뢰가 쌓여야 한다. 낯모르는 사람끼리 깊은 신뢰와 호감을 만들어가는 과정, 그 바탕 위에서 자신을 활짝 열어가는 과정, 그 안에서만 가능한 뜨거운 지지와 위로, 격려 그리고 깊은 깨달음을 얻는 일련의 과정. 그것이 바로 집단 상담이다.

"우리는 지금부터 6번에 걸쳐 총 12시간을 함께 얘기 나눌 겁니다. 지금까지 살아오면서 일상에서 친구와 많은 얘기를 나누었을 수도 있고 때론 그들과 여행을 하면서 평소에 안 하던 얘기까지 더 깊이 나눴던 경험도 있을 수 있지요. 그러나 누군가와 12시간 동안 집중적으로 서로 '나'에 대한 얘기를 나눈다는 것은 조금 다른 경험일 거예요. 어쩌면 앞으로도 쉽지 않은 경험일 수 있고요. 우리는 서로 안면이 없는 사람들입니다. 그러나 지금 이 순간부터 특별한 인연을 맺어가는 사람들이지요. 이 여행이 여러분 각자에게 여러 가지 의미를 가질 거예요. 간단한 안내부터 시작하겠습니다.

이 자리에서 어떤 얘기를, 어디부터 시작해야 할지 막막하죠? 우리가 앞으로 나눌 얘기의 주제는 '사람 관계'라 할 수 있어요. 내가 맺은 관계라면 누구와의 관계도 다 좋습니다. 그 관계에서 생겨난 내 감정 중 떠오르는 것부터 얘기하면 돼요. 부모와의 관계일 수도 있고 직장 동료나 친구, 형제간의 관계에서 생긴 일들일 수도 있어요. 연인 사이의 일이든, 일터에서 고객과의 관계에서 겪은 일들이든 다 좋습니다. 중요한 건 그 관계에서 생긴 '내 감정, 내 생각' 중에서 떠오르는 얘기, 하고 싶은 얘기들을 같이하는 자리라는 거예요. 그럴 수 있으면 됩니다."

상담의 주제를 왜, 하필 '관계'라는 틀에 묶어두는 것일까 의아해할 수도 있다. 그렇지 않다. 실상 '사람 관계'라는 것은 우리 일상의 전부를 의미하는 개념이다. 인간사 희로애락 어떤 감정도 사람 관계에서 파생되지 않는 것이 없다. 주제를 관계에 한정하는 듯하지만 사실은 삶의 모든 것을 아우르는 개념어가 '관계'다. 무인도에 홀로 떨어져 사는 사람은 자신이 어떤 사람인지 알기 어렵다. 내가 활달하고 사교적인 사람인지 과묵한 편인지 혼자 있는 걸 즐기는 사람인지 짜증을 쉽게 내는 사람인지 마음이 여린 사람인지 알 수가 없다. 사람이 자기 자신을 분명히 알고 느낄 수 있는 건 관계 속에서 자신을 바라볼 때이다. 정신분석학을 한마디로 표현하면 '관계의 학문'이며 사람의 모든 것은 '관계'를 통해 알 수 있다고 해도 지나치지 않다.

사람은 관계에 따라 다른 얼굴을 가질 수 있는 다면적 존재다. 아들에게 절절매는 아빠가 부하 직원에겐 사납고 냉정한 사람일 수 있고, 남자에겐 거칠게 구는 여자가 여자 친구들에겐 자상한 언니 같은 역할을 하기도 한다. 관계에 따라 다르게 나타나는 사람들의 모습엔 나름의 독특한 심리적 기제와 배경이 있다. 그 얼굴의 여러 면면을 수맥 찾듯 짚어나가면 마침내 자신에게 가장 중요한 내적 욕구들을 만나게 된다.

"앞으로 우리가 함께 얘기를 하면서 지켜야 할 규칙은 단 한 가지뿐입니다. 우리가 여기서 얘기를 할 때 그게 어떤 얘기든지 내 머릿속에 떠오른 생각이나 느낌을 '있는 그대로' 얘기하는 것. 이게 단 하나의 규칙입니다. 정돈해서 말하려 하거나 가지치기하지 말고요. '이런 얘기는 다른 사람에게 별로 도움이 안 될 거 같아'라든가 '이런 얘기를 하면 다른 사람이 날 좀 우습게 생각하지 않을까' 등의 이유로 자기 생각을 검열하고 걸러서 얘기하면 안 됩니다. 어느 순간, 내게 떠오른 생각이나 느낌은 그것이 맥락이 있든 없든 어떤 종류의 이야기든지 내게는 무척 중요한 얘기이기 때문에 떠오른 겁니다. 별 볼일 없는 얘기처럼 느껴지든 정말 시시한 얘기라고 생각되든 스스로 평가하고 판단하지 마세요. 어떤 얘기든 상관없어요. 나한테 떠오른 생각이나 느낌, 그것은 반드시 이유가 있습니다. 그것을 '있는 그대로' 꺼내다 보면 내게 중요한 맥을 찾을 수 있습니다."

심리상담 현장에서 유일무이한 단 한 가지 규칙은 자유연상(free association)이다. 나는 지금 상담을 시작하기 앞서 이들에게 자유연상 규칙을 설명하고 있다. 하지만 상담 과정 내내 나는 이 규칙을 반복해서 말하게 될 것이다. 이것을 지키는 것이 말처럼 쉽지 않기 때문이다. 우리는 어릴 적부터 떠오르는 생각이나 느낌을 누르지 않고 '있는 그대로' 얘기하는 행위를 여러 가지 이유들로 차단당해왔다. 그러다 보면 특별히 억누른다는 생각도 없이 무의식중에 내 생각이나 느낌들을 자동적으로 차단하게 된다. 그럼에도 내 느낌과 생각을 가능하면 훼손하지 않고 떠올리면서 '있는 그대로의 나'를 감지하고 표현해내는 과정은 상담의 성패를 좌우할 만큼 중요하다. 자유연상을 통해야만 있는 그대로의 '나'를 만날 수 있다. 나를 만나는 일, 내가 내 고갱이를 마주하는 일, 삶의 어느 모퉁이에서 자기 자신의 앞 얼굴을 정면으로 대면하는 일은 뜨거운 감동 그 자체다. 특별할 것 하나 없는 어느 촌부(村婦)의 빛바랜 사진 한 장은 다른 사람들의 시선을 끌지 못하지만 그것이 내 엄마의 사진이라면 얘기는 달라진다. 내게 그 사진은 세상에서 가장 각별한 한 장의 사진이 된다. 내가 마주하게 되는 나의 모습도 그와 비슷하다.

나를 만나는 일은 그 자체로 큰 위로이고 안전함의 근원을 느끼게 하는 일이다. 그래서 가장 치유적인 순간이다. 내게 툭툭 떠오르는 느낌이나 생각들을 별것 아닌 것으로 취급하지 않고 잘 따라가다 보면 어느 순간에 '아, 내가 그때 그렇게 화가 났었구나', '내가 그때 그것을 그렇게 원했었구나' 하는 생각들, '내가 그랬구나, 내가 그렇구나' 하는 자각들이 분명해진다. 그런 식으로 나를 또렷하게 다시 볼 수 있으면 그때부터는 내가 무엇을 해야 할지 확실히 알게 되고 그만큼 자연스러워진다. 이런 느낌과 자각이 없는 상태에서 '나는 무엇을 해야 할까' 고민하며 길을 헤매는 경우가 우린 얼마나 많은지 모른다. 그런 식의 고민은 해결책을 찾아가는 과정이 아니다. 내가 나를 분명히 느끼고 감지하면 모든 것이 분명해진다. 이게 길(道)이다. 해결의 방법론을 몰라서 문제 해결을 못하는 것이 아니다. 해결법에 대한 팁은 세상에 차고 넘친다. 그러나 나와 내가 처한 상황에 대해 분명하고 깊은 깨달음이 없는 상태에서 급전 당겨쓰듯 강구한 해결책들은 궁극엔 해결책이 되지 못한다. 해결책으로 작동하지 않는다.

가끔 TV 프로그램을 보면 동료들이 뒤에서 촘촘히 서서 받쳐주고 있는 상황에서 돌아보지 말고 그대로 넘어져봐라, 하는 경우가 있습니다.

보신 적 있을 거예요. 기업 연수 프로그램 같은 데서도 그런 비슷한 것들을 많이 합니다. 간단하지만 그런 프로그램이 스테디셀러처럼 계속되는 데는 이유가 있습니다. 뒤로 넘어져봐라, 했을 때 뒤에서 동료들이 다 받쳐주고 있다는 걸 알아도 웬만해선 몸을 그대로 뒤로 넘어뜨리기 어렵지요. 그런데 믿고 해보면 색다른 체험을 하게 됩니다. 그 어려운 부탁을 제가 지금 여러분에게 하려고요. 여러분이 여기서 어떤 이야기들을 하든지 뒤에서 제가 여러분을 다 받쳐드릴 겁니다. 뒤로 꼿꼿이 넘어가는 사람처럼 떠오르는 얘기를 거르지 말고 저를 믿고 다 입 밖으로 꺼낼 수 있으면 좋겠습니다. 여러분이 어떤 얘기를 하든 그 파장이나 부작용, 후유증이 없도록 제가 조절하고 막아드릴 수 있습니다. 저를 믿으시면 좋겠습니다.

상담에 대해 사람들이 가지고 있는 편견이 있어요. '이미 다 지난 일인데 그걸 남한테 얘기한다고 뭐가 달라지겠어. 무슨 도움이 될 수 있겠어?' 하는 유의 생각들입니다. 그것 때문에 상담 자체를 거부하는 경우도 많고요."

마음의 상처는 눈에 보이지 않는다. 상처의 실체에 대한 감, 그 윤곽을 잡기가 참 어렵다. 그러니 그에 대처해가는 과정은 안개 속의 운전자처럼 힘겹다. 곪은 데가 있으면 째거나 짜내면 되지만 마음의 상처는 떼어낼 수도 없고, 깨끗하게 소독해서 새살이 돋게 할 수도 없을 것만 같다. "방법이 뭐 있겠나, 다들 그러고 사는 거지" 하는 마음이 대부분의 사람들 생각이다. 그러나 사실은 다르다.

사람 마음에도 법칙이 있다. 의식적 부분의 마음 법칙도 있고 무의식적 부분의 마음 법칙도 있다. 이 두 가지가 적절히 혼합돼 작동되는 것이 우리 마음이다. 마음 법칙을 공부하고 많은 실감, 체험을 하다 보면 '사람의 마음 법칙은 수학처럼 정확하구나" 하는 감탄을 하게 된다. 마음 법칙(마음의 원리)을 알면 내 마음이 왜 그런지 보이고 나와 관계를 맺은 사람들의 반응들이 왜 그런지 알게 된다. 그걸 모르고 살면 "뭐, 사는 게 별거 있나. 다들 그러고 사는 거지"라면서 내 고통의 근원을 보지 못하고, 또 보지 못하니 당연히 힘들게 살아가게 된다. 특히 사람 관계에서 그렇다.

"여러분들이 앞으로 경험을 하겠지만 우리에게는 살아오면서 여러 어려움들이 있었을 겁니다. 상처가 나서 곪은 부분을 의사가 조심조심 메스로 째고 닦아내듯이 마음의 상처도 마찬가집니다. 대화를 통해서 아픈 부위로 조심스럽게 접근해 들어가게 될 거예요. 그래서 그것을 치유하는 과정을 거칠 거예요. 제 말이 지금은 잘 와 닿지 않을 수 있습니다. 그렇지만 지금부터 제가 여러분 옆에서 잘 도와드릴 거예요. 그 과정을 함께 겪어나갈 겁니다. 그 과정을 거치면, 맹장염을 앓는 사람이 치료받고 나면 통증과 발열로부터 자유로워지듯이 여러분도 마음의 상처로 인한 여러 불편함들이 줄어들 수 있을 거예요. 이제 시작하겠습니다."

상담에 참석한 사람들

"아직도 참 나는 나한테 차갑구나……"

황 지 혜

디자인회사 경영. 솔직하고 적극적인 왕언니 같은 성격으로, 쿨해 보이지만 완벽해야 한다는 강박에 시달리기도 한다. 상담 과정에서 자신을 스스럼없이 꺼내놓으며 세션에 활기를 불어넣는다.

"언니한테 감시받는 느낌이에요……"

김 해 인

중학교 교사. 무안할 때마다 손으로 얼굴을 감싸고 웃는 습관이 있다. 상냥하고 다감하지만 자기표현은 인색한 편. 자신의 감정보다 다른 사람들의 심정을 배려하고 공감할 줄 안다.

"누가 저를 싫어하는 것 같으면 너무 괴로워요. 거절당하는 그런 것."

양 미 란

회사원. 이과계 남자 같은 성격. 스스로 엘리트 코스를 밟아왔다고 생각한다. 타인의 감정에 쉽게 공감하지 못하며, 해결책을 내놓는 대화에 익숙하다.

"전에는 내가 사람 모형을 한 로봇 같았는데, 이제는 좀 온기가 느껴지는 사람 같아요……"

신 미 수

윤리교사인 아버지 아래 엄격한 가정 분위기에서 자랐다. 부모님이 심각한 대립 관계에 있어서 힘들어하는 중이다. 자신을 솔직하게 드러내 보이지 못한다.

신미수_

오래 만나온 친구들도
사실은 진짜 저를 몰라요.
알리고 싶지 않고……
나는 완전해야 하는데
그러지 못한 게 드러나는 게 싫어요.

정혜신_

내 얘기를 하고 싶은 마음과
그것을 회피하고자 하는
두 마음이 동시에 작동한다.
도움을 절박하게 원하는 마음이 있다.
동시에 그것을 있는 그대로
드러내기 힘든 점도 있다.
이 둘이 합쳐져 고통을 만든다.

첫 번째 세션
•••••••••••••

왜 이렇게 내 삶에
자신이 없는 걸까?

상담실 문을 두드리게 된 이유

정혜신 _ 오늘 어떤 생각들, 아니면 어떤 기대를 하고 오셨나요?

자기 이야기를 하고 싶은 마음이 간절한 사람도 막상 애기를 하려면 도대체 어떤 애기를 해야 하는 건지, 어디서부터, 어떻게 이야기를 꺼내야 할지 막막해한다. 자기의 진심, 속마음을 현실의 누군가에게 제대로 말해본 경험이 전무해서 그럴 수도 있고 정신과 의사에게 말하려면 잘 정리해서 제대로 표현해야 할 것 같은 부담감 때문일 수도 있고(그렇게 하지 않으면 의사가 자기를 무시하지나 않을지 염려하기도 한다) 자기의 마음을 받아줄 수 있을 것 같은 사람을 만나면 아픈 애기를 끝도 없이 하면서 위로받고 무언가를 해결하고 싶은 마음이 있지만 어떤 이야기만큼은 적극적으로 피하고 싶은 마음도 동시에 존재한다. 그래서 말하고 싶지만 말하지 않게 되는 일이 벌어진다. 그 둘 사이에서 말하고 싶은 쪽으로 마음이 한발 더 기울어지게 만드는 것, 그것이 상담자인 내가 해야 하는 일이다.

황지혜 _ 전 평소에 심리학 책이라면 다 읽었어요. 프로이트부터 다. 서점에 가서 심리라고 쓰여 있으면 다 사 읽었던 시기가 있었어요. 여자들의 심리, 주부들의 심리, 사춘기 학생들의 심리, 심리란 심리는 거의 다.

정혜신 _ 어떤 생각들 때문에 심리학 책들을 읽기 시작했나요?

황지혜 _ 백과사전 찾아보는 기분? 궁금하니까요. 솔직히 제가 뭔가 굉장히 문제가 있다고 생각하니까, 궁금했어요. 한 스물아홉, 서른? 맞아. 서른 때부터 그랬던 것 같아요. 저 나름대로 자기분석을 사실 해보고 싶었어요. 읽으면서 저 스스로 해보는 거죠. 그런데 그런 식으로는 자기분석도 안 돼요. 읽다가 보면 내가 왜 이러고 있나 싶은 거죠. 이해는 하는데, 마음으로는 받아들여지지가 않으니까.

김해인 _ 저는요, (활짝 웃음) 중학교 교사예요. 일한 지는 좀 됐고요. 주로 1, 2학년을 담당하고 있어요. 요즘 학교에서 애들하고 이야기를 많이 하라고 시켜요. 그래서 애들하고 상담을 많이 해요. 실제로 대화를 하다 보면 이론적인 것들이 상황을 더 안 좋게 만들 수 있겠다는 생각이 들어요. 이론상으로는 가족관계도 자기 치유로 할 수 있다지만 실제로는 참 어려워요.

정혜신 _ 예. 그런 경우, 사실 많아요. (웃음) 그렇다면 안다는 게 도대체 뭘까. 내가 나에 대한 분석을 철저히 해서 알았다, 깨달았다고 할 때 그건 어떤 도움이 되는 건가. 그때의 깨달음이란 어떤 걸까. 한번 생각해볼 필요가 있어요. 정신분석에서는 깨달음을 두 가지로 나눠요. 지적 깨달음(intellectual insight gaining)과 정서적 깨달음(emotional insight gaining). 지적 깨달음이란 이론적인 공부를 통해서 사람의 심리 상태에 대한 지식이 많고 그것을 바탕으로 자신에 대한 이론적인 분석도 잘할 수 있는 그런 상태라 할 수 있어요. 정신분석학이나 심리학을 전공한 사람들, 혹은 비전공자 중에서도 심리 관련 책을 많이 읽는 사람들 중에 이런 사람들이 많아요. 심리 관련 강의 같은 데도 많이 참여해서 사람 마음에 관한 해박한 지식을 바탕으로 자신을 분석하고 해석하는 사람들도 많이 봐요. 그런 경우가 지적 깨달음을 얻은 경우라 할 수 있어요. 그런데 문제는 '나'에 대해 이론적 분석이 끝나고 잘 파악이 되었다 하더라도 사실 그 사람 마음이 편해지거나 이전과 달라지느냐 하면 그렇진 않아요. 사실은 별 상관관계가 없는 거죠. 그런데 정서적 깨달음은 달라요. 그건 사람 마음을 달라지게 해요. 정서적 깨달음을 얻으려면 내가 겪었던 어려움이나 상처의 경험, 그 당시의 감정들을 생생하게 다시 떠올릴 수 있어야 해요. 그 기억과 감정을 떠올리면서 상처받은 그 당시의 내가 이해받고 공감받고 위로받는 과정을 거치면서 비로소 내 상처의 본질을 입체적으로 이해하게 되지요. 이 모든 과정을 거치면서 '상처받은 자신'을 순하게 감싸 안을 수 있게 되는 것. 그것을 정서적 깨달음이라고 해요. 그러고 나면 사람은 달라지지요. 편안해져요. 자신이나 자신이 처한 상황에 대해 이전보다 훨씬 또렷하게 인식하게 되고. 그러면 그런 상황에 다시 맞닥뜨렸을 때 전보다 정서적으로 덜 휘둘리게 되죠. 주변 상황에 압도당하는 일이 적어집니다. 홀가분해지기도 하고요. 그래서 편안해지는 거예요.

그러니까 앞으로 여기서 내 이야기를 할 때, 내 생각이나 견해, 내 신념이나 의견 같은 근사하고 멋진 얘기보다는 아주 시시하고 일상적이어서 별 얘깃거리도 안 되어 보이는, 그렇지만 왠지 꼭 하고 싶은 얘기, 그런 '내 느낌'들을 말해야 합니다. '이렇게 하는 것이 맞는 것 같다, 틀린 것 같다'보다는 '이러저러해서 나는 지금 힘들다, 슬프다, 기쁘다' 등으로 표현하는 거지요. 그런 얘기들이 나에게 더 중요한 의미를 가지는 이야깁니다. 내 '생각'은 부모의 생각이나 스승의 가치관, 상사의 의견일 수 있지만 내 '마음이나 느낌'은 온전히 내 것이기 때문이에요. 생선 가시 발라내듯 내 '생각'과 내 '마음, 느낌'을 구별해나가는 일은 치유의 핵심적인 과정이기도 합니다.

내 감정이나 느낌에 대해 더 많이 얘기할 수 있게 될수록 내 본질에 빠르고 쉽게 도달할 수 있어요. 나에 대해 생각에 생각을 거듭하고 지적으로 분석을 하다 보면 복잡해지고 머리만 아파집니다. 그런 지적 깨달음의 방식으론 본질에 다가가기 어려워요. 심리학 책을 너무 많이 읽어서 겪는 부작용들이 꽤 많아요. 그러니까 지금부턴 아는 것에서 한발 물러나보세요. 지금까지 책에서 본 심리학적 지식, 이론, 심리 유형, 내가 아는 지식에 대해서 '이게 다가 아니다'라는 생각을 하고 한발 빠져나오면 좋겠어요. 이제부턴 내 마음이 이끄는 대로, 내 감정, 내 마음이 흘러가는 대로, 떠오르는 대로 거르지 말고 이야기를 해나가 보죠.

　　사람의 마음을 본다는 것은 정교한 크리스털 조각품의 한 면 한 면을 쳐다보듯 섬세해야 한다는 걸 점점 절실하게 느낀다. 내가 누군가와 관계를 맺을 때, 그 관계 안에서 보이는 그의 모습은 그 사람 전체 모습 중의 작은 일부다. 내가 지금 느끼는 그 사람의 모습은 그의 전부가 아니라는 말이다. 사람이란 다중적이고 입체적인 모습을 가진 존재이기 때문이다.

　　사람을 바라보는 '일반론적' 개념을 소개하는 심리학 관련 책들을 나를 설명하는 '구체적' 잣대로 과도하게 받아들이는 경우가 많은 것 같다. 자신만의 고유한 부분들까지 심리학의 일반적 개념이나 코드로 해석하고 설명하는 것은 자신에 대한 과도한 단순화이거나 심리적 폭력일 수도 있다. 이건 자신에 대한 예의가 아니다. 심리학 관련 책을 보다가 '아, 이런 것은 내 모습일 수 있겠다, 내 모습을 설명하는 개념일 수 있겠다'라고 생각되는 것이 있다면 그것을 내게 적용할 때는 나의 심리적 특성을 설명하는 1천 개의 설명 중 하나 정도의 비중으로 받아들여야 한다. 지금까지 1만 2천여 명의 사람과 상담해온 정신과 의사로서, 사람은 어떤 정교한 심리학 이론, 어떤 정교한 정신분석학자의 섬세한 해석보다 더 정교하고 섬세하고 유니크한 존재라는 것을 반복적으로 체험해왔기 때문이다.

신미수 _ 저는 제 심리검사 결과를 보고 많이 놀랐어요. 한 줄로 정리하면 지킬과 하이드? 아니 아니, 이중인격이라는 말이 더 어울리겠다. 옛날에 〈무한도전〉에서 멤버들이 그런 정신감정을 받은 적이 있었어요. 거기서 정형돈 씨가 비슷한 결과였던 거 같아요. 이상은 유재석인데 실제로는 박명수와 가깝다고 했거든요. 저는 그걸 보면서 '아, 저런 사람은 저렇구나' 하고 느꼈는데 제가 그런 모습이라고는 생각 못했거든요. 그런데 검사 결과를 보고 단어 하나하나가 너무 내 모습과 같았어요. 진짜 적나라했어요. 저의 두루뭉술한 상태를 조목조목 정리해주는 그런 느낌이었거든요. 그래서 충격이었어요. 제가 그런 줄 몰랐는데 그렇게 글을 읽으면서 고개를 끄덕이면서 또 인정하기 싫기도 하고, 막막해졌다고 해야 되나? 뭐 그런 거. 제가 설정해놓은 이미지는 누가 봐도 부러운 그런 삶을 추구하면서 사는 모습이거든요. 그래서 사람들이랑 어울리더라도 좋은 모습만 보이려고 애를 쓰고. 그런데 솔직히 제 진짜 모습을 얼마만큼 끄집어낼 수 있을지 그게 제일 걱정이 됐어요.

정혜신 _ 두려운가요, 불안한가요, 또 아님 어떤가요?

신미수 _ 잘 모르겠어요. (눈물 글썽임) 이상하게 눈물이 나네요. 휴지 좀 주세요.

　　　　　미수는 첫 시간 첫 마디부터 자신의 아픈 부분과 대면하고 있다. 자신의 상처를 정면으로 대면할 만한 심리적인 힘이 있다는 의미다. 미수는 좋아질 것이다.

이론적 틀로 자신을 설명하기보다는 그 모습이 일상 속 구체적인 관계에서 어떻게 나타나고 있는지로 각을 좁혀 들어가야 관념적으로 흐르지 않고 실제 얘기가 나올 것이다.

정혜신 _ (잠시 침묵) 미수 씨 안의 그 두 가지 모습이 누구와의 관계에서 제일 두드러지게 나타난다고 느끼세요?

신미수 _ 모두하고요.

정혜신 _ 그중에서도 하나만 딱 꼽아보라면 어떤 사람과의 관계가 제일 먼저 떠오르세요?

신미수 _ 관계하는 모두에게 다 그래요. 친구들한테도 그렇고 직장, 가족, 아니면 잠깐 스쳐 지나가는 사람들까지도.

정혜신 _ 그중에서도 그런 내 모습 때문에, 그 여러 사람들 중에 제일 불편을 많이 느끼는 게 누구와의 관계인가요?

신미수 _ 친구들.

정혜신 _ 친구들이요?

신미수 _ 예, 동네 친구들.

정혜신 _ 오랫동안 만나왔던 친구들이네요. 그럼 지속적으로 그런 모습으로 만나왔다는 거네. 흠. 그런 모습으로 친구들을 만나면서 제일 불편했던 게 어떤 거예요?

신미수 _ 이사를 한 지 오래됐지만 이사를 하고 나서도 자주 보는 편이거든요. 같이 자랐으니까요. 주로 만나면 차 마시고 밥 먹고 그러는 게 다인데, 그게 좀 힘들어요. 밥을 먹고 차를 마시는 동안에도 앉아서 수다를 떨고 사적인 이야기를 나누고 있지만, 사실은 진짜 저를 몰라요. 알리고 싶지 않고.

정혜신 _ 알리면 어떻게 될 것 같아요?

신미수 _ 으흠. 나를 되게 싫어할 것 같아요.

정혜신 _ 미수 씨를? 실망할 것 같아요?

신미수 _ 네. 그동안 쌓았던 게 전부 무너져 내릴 거예요. 만약에라도 그렇게 된다면 다신 마주치고 싶지 않을 것 같아요. (계속 눈물을 닦고 코를 훌쩍임)

양미란 _ 예, 저는 이분(신미수)하고는 정반대라서. 둘을 합쳐서 반으로 쪼개면 좋지 않을까 생각했거든요.

정혜신 _ 어떤 점이 그래요?

양미란 _ 전 심리검사 결과 3개 중에, 2개는 큰 문제가 없었는데, 하나가 문제였어요. '관계에 대한 결함'이란 표현이 있었는데, 그도 그런 게 제가 사람을 잘 안 믿어요. 관계에 대한 이상적인 기준을 세워놓고 만족을 잘 못해요. 이 사람을 만나면 내가 얻을 수 있는 것, 잃을 것 정해놓는다고 해야 하나? 그래서 요즘 좀 외로운 것 같아요. 제가 일기를 쓰거든요. 얼마 전에 일기를 찬찬히 봤는데, 외로움이 특정한 시기라고 생각했는데, 아니더라고요. 일기 내용 거의 전체를 읽었는데 전부 외로웠어요. 이유를 생각해보면 사람을 잘 못 믿기도 하지만 속마음을 이야기할 때, 저랑 비슷한 부류를 찾고 있었던 것 같아요. 저는 그동안 살아오면서 약간의 엘리트 코스, 그런 걸 밟아왔거든요.

정혜신 _ 엘리트 코스란 게 뭐예요?

양미란 _ 아시다시피, 누구나 부러워하는 명문고, 명문대학교를 졸업했죠. 졸업하고 대기업에 좀 다니다가 좀 더 조건이 좋은 곳으로 이직했어요. 연봉도 괜찮고, 복리후생도 좋아서 개인적인 휴식도 좀 있어요. 여기서 밝힐 수는 없지만 모두가 취업하고 싶어 하는 곳이에요. 그래서 제 주변에 똑똑한 분들이 많아요. 주변 친구들, 선배들. 저는 항상 남들이 선망하는 사람들을 만나왔어요. 그래서 약간 천상천하 유아독존, 잘난 것도 없는데 그냥 그런 사람들을 만나오다 보니까, 누군가를 대했을 때 나하고 같은 부류, 나와 다른 부류 이렇게 갈라놓는 그런 경향도 있죠. 그다음에 일단 사람과의 관계를 형성할 때도 남한테 피해를 주지 않는다는 마음은 있긴 하지만 그래도 '내 식대로 한다'는 좀 그런 경향이 있어요. 이분(신미수)은 남들한테 좋게 보이고 싶고 그래서 자기 마음속에 있는 것보다 더 많이 배려하고 싶어 한다면, 저는 남한테 피해주지 않는 선에서는 내 뜻대로 내가 리더가 되고 내가 이끌어요. 예를 들어 친구들과 여행을 가면, 여행지를 결정하는 단계부터 나는 산은 싫어, 바다가 좋아, 처음부터 못 박아 두고, 일정부터 숙소까지 주로 제가 결정하고 실행하거든요. 이렇게 제가 주도하는 걸 좋아하고 그런 경향성이 있어요. 나이가 들면서 좀 유해져야겠다는 생각도 들고 그런 것 좀 버리고 남들을 좀 배려하고 내가 좀 더 양보하고 그래야겠다는 생각은 하는데.

정혜신 _ 흠…… 배려나 양보. 그런 생각은 왜 하게 되셨어요?

양미란 _ 좀 외로우니까요.

정혜신 _ 좀 구체적으로 이야기해주겠어요?

양미란 _ 이번 직장으로 이직하면서 관계하기가 좀 힘들어요. 중학교 때까지는 제가 가만히 있어도 주변 친구들이 다가오는 게 있었거든요. 그래서 편했어요. 고등학교는 저랑 비슷한 애들이라 다 같이 그럭저럭 지냈고 대학 때는 사실 연애하느라 동성 친구랑 깊게 지낸 적이 없었어요. 저번 직장은 마음이 미리 떠났고, 이번 직장에서 본격적으로 관계를 해보려고 했는데, 생각보다 그런 관계 친밀도가 많이 떨어지는 것 같았거든요. 나한테 다가와주는 사람도 별로 없고.

정혜신 _ 왜 없는 것 같다고 느끼세요?

양미란 _ 중학교 때까지는 제가 최고였거든요. 늘 다른 아이들보다 모든 게 우수했어요. 딱히 노력하지 않아도 주변에 늘 친구가 많았어요. 그런데 제가 간 고등학교는 공부 잘하는 학생들만 오는 그런 고등학교였거든요. 저같이 생각하는 애들만 모였으니 서로 먼저 다가가려고 하지 않고 피상적인 관계만 맺었던 것 같아요. 나는 나만 친구가 없을 것 같은데 옆 친구에게 물어보면 자기네들끼리도 또 외롭다고 이야기를 하더라고요. 그게 보통이구나 생각했죠. 이번 직장에서는 좀 더 심각해요. 모두 같은 분야에서 최고를 달리던 사람들이잖아요. 특별히 제가 노력하지 않으니까 저한테 다가오는 사람도 없고, 제가 술자리 같은, 유흥을 별로 좋아하지 않거든요. 그래서 퇴근하면 바로 집으로 와버려요. 처음 이직했을 때는 일이 재미있었는데 그것도 요즘은 그저 그렇고요. 회사에서 사람들이 조금 냉랭하게 구는 것 같기도 하고요. 시간이 갈수록 저한테 거리를 두는 것 같아요.

정혜신 _ 왜 그렇다고 느꼈는데요?

양미란 _ 좀 깐깐하게 대했어요. 회의 같은 걸 하면 저는 좀 잘해보려고 이것저것 말을 하는데, 사람들 회의하는 태도가 진지하지 못해 보여서요. 그래서 내가 열심히 해도 보상은커녕 욕만 먹는구나, 내가 독선적인가 하는 생각이 들었어요. 사람들과의 관계, 엄밀히 말하면 직장 동료들과의 관계가 전반적으로 힘들었던 것 같아서 변해야겠다는 생각을 했어요.

정혜신 _ 서로 자꾸 어긋났군요.

미란, 스스로를 '엘리트'라 칭하는데 이것은 드문 현상이다. 뼛속 깊이 '엘리트 의식'을 가지고 있는 사람은 많지만 '나=엘리트'라는 식의 자신에 대한 날것 그대로의 인식을 무방비 상태로 드러내는 경우는 흔치 않다. 미란의 자기 인식이 어린아이 같다. 미란의 주변 상황에 대한 인식에도 혹시 이런 미숙함에서 오는 오류가 있는지 잘 살펴볼 필요가 있겠다.

김해인 _ 제가 말해야 돼요? (부끄러워하며) 저는요, 심리검사 결과가 그냥 저 같았어요. 부모님이 일찍 돌아가시고 나이 차이가 많이 나는 언니랑 살았거든요. 엄마가 안 계셔서 그런지 언니가 엄했어요. 언니가 엄마나 마찬가지였어요. 좀 많이. 그래서 모든 생각의 기준이 언니가 돼요. 그래서 저는 좀 더 확실하게 말할 수 있는 게, 저의, 어떻게 보면 벽이라고 해야 될까, 저의 벽이 언니이거든요. 무슨 일이든 언니한테 혼날까 아닐까 생각을 먼저 해요. 진짜 하고 싶은데 혼날 것 같다 싶으면 언니 몰래 했어요. (활짝 웃음) 하여간 절대 말하지 않고 좀 그런 것들이 있었는데요, 그틀이 지금은 조금 풀어졌는데, 그래도 아직 어느 정도는 남아 있는 것 같아요. 언니랑 시장에 다녀오다가 친구를 만나면 왠지 불안했어요. (약간 떨리는 목소리)

정혜신 _ 어떤 맘 때문에 그랬을까……?

김해인 _ 언니한테 감시받는 느낌? 그런 것이 좀 심해서 언니 앞에서는 행동하기 불편한. 지금은 언니가 나이가 들고 (활짝 웃음) 저도 이제 직장도 있고 그러다 보니까 조금은 나아졌는데 아직도 있긴 해요. 그래서 그런지 모든 관계가 좀 그래요. 언니하고만 그러면 차라리 괜찮은데 다른 사람과의 관계도 마음을 열기가 쉽지 않은 거예요. 저 같은 경우에는, 다른 사람들에게 저의 성격을 듣기로는, 처음에 사귀기는 잘 사귀어요. 잘 사귀는데, 어느 정도 선까지는 사귀지만 깊이 나눌 수 있는 관계를 얻고 싶은데 어느 정도 선이 넘어가면 제가 밀어내기 시작해요.

정혜신 _ 어떤 마음 때문에……?

김해인 _ 나를 더 잘 알면 실망할 것 같아서요. 그냥 뭔가 자존감이 많이 낮은 저 같은 경우는 그런 상태여서.

정혜신 _ 자존감, 그런 어려운 말 쓰지 말고요. (웃음) 자존감이 없다는 게 해인 씨 경우엔 구체적으로 어떤 상태인 거예요?

김해인 _ 뭘 하든 자신이 없어요.

정혜신 _ 자신이 없다…….

김해인 _ 평소에 기타를 배우고 싶다고 생각은 많이 해도 막상 진짜 누가 기타를 치면 아무리 배워도 저렇게 잘할 수 있게 될 거라는 생각이 안 들어요.

정혜신 _ 하긴 하지만 잘하지는 못할 거다. 흠…….

김해인 _ 예. 호기심이 많아서 되게 (활짝 웃음) 이것저것 많이 하고 싶어 하는데.

정혜신 _ 예를 들면 최근에 뭐가 있었어요?

김해인 _ 오늘 이것도 마찬가지예요. 호기심이 있어서 (활짝 웃음) 심리상담도 해보면 좋겠다, 이런 마음으로 시도를 하고 그래서 왔는데, 여기 와서 내가 잘할 수 있을까, 이런 마음이 또 들고요. 예전에 대학교 때 집단 상담도 있었는데 그때는, 그때도 간다고 가기는 했는데 한 번만 나가고, 그때는 마음이 열리지 않았던 거예요. 그 모임에는 나가지 않았어요. 그런데 지금은 아니야 해야지, 하면서 그런 마음으로 나왔던 것 같아요.

정혜신 _ 음. 그러셨군요.

황지혜 _ 저는 심리검사 결과 받고 굉장히 충격 받았거든요.

정혜신 _ 좀 구체적으로 말해줄래요?

황지혜 _ 딱 세 가지가 걸렸는데, 첫 번째는 '완전한 만족감을 추구한다'라는 분석 내용이, 그 표현이 굉장히 걸렸어요. 제가 못 가진 건 없는 것 같아요, 저 스스로. 근데 항상 뭔가 늘 부족한 것같이 느껴지고.

정혜신 _ 일단 가진 것은 뭐예요? 예를 들자면……?

황지혜 _ 혼자 살지만 제 앞으로 아파트도 있고, 남들이 갖고 싶어 하는 좋은 차도 있어요. 작은 디자인 회사지만 제가 대표로 있고요.

정혜신 _ 혼자 독립해서 사나요?

황지혜 _ 네. 그리고 뭐 안정적인 직장. 그다음에 저 하고 싶은 대로 여행 갈 수 있으면 여행도 가고, 얼마 전부터는 골프도 시작했고요. 사실 하고 싶은 건 다 해요. 주변에서는 많이 부러워하죠. 그런데도 뭔가 못 가진 느낌이 들어요. 저는 저한테 투자도 많이 하고 앞으로도 충분히 할 수 있거든요. 그런데 자꾸 부정적인 생각이 들어요. 제 또래 여자라면 누구나 갖고 싶어 하는 물건을 사서 돌아오는 길에도 아, 내가 결혼을 안 해서 돈 쓸 데가 없어서 이렇게 허무하게 과소비를 하는구나, 하는 생각이 들어요. 사실, 저한테 투자하는 거고, 결혼해서 아이들이나 남편한테 쓰는 것만큼이나 만족감이 있는 거잖아요. 그 완전한 만족감이라는 단어를 보면서 내가 혹시 그런 이유로 그러지 않았을까, 그래서 그게 걸렸고. 두 번째는 '화석'이라는 단어가 걸렸어요. 거기서 뭐라고 써주셨는가 하면, 감정의 억압이 오래되어서 감정을 느끼는 부분이 화석처럼 굳어졌다, 뭐 그렇게 쓰여 있었거든요. 저 블로그 하는 거 되게 좋아해요. 그런데 어느 순간부터 표현을 은유적으로 하는 걸 좋아했는데, 글이 안 써져요. 하고 싶은 말은 많은데 글이 안 써지는 거예요. 너무 답답한 거예요. 그러다가 '화석'이란 단어를 보니까, 내 가슴이 화석인가, 그런 생각이 들었고. 세 번째가 가장 충격적이었는데 사실 저는 이 모임이 되게 부담스러웠어요. 왜

냐하면 제가 사람들 감정을 잘 공감을 못해요. 그리고 아까처럼 누가 울고 그러면 뭔가 나도 반응을 하긴 해야 되는데, 일단 가만히 있어요, 일단. 그런 것들이 저한테는 너무 불편하거든요.

정혜신 _ 가만히 있다는 건, 어떤 상태인 거예요? 조금 전에 미수 씨가 우는 모습을 보면서 지혜 씨 마음이 어떻던가요?

황지혜 _ 아무 느낌이 없어요. 옆에서 누가 울어도 저한테 그 감정이 전해 오지 않아요. 저는 이제 저한테 아예 공감 능력이 없다고 단정했어요. 그랬는데 심리검사 결과에는 '공감 능력이 없는 게 아니라 공감할 필요성을 못 느낀다'고 했잖아요. 그동안 저는 능력의 문제라고 생각했는데 저 스스로 필요성을 못 느낀다, 라고 하니까, 정말 그런 건가……. 필요성이랑 능력의 문제는 다르다고 생각하거든요. 사실 저는 많이 노력했다고 생각했거든요.

정혜신 _ '세 번째는 더 충격이다'는 표현까지 했는데 좀 구체적으로 설명해줄 수 있어요? 충격이란 표현이 맘을 파고 들어오네요.

황지혜 _ 저 스스로 노력하면서 많이 나아졌다고 생각했어요. 개인적인 시간을 들여서 상담도 받고 심리 관련 책도 많이 읽으면서 괜찮아지고 있다는 느낌을 받았거든요. 그런데 그 검사 결과지 한 장이 저를 완전히 원점으로 돌아오게 만든 거예요. 근데 저는 지금껏 제가 나아졌다고 생각을 하고는 있었는데 제가 이 과정을 다시 신청하게 된 이유도 뭐냐면, 뭔가 다시 답답함을 느꼈거든요. 근데 저 스스로는 안 찾아지더라고요. 계속 머리만 돌아가고 해서 답답함을 느꼈는데 그러면서도 나아졌다고 '생각'

을 하긴 했는데, 검사 결과를 보면서 딱 '아! 아니었구나' 그랬어요. 그 검사가 나를 한순간 다시 원점으로 확 끌어내린 듯한. 나는 해도 안 되나 보다, 이런 생각을 했어요. 허하더라고요.

정혜신 _ 허하다. 또 다른 느낌은요?

황지혜 _ 내가 되게 열심히 채우려고 노력했는데 결국 채워진 건 없이 밑 빠진 독처럼 허무, 좀 허무했어요. 파일럿을 하려고 정말 열심히 공부했는데 색맹이라는 걸 알아버린 기분이에요. 노력과 상관없이 근본은 변하지 않았으니까요.

정혜신 _ 그런 생각이 드니까 마음이 어떻던가요?

황지혜 _ 그냥 물이 쭉 빠져나가는 것처럼 허무해요. 허무하고 답답하고 그러면 나는 안 되는 건가? 평생을 해도 안 되는 건가?

정혜신 _ 안 되는 상태가 어떤 상태인데요?

황지혜 _ 안 되면 얼음 인간으로 살게 되겠죠. 사실 난 딱딱하지 않게 살고 싶은데, 늘 그래야 되는 건가 하는 좌절감, 그런 게 좀 생기더라고요.

정혜신 _ 딱딱한 사람으로 살아가는 삶은 어떤가요?

황지혜 _ 진짜 불편해요. 편하겠어요? 심장이 없는 사람 같은데.

정혜신 _ 구체적으로 어떤 게 불편하세요?

황지혜 _ 저는 디자인 회사를 운영하고 있고, 직원이 많지는 않지만 규모에 비해서 매출은 좋은 편이에요. 열심히 노력했죠. 그런데 요즘 경기가 바닥이잖아요. 걱정이 많아요. 그런데 저희 회사 사람들은 제가 스트레스를 안 받는다고 생각해요. (살짝 웃음) 이거 보이세요? 뾰루지? 저도 스트레스 정말 잘 받거든요? 딱 증상도 아주 정확하게 나타나요. 이렇게요. 저 원형탈모도 있었거든요. 그런데 사람들은 상상조차 못해요. 사람들은 제가 쿨하다고 생각하니까 좀 직설적으로 말해요. 사장님은 이런 일도 괜찮으시죠, 하는 생각이 깔린 채로 저한테 이야기하니까 스트레스를 엄청 받고 있죠. 위기감이 없는 걸까? 아니면 나를 배려하지 않는 건가? 생각이 시작되면 자꾸 스트레스 받아요. 또 직원이 툭툭 던지는 말에도 사실 참 서운해요. 근데 이런 표현을 안 하거든요.

정혜신 _ 안 하나요, 못하나요?

황지혜 _ 안 하죠. 약해 보이는 건 싫어요.

정혜신 _ 약해 보인다는 것이 지혜 씨한텐 어떤 건데요?

황지혜 _ 약해지면, 제가 그동안 쌓아온 이미지가 다 무너질 것 같잖아요. 그건 싫어요.

지혜는 자신의 문제를 느끼고 인정하면서 절망스러워하기도 하지만 '충격적'이란 표현을 할 만큼 아픈 자기의 상처를 피하지 않고 대면하는 모습도 보인다. 좋은 신호다.

공감을 노력한다

정혜신 _ 여러분들이 지금까지 이야기를 하고 들으면서 '이런 내 이야기를 더 자세히 해보고 싶다' 하시면 그 얘기를 해도 좋고, 아니면 '지금 이야기를 듣다 보니까 누구 이야기는 좀 더 들어봤으면 좋겠다' 하는 마음이 있으면 그 얘길 물으면서 시작해도 좋습니다. 어떠셨어요? 오늘 어떤 이야기에 마음이 끌리거나 하고 싶거나 그런가요?

양미란 _ 황지혜 님 이야기 듣고요, 저랑 비슷하다고 느꼈어요. 오늘 처음 이야기를 해본 건데 약간 남성적인 면도 있으실 것 같고요.

황지혜 _ 비슷해요. 툭툭 던지는 말도 많고.

양미란 _ 되게 자신감 있어 보이시고, 공감 능력에서 되게 비슷하다고 느꼈는데.

정혜신 _ 없다는 점이 비슷하다? (웃음)

양미란 _ 네. 여자애들은 주로 고민을 이야기할 때 공감을 받고 싶어 하는 게 전제잖아요? 근데 저는 친구가 저한테 고민을 이야기하면 그냥 이성적으로 충고해요. 그건 사실 네 잘못 아니니? 이런 식으로요. 그러면 그 친구는 상처를 받아요. 누가 슬프다고 이야기하면 그 감정에 공감하는 게 아니고 왜 슬퍼할까 하는 생각을 해요. 그런데 되게 웃긴 건 뭐냐 하면, 영화나 TV 같은 매체에서 주인공이 슬퍼하는 장면이 나오면 바로 공감이 되거든요. 그래서 '나는 왜 그러지?' 그런 고민을 한 적이 있었어요.

혹시 다른 분들도 비슷하신지, 이 두 분(김해인/신미수)은 남의 일에 대해서 자기 일만큼이나 슬퍼하고 그럴 것 같다는 느낌을 받았거든요. 그래서 그런 공감에 대한 이야기를 한번 해보고 싶어요.

신미수 _ 제 경우는요, 감정을 느끼려고 노력하는 편이에요. 만약 친구랑 이야기를 하면 머리로 먼저 생각을 다 하고 억지로 그 감정을 느끼려고 애를 쓰는 게 있어요. 그래서 슬퍼하는 상대하고 대화를 하면 준비했던 말들이 술술 나와요. 그 사람이 슬퍼하는 동안 이건 슬픈 상황임을 계속 머릿속으로 자각하면서 그 사람과 공감하려고 노력해요. 사실은 저한테 그렇게 슬픈 상황도 아니면서 심지어 같이 울어주는 경우도 있어요. 머릿속으로는 이건 슬픈 상황이야, 이렇게 자꾸 애를 쓰면서. 이건 아니라는 생각이 들어요.

잘 운다거나 툴툴거리거나 화끈한 사람, 또는 화를 벌컥 내곤 하는 사람은 자기 감정 표현을 잘하는 사람일까? 아니다. 우리는 '감정 표현을 잘한다는 것'에 대해 많이 오해하고 있다. 감정 표현에 대한 개념 정리가 먼저 필요하다. 감정 표현을 잘한다는 것은 '자기가 느끼고 있는 감정을, 훼손, 왜곡하지 않고 있는 그대로 타인이 수용할 수 있는 방식으로 표현하는 것"을 의미한다. 이렇게 할 수 있을 때 사람은 스트레스 없이 건강하게 살 수 있다. 자신의 감정을 불필요하게 억압하고 쌓아두지 않고 타인에게 적절히 알릴 수 있으니 본인도 편안하고 타인에게 이해받기도 쉬울 것이다. 그의 주위 사람들도 그가 어떤 마음, 어떤 생각을 가지고 있는지 비교적 잘 알 수 있으므로 자연스럽게 그의 감정을 존중하고 배려하게 될 것이다. 그러니 오해로 인한 불화, 본의 아니게 주고받는 상처도 적어질 것 아닌가.

진짜 내 감정을 표현하지 못한 채 공연히 퉁퉁거리고 짜증을 내거나 참고 참다가 어느 순간 화를 버럭 내는 경우 등은 오히려 자기 감정 표현을 잘하지 못해서 생긴 '부적절한 감정 표출'이라 할 수 있다.

황지혜 _ 저는 감정을 노력해야 된다는 게 힘들어요. 전 사실 잘 안 웃어요. 개그 프로를 보고 웃은 적이 거의 없어요. 텔레비전은 저랑 둘이니까 편안하게 보는데, 회사는 애로 사항이 많아요. 아침 회의 전에 커피를 마시며 둘러앉아 있으면 직원 중에 하나가 주말에 봤던 개그 프로 유행어를 따라 해요. 그럼 다른 직원들이 박수를 치면서 엄청 웃어요. 그럼 저도 웃어요. 안 웃긴데 거기서 안 웃고 있으면 나만 바보 되는 것 같잖아요. 웃고 나면 내가 뭐 하는 짓이지? 좀 비굴하다는 생각도 들거든요.

정혜신 _ 음. 그렇군요.

황지혜 _ 네. 맞춰야 되잖아요. 그 상황에. 그래서 그때마다 참 그런 생각이 많이 들어요. 미수 씨 말한 대로 맞아요, 안 슬퍼도 돼요, 안 슬퍼도 되는데, 어느 순간 나는 노력하고 있어요. 이건 다 웃는 분위기? 이건 슬픈 분위기? 다른 사람들하고 감정을 맞추려고 정말 노력해요. 근데 그럴 때마다 되게 피곤해요. 답답하고, 내가 이런 것까지 노력하고 살아야 되나?

사람은 고통스럽거나 당황스런 상황에 처했을 때 자기 보호를 위한 여러 심리 기제들을 무의식중에 동원하게 된다. 어떤 문제를 남 탓으로 돌리거나 자기합리화를 하기도 하고 아예 문제를 외면해 버리기도 한다. 이런 것들이 심리방어기제다. 어떤 방식이든 자신에게 일어나는 불편한 감정을 줄이는 방향 쪽으로 작동한다. 그래서 심리방어기제가 활발하게 작동하면 할수록 당장의 불편이나 불안은 피할 수 있다. 당장은 편할 수 있다. 하지만 심리방어기제들이 일상에서 빈번히 작동한다는 것은 문제의 본질을 외면한다는 말과 동의어다. 나중에 반드시 더 큰 심리적 대가를 치르게 된다.

지혜의 주된 심리방어기제는 '감정 억제'와 '주지화'다.

먼저 '감정 억제'. 지혜는 자신이 느끼는 감정을 적극 차단함으로써 어떤 상황을 견디는 데 더 도움이 된, 그런 경험들이 많았을 것이다. 감정을 억제하지 않았다면 견딜 수 없을 것 같은 상황들이 지혜로 하여금 자신의 감정을 서서히 억제하게 만드는 것이다. 어떤 감정이 올라올 기미가 느껴지면 비상시 예민한 센서의 작동으로 곧바로 차단막이 내려오는 방화 시스템처럼 자신의 감정을 민감하게 감지하고 차단해왔을 것이다. 일종의 생존 본능이다. 차단막이 없었다면 살기 어려울 만큼 힘든 일들이 지혜의 삶에 많았을 것이다. 감정 억제는 오랫동안 지혜의 몸에 밴 심리적 습관이며 생존 방식이기도 하다. (주지화는 뒤에서 다시 설명하겠다)

김해인 _ (활짝 웃음)

정혜신 _ 왜 그렇게 웃으세요?

김해인 _ (두 손으로 얼굴 가리며 활짝 웃다가) 저는요.

정혜신 _ 무슨 생각 하셨는데요?

김해인 _ 저는 사람한테 그냥 잘 맞추는 편인 것 같아요. (활짝 웃음)

정혜신 _ 그래서요?

김해인 _ 저는 사람들한테 맞춰서 분위기에 따라가는 게 좋아요.

정혜신 _ 좋아하는 거예요? 아니면 그렇게 하는 게 훨씬 더 편해서 선택하는 거예요?

김해인 _ 편하기도 하고 그냥 그게 관계에 좋으니까.

해인에게 인상적인 패턴이 하나 있다. 해인은 불편할 때마다 오히려 활짝 웃는다. 해인의 웃음은 해인이 무언가 불편하다는 신호다. 그런 점에서 해인의 주된 심리방어기제는 '웃음'. 웃음을 통해 해인은 자신의 불편함을 감추고, 들키지 않고, 잊고, 때론 타인의 호감을 얻어내기도 할 것이다.

정혜신 _ 해인 씨 좀 불편해 보이네요.

나, 해인의 '느낌'에 관심을 보인다. 해인의 밝은 표정 뒤의 '느낌'을 언급한다.

김해인 _ 아닌데요. (활짝 웃음)

정혜신 _ 그럼 어떤데요?

김해인 _ (활짝 웃음) 저는 불편하진 않은데요. 저는 늘 분위기가 좋았으면 해요. 직장에서도 그렇고요. 얼굴 붉히지 않고, 모두가 편안한 분위기가 좋아요. 누가 이야기하면 잘 들어주고, 또 같이 웃으면서 이야기할 수 있는 분위기가 좋아요.

정혜신 _ 그러면 하나만 더 물어볼게요. 오늘 해인 씨 '느낌'으로는 이런 이야기를 더 해봤으면 좋겠다거나 해보고 싶다거나 그런 거 있나요?

해인이 자기 느낌에 직면할 수 있도록 다시 묻는다.

김해인 _ 그런 건 없어요.

정혜신 _ 그럼, 오늘 이야기를 하면서 어떤 이야기에 가장 관심이 가던가요? 개인적으로 어떤 얘기에 제일 끌리던가요?

한 번 더 밀고 들어가보기로 한다. 자신의 감정을 자동적으로 외면하면서 만들어진 해인의 화사한(?) 표정 속의 근원을 대면하는 일은 해인에게 무척 의미 있는 일이므로.

김해인 _ 사실 (활짝 웃음이 터지는 듯) 평소에도 인상적인 대화 내용이 잘 없어요. 머릿속에 깊게 담아놓지를 않거든요. 이렇게 좀 '잘 흘려버리는 타입'이라서요.

정혜신 _ 지금도 얘기들이 흘러갔나요?

김해인 _ 흘러갔다기보다는, 잘 듣고는 있는데요, 뭔가에 푹 빠지는 스타일은 아니라서요. 이야기하는 동안 (활짝 웃음) 저분은 그렇게 생각하는구나, 저분은 그렇게 생각하는구나, 하면서 그냥 들었어요. 저는 무슨 이야기를 하든 상관없는 것 같아요. (활짝 웃음)

　　　　내 얘기를 하고 싶은 마음과 그것을 회피하고자 하는 방어기제 두 가지가 동시에 작동한다. 상담하러 왔을 때는 '안 괜찮아서' 온 것이 분명한데 와서는 '나는 괜찮다'는 걸 증명하려 애쓰기도 한다. 편안해지고 자유로워지고 싶어 왔지만 그 과정에서 간신히 지탱해왔던 내가 무너질까 봐 한편으론 저항을 하게 된다. 거의 습관적으로.
　　　　사람마다 자기만의 심리방어기제들이 있다. 해인의 경우, 생글생글 웃으며 상대에게 무조건 맞춰주는 것이 생존의 방식일 수 있다. 내가 주로 사용하고 있는 방어기제가 무엇인지에 대한 자각, 그로 인해 벌어지는 내 일상에서의 부작용들은 또 어떤 것들이 있는지에 대한 깨달음이 있어야 심리적으로 건강한 사람이다. 누구나 방어기제 없이 살 수는 없지만 내 방어기제로 인한 빛과 그림자는 인식할 수 있어야 한다. 해인이 활짝 웃을 때는 감정적인 불편함을 덮고 있는 순간이다. 해인이 자신의 그런 패턴에 대해 알아차리게 되면, 불편하더라도 그 순간 내 마음의 불편함이 무엇인지를 들여다보고 싶은 마음이 생긴다. 그러면 내 문제의 근원에 보다 근접할 수 있다. 해인이 생글생글 웃으며 무언가를 흘려버리는 순간에 스스로 멈칫할 수 있다면, 그건 건강한 멈칫거림이다. 자신의 내면으로 들어가는 통로를 발견한 사람의 성찰적 멈칫거림이다.

황지혜 _ 저는 사실 해인 씨한테 되게 미안해요. 왜 그런가 하면, 저희가 오리엔테이션 때문에 처음 만났을 때 제가 집에 가기 전 화장실에 들어가는데 해인 씨가 "안녕하세요" 하고 인사를 하더라고요. "안녕히 가세요"라고 그랬나? 다음 주에 볼 거니까 그런가 보다 그랬어요. 그리고 두 번째 심리검사 결과지를 받고 그날 동의서를 썼어요. 그런데 제출을 하면서 해인 씨가 "먼저 가도 돼요" 그러시는 거예요. 너무나 해맑은 눈빛으로. 저는 나오면서 "쟤 나 알아?" 이러면서 나왔거든요. 그러면서 친구랑 "나 미쳤나 봐"(일동 웃음) 그런 이야기를 했었어요.

정혜신 _ 어떤 면에서 미쳤다는 건데요?

황지혜 _ 인사하는 게 당연하잖아요. 앞으로도 자주 볼 사이고, 또 사람이 사람을 보고 웃을 수도 있는 거고, 습관일 수도 있는데. '공감할 필요성을 못 느낀다', 검사 결과에 이렇게 쓰여 있는 걸 보면서, 저 사람이 나를 보고 웃는데 나는 남의 감정도 못 받아들이는 앤가, 이러면서 왜 이러니, 이런 생각이 드는 거예요. 해인 씨가 저한테 잘못한 거 아니잖아요? 근데 딱 뭐랄까, 처음에 만난 사람들끼리 요만큼의 거리가 있잖아요. 그런데 저 사람이 나한테 너무나 해맑게 이렇게 딱 웃으니까 그게 되게 불편한 거예요. 그다음에 내가 저 사람을 어떻게 봐야 되지? 먼저 아는 척을 해야 되나? 아니면, 웃으면 나도 웃어줘야 되나? 결국은 그냥 나오긴 했는데. 해인 님도 한몫했어요. (일동 웃음) 나의 불편한 일주일에.

김해인 _ 저는 사실 아무 생각 없었어요. 그냥 인사하고 이제 집에 가야지 했죠.

정혜신 _ 해인 씨는 지금 지혜 씨 얘기를 들으면서 어떤 생각을 하세요?

김해인 _ 아 그랬구나. (활짝 웃음) 저는 저 자체가 좀 긍정적으로 하려고 하는 스타일인 것 같아요. 또 제가 중학교 교사 생활을 하다 보니 애들하고 같이 지내면서 생각이 어려지는 것 같기도 해요. 직업상 그렇죠. 항상 지금이 좋은 상태를 유지하려고 해요. 이게 또 단점인 것은 마음에 걸리는 부분이 있어도 그냥 계속 웃어넘겨요. (활짝 웃음) 표현하기 어려운데요. (목소리가 약간 떨리기 시작함) 전 저 자신이 스스로 상처를 덜 받으려고 노력을 많이 하는 것 같아요.

정혜신 _ 노력이라. 뭔가 막고 있다는 말이네요?

김해인 _ 예. 그런 것 같아요. (울컥하다 참는다)

정혜신 _ 지금 울컥하는 것 같은데. 어떤 생각이 떠올랐어요?

김해인 _ 울컥하려고 한 건 아닌데.

정혜신 _ 무슨 생각이 떠올라서 그러셨어요?

김해인 _ (침묵) 아무 생각이 없어요.

다시 한 번 밀고 들어간다.

정혜신 _ 지금 어떤 생각이 떠올라서 맘이 그랬던 거 같은데?

김해인 _ 그런 건 아니고요. 그냥, 그냥…… 저는 뭔가 상처받는 걸 두려워하는 그런 면이 있는 것 같아요.

정혜신 _ 그래서 자꾸 안 보려고 하고 좋은 채로 거기서 딱 끝내려고 하고?

김해인 _ 꼭 그런 건 아닌데. 뭐든지 (활짝 웃음) 좋은 게 좋은 거지, 하면서 되도록 많이 웃으려고 노력도 하고 그렇게 행동을 하는 것 같아요.

정혜신 _ 그러면서 실제론 힘이 많이 드는군요.

김해인 _ (울먹거림을 삼키며) 상처를 안 받으려고 하다 보니까 그런 면이 힘든 것 같은데 사실 힘든 건 없거든요. 생각을 해보면 객관적으로, 저도 좀 어떤 때는 객관적으로만 생각을 하려고 할 때도 많긴 한데요, 객관적으로 저의 상황을 봤을 때는 힘든 건 많이 사라졌어요. 그렇지만 이제 과거의 기억들 때문에 거기에서 많이 못 벗어나는 것 같아요. 그런 것 때문에 힘든데. (활짝 웃음) 좀 다른 부분이라서.

황지혜 _ 제 행동에 상처 안 받으셨다면 다행이고요.

김해인 _ 예, 그러니까, 내가 자꾸 방어를 하려고 해선지 모르겠지만 상처받았다기보다 오히려 아무 생각 없이 지나간 것 같아요. 상처를 받지는 않은 것 같아요.

내 마음, 내 감정, 내 느낌, 내 생각

여기 모인 4명의 사람들은 여기에 온 이유가 있을 것이다. 도움을 절박하게 원하는 마음이 있다. 그러면서 동시에 그것을 있는 그대로 드러내기 힘든 점도 있다. 그 둘이 합쳐져서 이들의 고통을 만든다. 무엇이 이들을 그렇게 만들었나. 원하면서도 적극적으로 밀어내는 것은 왜일까. 무엇이 '이들의 살고자 하는 절박한 욕구'를 강하게 막고 있는 것일까.

김해인 _ 저는 여기서 이야기하는 게 편한 게, 예전에 대학에서 집단 상담 같은 걸 할 때는 항상 보던 애들끼리 (활짝 웃음) 한 거잖아요. 근데 지금은 서로 사회생활이나 가정에서 만나던 사람이 아니니까. 앞으로 어떻게 될지도 모르지만. 그래서 지금은 오히려 이야기하기가 편한 것 같거든요. 이제 굳이 이야기를 하자면, 음 그러니까 저는, 언니에 대한 그런 것들, 언니가 엄하다 보니까 제가 하고 싶은 것을 하나도 하지 못하고.

정혜신 _ 언니가 어떤 분이세요?

김해인 _ 음. (목소리 떨림) 언니가 많이 엄하다고 했잖아요. 사실 지나고 나면 사랑이고 관심이지만 사실 저한테는 압박이고 구속이었어요.

정혜신 _ 좀 구체적으로.

김해인 _ (점점 목소리가 떨려가고) 제가 어렸을 때 상처인 거는, 예를 들면 제가 만화책을 진짜 좋아했거든요. 그런데, 언니는 만화는 제가 공부하는 데 방해가 된다고 생각했어요. 그래도 보고 싶지만 언니가 싫어하니까 몰래 빌려서 봤는데, 빌려서 보는 동안 너무 좋은데 또 막상 걸릴 생각하니까 불안하기도 하고, 만화책 보는 내내 방문 소리에 신경을 썼어요. 언니는 제가 하는 것을 거의 다 감시했어요. 제 일기장도 몰래 보고. 그러다 보니까 언니하고 저하고 더 속고 속이는 (활짝 웃음) 그런 관계가 되기도 하고요. 오히려 지금은 많이 풀렸는데 어렸을 때 그러다 보니까 더 몰래 하게 되고, 그러면서 또, 언니가 안 무서웠으면 거기에 반항이라도 하겠는데, 나이 차이가 많이 나니까 그렇게 하지도 못하고 (활짝 웃음) 또 반항도 못하고. 그런 것들이 지금도 많이 눌린 상태예요.

정혜신 _ 반항을 하면 어떻게 되는데요?

김해인 _ 어렸을 때는 맞기도 많이 맞았고 (활짝 웃음) 쫓겨나기도 하고 많이 그랬었거든요. 그런 것들이 두려움으로 남아 있고.

정혜신 _ 두려움으로 남아 있다. 지금 어떤 식으로 나타나고 있다고 느끼나요?

김해인 _ 모든 일이 언니가 좋아할까로 기준이 잡혀요. (활짝 웃으며 점점 계속 떨리는 목소리 누르며) 언니가 반대하면 웬만하면 안 했어요. 얼마 전에도 예를 들면 사귀는 남자 친구가 있었는데 (신미수. 화장지를 뽑아 눈물을 비치는 김해인에게 건넨다) 언니가 마음에 들지 않는다고 해서 헤어졌어요. (울먹거림과 훌쩍거림) 모든 판단을 그런 기준으로 하는 게. 반항을 하고 싶어도 하지 못하는 저 자신이 좀 답답하고 그런 게 좀 있어요.

정혜신 _ 언니가 어떤 이유로 반대를 했어요?

김해인 _ 언니 말을 빌리면 (활짝 웃음과 울음이 섞여) 남자 친구가 공부를 잘하는 것도 아니고, 집안이 좋지도 않아서 제가 결혼하면 고생을 많이 할 것 같다고. 부모님이 없이 살았으니까 가족에 대해서 언니가 좀 엄격하거든요. 사실 남자 친구가 직장이 나쁜 것도 아니고 부모님이 그렇게 힘들게 지내는 편도 아니라서 언니를 설득하면 충분히 저는 잘 살 수 있는데, 저는 언니가 안 된다고 하면 하지 말자 하고 딱 끊어요. 어릴 때는 언니가 밉기만 했는데, 지금은 언니가 이해가 되기도 하면서 또 결정적인 순간에 제가 결정을 잘 못하니까 힘들기도 하고, 복잡해요.

'부모-자식' 간의 갈등이란 자식 입장에서는 막강한 '심리적 권력자'인 부모와의 관계에서 강압적, 일방적으로 진행되는 심리 게임이다. 완전한 심리적 독립이 불가능한 부모-자식 간이라는 특별한 관계 속성 때문에 부모의 폭력적인 행동, 병든 가치관뿐 아니라 그것을 합리화하는 부모의 비뚤어진 논리까지도 자식에게는 자연스럽게 스며들고 내면화된다.

보통 부모-자식 간에 나타나는 이런 심리적 패턴이 해인에겐 언니와의 관계에서 나타난다. 해인의 언니는 해인에게 엄마(부모)를 대신하는 존재이기 때문이다.

그래서 해인은 (엄마 역할을 하는) 언니의 뚜렷한 병적 행동에도 불구하고 '언니의 입장이 이해되기도 한다'고 느끼고 있다.

황지혜 _ 저는 오히려 부러운데요? 저는 제가 이렇게 된 게 저의 아버지 때문이라고 생각했거든요. 이제는 아빠 때문도 아닌 것 같아요.

정혜신 _ 좀 자세하게 얘기해주시죠.

황지혜 _ 제 기질 있잖아요. 남성적인 기질, 항상 경쟁하는 것. 뭐 이런 부분들. 그리고 항상 내가 강해야 된다는 강박관념들. 뭐 이런 부분들. 이런 게 다 아빠 때문이라고 생각을 했거든요. 그런데 이제는 막상 아빠 때문도 아닌 것 같고. 제가 부럽다고 이야기한 건, 차라리 딱 원인이나 있었으면 좋겠어요. 내가 아빠 때문에 이랬고 언니 때문에 이랬고. 이제는 무엇 때문인지도 모르겠어요.

'부모'의 개인적 문제에서 시작된 일이 '부모-자식' 간 문제로 번지고, 결국엔 '자식 내면'의 문제로 귀착되어가다, 그 모든 것이 혼합되며 뒤죽박죽 혼란에 빠진다. 부모와의 갈등에서 자녀들이 흔히 밟게 되는 경로다. 지금 지혜도 그렇다. 그런데 그 혼란스러운 자신을 그대로 드러내는 지혜의 용감한 자기 개방은 정말 멋지고 건강하다. 나는 지혜의 이런 모습을 여러 차례 언급하며 공개적으로 지지하는 마음을 진심으로 전한다. 첫 번째는 지혜가 '내가 잘하고 있는 거구나' 하는 안도감을 가지면 좋겠고 두 번째 이유는 상담에 참여한 다른 이들에게 지혜의 이런 모습은 상담 과정에서 어떻게 해야 되는 건지에 대한 좋은 길잡이가 되어주기 때문이다.

양미란 _ 전 궁금한 게 있는데요. (김해인에게) 남들이 본인한테 답답하다고 한 게 아니라 스스로 답답하다고 느낀다면, 그걸 바꿀 생각은 없나요? 언니와의 관계는 그렇다 쳐도, 남한테 맞추려고 하는 것보다는 내 의견을 이야기할 줄도 알아야 하는데, 다른 사람의 욕구에 맞추는 데만 익숙하시잖아요? 근데 내 의견대로 한번 해보자, 그런 생각이 든다거나 아니면 나도 내 의견을 좀 표출해봐야지 하는 그런 생각은 안 드시는 거예요?

정혜신 _ 이번 남자 친구 건에 대해서 한번 얘기해볼까요? (김해인에게) 얼마나 사귄 남자 친군가요?

김해인 _ 음. 안 지는 5년 됐고요. 사귄 지는 한 2년? 3년? 다 되어가는 것 같아요.

정혜신 _ 언니가 계속 반대하셨어요?

김해인 _ 언니하고 대화를 하면 느껴지는 게 (점점 울음이 격양되며) 내가 좀 좋다는 표현을 하면 언니는 싫다는 표현을 하고, 그럼 내가 말지 하고 이야기를 하면 언니는 그래도 네 선택인데 네가 알아서 해야지 이렇게 나오고. 싫다고 할 때는 언제고, 이런 생각이 드는 거예요. 그러다 결국은 내가 말자.

정혜신 _ 지치는 거군요?

김해인 _ 그렇긴 한데. 보통 다른 사람과의 관계에서는 의견을 표시하기는 해요. 그런데 언니한테만 아예 말을 안 하거나 긍정만 해요. (눈물을 닦으며 계속 울먹거림) 다른 사람과의 관계에서도 부정적인 의사 표현은 별로 하지 않는 편이지만, 그렇다고 내가 하기 싫은데 억지로 따라가는 것은 아니에요. 하고 싶은 게 있으면 이거 할까 이야기를 하기는 하지만 다른 사람과의 관계에서는 좋은 게 좋은 거, 뭔가 행복한 분위기, 화기애애한 분위기, 뭔가 그 쪽으로 끌려서 가는 편이고요. 언니와의 관계에서도, 언니와의 문제? 그런 걸 아예 만들고 싶지 않은 거예요. 언니의 뭔가 나무라는 듯한 이야기를 아예 듣고 싶지 않으니까 행동 자체를 그런 일이 아예 없게 하려고 하다 보니까 더 이렇게 변하게 된 것 같아요.

정혜신 _ 해인 씨는 지금도 자꾸 분석을 하고 있네요. 지금 해인 씨도 '내가 이래서 이렇게 된 것이다' 본인의 현재 상황을 죽 분석해서 이야기를 하셨거든요. 여러분들이 지금 계속 그렇게 이야기를 많이 하세요. 그러다 보니까 우리가 깊이 얘기하는 게 잘 안 되는 거 같아요. 오늘이 첫 시간이라서 다시 한 번 말씀드릴게요. 분석하고 정리해서 이야기하지 마시고요. 조금 전에 미란 씨가 뭘 물어봤느냐면요, 그 남자 친구와의 관계에서 그냥 내 생각대로 그렇게 하고 싶은 마음은 없었는지 그렇게 물어봤거든요? 그 얘길 내가 다시 한 번 물어볼게요.

김해인 _ 하고는 싶었는데, 못했어요. 언니하고 싸워서라도 이기고 싶은데, 그게 더 두려웠어요. 언니가 좋아하지 않는 사람인데, 그걸 내가 우기면 언니하고 앞으로 관계가, 앞으로 있을 일들이 두려워서.

정혜신 _ 예를 들면? 내가 계속 남자 친구랑 사귀겠다, 그러면 어떤 일이 벌어지나요? 예측 가능한 상황들이 어떤 건가요?

김해인 _ 언니는 다른 사람한테는 잘 모르겠는데 저한테는 직설적이에요. 감추는 말이 없어요. (계속 울먹거림) 만약에 저한테 기분이 나빠지면 한두 시간으로 끝나는 게 아니고 잘 때까지 계속 잔소리를 들어야 해요. 심지어는 다음 날 마음이 풀릴 때까지. (곧 터질 듯한 울음을 머금고) 또 뭔가 안 좋은 일이 있어도 마찬가지고요.

정혜신 _ 안 좋은 일이라는 게, 언니한테 일어날 수 있는 안 좋은 일이란 어떤 거예요?

김해인 _ 예. 언니한테 안 좋은 일이 생기면 그 문제에 대해서 언니 마음에 안 드는 상황을 계속 듣고 내가 그것을 참아야 되는 거예요.

정혜신 _ 좀 더 구체적으로.

김해인 _ 그냥 남자 친구로 예를 들면 남자 친구네 집이 부자가 아니니까 제가 언니한테 시원하게 말할 자신이 없어요. 그래서 언니가 물어보는 여러 가지 일들에 대답하는 것도 점점 싫어지고.

정혜신 _ 뭐라고 물어볼 것 같은데요, 언니가요?

김해인 _ 예를 들면, 남자 친구 연봉을 물어봐서 이야기하면, 그걸로 퍽이나 먹고 살겠다 그런 식으로 나오는 거예요. (거의 울며) 인신공격성 발언을 대놓고 하니까 너무 기분 나쁘고 해서 아예 그런 상황을 안 만들어요.

정혜신 _ 지금 들으면서 여러분은 어떤 생각을 하고 계신가요?

양미란 _ 저는 좀 답답해요. 얼핏 듣기로는 부자가 아니라고 반대하시는 건 큰 이유가 아니거든요. 해인 씨가 지레 겁을 먹은 것 같아요. 부자가 아니라서 그런 것은 이유가 안 되는데 하는 생각이 들었어요. 지금 그리고 선생님께서 말씀해보라고 하셨을 때 말이 금방 안 나오잖아요? 언니가 싫어하는 것들을 계속 만들어서 스스로 걱정하고 있는 느낌? 우리 언니는 완벽한 것을 추구하니까, 그런 짐작들 때문에 자기 스스로 갇혀버린 것이 아닌가라는 생각이 들거든요. 이거 제가 또 분석적인 거죠?

해인은 아직 공감을 받지 못하고 있다.

정혜신 _ 미수 씨는 지금 어떤, 어떤 생각 하고 계세요? 아직도 본인 생각을 많이 하고 있었나요?
신미수 _ 어떻게 보면 저분(김해인)이 진짜 제 모습이고 저분(황지혜)의 쿨한 모습이 제가 추구하는 모습이에요.
황지혜 _ 여기서만큼은 쿨하지 않으면 안 되나요? (일동 웃음)
정혜신 _ 그런 이야기 듣는 것이 진짜 안 좋은가 보네. (웃으며)
황지혜 _ 네. 제가 진짜 제 맘대로만 하고 사는 사람 같은데 제게 역할을 주면 그 역할에 무지 충실한 사람이에요. 그래서 쿨하다는 이야기를 들으면 또 쿨하게 뭔가를 해결해야겠다는 책임감이 생겨서 되게 불편해요. 생각보다 수동적인 사람이에요, 저.

우리는 사람의 겉으로 드러나는 현상적 특징을 바탕으로 그 사람을 과도하게 규정하곤 한다. 그러나 사람의 내면은 그 모습과는 별개일 때가 더 많다.

정혜신 _ 지혜 씨 얘기는 우리가 잘 새겨들었으니 (웃음) 미수 씨 얘기를 계속해보지요.

신미수 _ 으흐흐. 주변에서 저를 철의 여인이라고 생각하고 있어요. 근데 진짜 저는 완전 솜방망이죠. 여리고, 속마음도 잘 표현 못하고. 주변에서 보는 모습이 제가 일부러 노력해서 만들어놓은 이미지에요. 근데 진짜 내 모습이 어떤 건지 이제 헷갈리는 거예요. 어떤 모습을 취해야 내가 진짜 편하고, 진짜 내가 뭔지. 그래서 어떨 때는 내가 이 공간에 있지만 그냥 제가 다른 곳에서 저를 조종하고 있는 느낌을 받을 때가 있어요. 그런 느낌이 들었어요.

정혜신 _ 지금은 어때요? 지금 이렇게 이야기를 들으면서는 자기에 대해 어떤 느낌인가요?

신미수 _ 계속 그냥 드러내는 게 무서운 것 같아요. 약간 공감은 되지만, 아 그럼 나한테 질문이 들어오면 나는 어떻게 대답을 해야 되겠다. 만약에 다른 분에게 질문을 하잖아요. 그럼 저는 혼자서 속으로 그에 대한 대답을 다 정리해놓고 있어요. 지금 머릿속은 모든 선생님의 질의에 응답하느라 바빠요.

정혜신 _ 그랬군요. 미수 씨에 대한 이야기를 그대로 노출해야 된다고 생각하거나 드러내려고 할 것 없어요. '내가 지금 이러고 있습니다'라고 지금 말하고 있잖아요. 미수 씨가 한 지금 그 말이 지금 상황에서 제일 솔직한 말이에요. 나 지금 그냥 이러고 있다, 나는 지금 그렇다. 그러면 되는 거예요. 더 이상 어떻게 있는 그대로의 나를 설명해요? 지금 해인 씨와 지혜 씨 이야기를 들으면서 미수 씨는 어떤 느낌이 들었어요? 언니와

아버지 등 가족 이야기를 했는데 이 이야기를 들으면서는 마음이 어땠나요?

신미수 _ 저도 부모님하고는 사이가 안 좋아서.

정혜신 _ 누가 떠올랐어요?

신미수 _ 음. 부모님이 떠올랐는데 저는 아빠가 되게, 최근에 부모님하고 얘기를 하면서 들어보니까 서로 오해가 되게 깊었던 것 같더라고요. 아빠는 잘되라고 표현을 했던 게 어린 제가 듣기에는 너무 셌고.

정혜신 _ 기억나는 것 하나만 이야기 해주신다면?

신미수 _ 잔소리요. 아빠는 집에 들어오시면서 매번 딱딱하게 "신발장이 왜 저렇게 어지럽냐?" 하면서 인상 쓰고 들어오세요. 물론 직접 정리하신 적은 없어요. 집에 들어와서도 거의 말씀이 없으시고, 씻고 식사하시고, 뉴스 보시고 10시에 주무시는 게 다예요. 그런데 그게 너무 불편했어요. 10시 이전에는 숨도 눈치 봐가면서 쉬는 느낌?

정혜신 _ 어린, 어린 그 미수에게, 그렇게 신발장에서 신발 정리 한 번도 안 하고, 저녁시간을 그렇게 불편하게 하는 아빠에게 어떤 마음이 있었을까요? 어린 미수의 입장에선.

신미수 _ 남하고 사는 느낌?

정혜신 _ 그런 느낌이 드는 사람이었을 뿐인데 아빠는 계속 그랬다는 말이죠. 그런 아빠를 보면서 어린 마음에 또 어떤 마음, 어떤 생각들이 들었을까?

신미수 _ 닮고 싶지 않았어요. 그리고 그런 소리를 듣기 전에 다 해결을 해났어요. 아빠가 들어오기 전에 신발장 정리를 해놓는다든지. 아니면 어느 날은 아빠 구두를 닦아서 되게 관심을 받고 싶어 했던 적도 있었던 것 같았어요.

정혜신 _ 그런 날은 좀 어땠어요? 좋은 소리 들었어요?

신미수 _ 절대요.

정혜신 _ 그럼 어떤 소리 들나요?

신미수 _ 아무 말 없으시죠. 아빠는 속으로는 좋았겠지만 표현에는 되게 약했던 것 같아요.

정혜신 _ 지금 나이가 들었으니까 아빠를 그렇게 생각할 수 있는 걸 테고. (신미수 눈물을 닦고) 그때 어린 미수 마음에는 그런 아빠가 또 어떻게 느껴졌을까요? 닮고 싶지 않다, 아빠가 아니고 남 같다, 지금은 그런 정리된 표현을 했는데. 그냥 아이 마음에는 어떤 느낌이 들었을까?

신미수 _ 사랑받고 싶다. 아빠가 따뜻했으면 좋겠다.

정혜신 _ 그런데 그걸 못 받았던 어린 미수는 좀 어땠을까?

신미수 _ 그걸 남들한테 보여주고 싶지 않았던 것 같아요. 어…… 아빠 직업상 좀 이렇게, 뭐라 그럴까, 제 생각에는 선입견을 갖고 있는 것 같아요.

정혜신 _ 아빠 직업이 뭔데요?

신미수 _ 고등학교 윤리 교사세요.

정혜신 _ 아 그렇구나.

신미수 _ (훌쩍거리며) 아버지 성품이 좋다고 다들 그러셔서, 동네 사람들이 아버지가 저한테 늘 자상하고 친근한 모습일 거라고 상상하는데, 실제로는 그게 아니니까 보여주기 싫었어요. 사람들이 아버지가 엄청 자상하실 거라고 이야기하면 전 너무 힘들었어요. 부담도 되고. 이게 지금도 되게 힘든 것 같아요. 사람들한테 표현하는 게 좀 그래서 옛날에 알던 친구들 아니고는 얘기 안 해요.

정혜신 _ 혹시 지금 얘기를 하면서는 다른 신미수가 조종한다는 느낌이 있어요?

신미수 _ 아니요. 이건 솜방망이 신미수예요. (살짝 웃는다)

정혜신 _ 어떤 것 때문에 지금은 내가 이야기하는 것같이 느껴졌을까요?

신미수 _ 진짜 제가 겪은 일이니까요.

정혜신 _ 네. 그렇죠? 그런 느낌으로 얘기하면 돼요.

신미수 _ 아빠가 되게 미웠을 때가 있었는데. (울먹거리며) 한동안 얘기를 안 하고 살았어요. 지금 상황이나 이런 얘기를 한 번도 한 적이 없었어요. 엄마랑 아빠 사이가 계속 안 좋았었거든요.

정혜신 _ 한 번도 얘기한 적이 없어요?

신미수 _ (고개 끄덕)

정혜신 _ 아아. 그렇게 못할 얘기도 아니었을 것 같은데 그러셨군요.

신미수 _ (코를 훌쩍이며 울먹거리고 침묵) 지금은 호주에 가서 살고 계세요. 어느 날 아빠가 호주로 혼자 이민을 가신다고 하더라고요. 아빠가 나를 버렸다는 생각에 엉엉 울고 배신감을 느꼈어요.

정혜신 _ 그래서?

신미수 _ 아빠가 미웠죠. 아무런 상의 없이 혼자 결정했거든요. 그냥 통보만 하고 호주에 사는 작은아버지한테 가버리셨어요. 전 사실 엄마 편을 들지는 않지만 일단 엄마가 안쓰러웠죠. 엄마한테 다시는 아빠를 보지 않을 거라고 했어요. 무슨 소식을 듣든 놀라거나 슬프지 않을 것 같다고 말한 적이 있어요.

정혜신 _ 지금 마음은 어떤가요? 지금 내가 왜 물어보느냐 하면 지금 얘기를 하는 중에 마지막에 한 얘기는 저 뒤에 신미수가 신미수를 조종하면서 이야기하는 것 같은 느낌을 받아서요. 혹시 어땠어요?

신미수 _ (으흐 웃음) 지금은 철의 여인이네요. 저를 계속 드러내는 게 또 힘들어졌어요. 이것도 지금 너무 걱정이 되는 거예요. 벌써 집안 얘기를 이렇게 해버렸고, 이게 사람 일이라는 게 또 모르는지라 건너건너 아는 사람이 있으면 또 어떡하지, 이런 생각을 하면서 조종하기 시작했어요.

정혜신 _ 뭐가 걱정되는 거예요? 아버지의 불명예가? 아님 다른 뭐가 염려가 되나요?

신미수 _ 나는 완전해야 되는데 그러지 못한 게 드러나는 게 싫어요.

정혜신 _ 왜 완전해야 되죠?

신미수 _ (침묵하다가) 그래야 내 마음이 편안한 것 같아요.

아버지의 문제가 미수에게 어떤 문제로 다가오는지, 그것이 미수 자신에게 어떤 것인지, 이해할 수 있다마다. 그랬구나, 미수.

황지혜 _ 일단, 꼭 이런 데 오면 아빠 이야기가 나와요. 부모님 이야기 나오고. 그런데, 나오는데 그 얘기들에 대해서 나는 이제 어느 정도 괜찮아졌다고 생각했는데, 아까 그걸 느낀 순간 진공 상태가 되는 것처럼 되게 불편했어요.

정혜신 _ 힘들겠지만 내가 옆에서 도와드릴 테니까, 잠깐 머물러본다면, 그 불편함을 조금 더 구체적으로 표현하신다면 어떻게 표현을 하실 수 있을까요?

황지혜 _ 저도 비슷해요. 아빠에 대한 감정들. 사실 전 좀 오래되기도 했어요. 스무 살 때. 아버지를 영영 안 보고 싶다고 생각했어요. 저 고3 때 두 분이 이혼하셨거든요. 그때, 영영 안 보고 싶다고 생각을 했고, 나는 차라리 안 보고 사는 게 괜찮겠다 했어요. 다들 아버지한테 한번 찾아가서 뵙는 게 좋지 않느냐 하는데, 저는 그럴 만한 이유를 모르겠어요. 심지어 아버지는 저랑 가까운 곳에 살거든요. 여기서 미수 씨 이야기는 완전히 내 이야기죠. 진짜 그런 고민들 많이 했죠. 남들 보기엔 문제가 없는데, 사실 아빠가 내 아킬레스건이에요. 유일한 단점, 그거 드러내 보이면, (무너지는 흉내를 내며) 와르르.

정혜신 _ 그렇군요. 무너질 것 같아서. 두려웠군요.

황지혜 _ 그런 것들, 결국 다 똑같은 문제를 겪고 있구나, 이런 데서 오는 답답함들 있잖아요. 절대 안 풀리는 수학 문제로 다 같이 골머리 썩는 그런 불편함. 부모들은 절대 안 변할 텐데…… 오히려 발 뻗고 잘걸요? 억울하죠. 왜 나만 고민하고 왜 나만 이러고 살아야 되는데.

정혜신 _ 그럼에도 불구하고 여기 또 신청을 하고 이렇게 오신 거는 어떤 마음 때문에 오신 것 같으세요?

황지혜 _ 그래도 이젠 정말 해결해야지 하는 기대가, 기대라고 해야 되나, 그런 게 있었죠.

정혜신 _ 냉정하게 이야기해보죠. 그거 헛된 기대인가요?

황지혜 _ 반반인 것 같아요. 어떻게 보면. 사람이 그러니까. 나조차도 안 변한다는 생각이 드니까요.

정혜신 _ 우리는 지금 내 부모가 얼마나 문제가 많은지 성토하거나 그걸 입증하기 위해서 얘기하는 게 아니에요. 엄밀히 말하자면 우리는 지금 부모 이야기를 하는 게 아니라 부모와의 관계, 그 경험들에서 겪고 느꼈던 나의 고통, 내 느낌, 내 감정, 바로 내 이야기를 하는 중이에요. 예를 들어 지혜 씨가 지금 아버지 이야기를 하고 있지만 저는 지혜 씨 아버지의 문제에 관심이 있지 않아요. 저는 끝까지 지혜 씨에 대해서 관심이 있어요. 아버지 얘기가 중요하지 않아서가 아니라 그런 아버지와 살아오면서 느낀 지혜 씨의 마음과 지혜 씨의 삶에 저는 집중하고 있는 중이에요. 지금 우리의 목표는 우리의 아버지나 엄마를 변화시키는 것이 아니에요. 그럴 필요도 없어요. 그들이 달라지지 않으면 내 문제가 해결되지 않는 것도 전혀 아니에요. 이게 무슨 말인지는 이 과정을 거치면서 더 분명하고 자연스럽게 느끼게 될 거예요. 그러니까 이제부터 아버지나 엄마 이야기를 하든 남친 이야기를 하든 또 다른 누구에 대해 이야기를 하든 그와의 관계에서 벌어지는 '내 마음, 내 감정, 내 느낌, 내 생각'에 대해서 우리가 더 주목하면서 찬찬히 이야기를 하면 좋겠고요. 그러면 그런 만큼 여러분이 이 기회를 통해서 더 많은 도움을 받으실 수 있을 거예요. 제 말이 무슨 뜻인지 이해하시나요? 우리가 처음부터 끝날 때까지 깊이 주목하고 관심을 가지고 찬찬히 살펴야 하는 것은 바로 '내 마음'이라는 겁니다. 그 중심만 놓치지 않으면 좋겠고요. 그리고 내 마음 중에서도 내 의지, 내 소신, 가치관에 방점을 찍는 것이 아니라, 그 안에 들어 있는 내 감정, 내 느낌, 내 경험들에 더 많이 집중해주실 수 있으면 참 좋겠다 싶어요.

중간에 지혜가 언급한 의미 있는 질문.

황지혜 _ 되게 웃긴 게 아까처럼 아빠 이야기가 나오면 제가 뭔가 답답함을 느끼잖아요. 그런 감정을 느끼는 것도 불편하고 드라이하게 이야기하는 것도 불편해요.

정혜신 _ 둘 중 어느 쪽이 더 불편한가요? 답답하게 느끼는 쪽 아님 드라이하게 이야기하는 쪽?

황지혜 _ 드라이하게 이야기하는 것이 조금 더 불편해요. 기계적으로 이야기한다는 생각이 들거든요.

정혜신 _ 그건 건강한 불편함이에요. 감정을 있는 그대로 느끼는 쪽보다 차단하는 쪽을 조금 더 불편하게 느낀다면 참 좋은 신호예요. 사람이 불편함을 느끼면 불편함을 줄이는 쪽으로 무의식적으로 에너지를 쓰게 돼 있거든요. 지혜 씨가 스스로 '드라이하다'는 느낌이 들 때 더 불편하다면 힘들고 답답하더라도 자기 감정을 있는 그대로 내놓는 쪽으로 얘기하게 될 거예요. 그러면 우리가 하고 있는 이 상담의 결과가 당연히 좋겠죠?

황지혜 _ 다행이다. 나는 이래도 저래도 불편하니까 나는 정말 어쩔 수 없는 인간이다. 구제 불능이라고 생각했거든요.

불편함도 '건강한(또는 정당한) 불편감'과 '불건강한 불편감'이 있다. 아빠 이야기가 떠오르면 뭔가 답답함을 느끼는 것에 대한 불편감과, 그 답답한 현실을 건조하게 얘기할 때의 불편감 중 어느 것이 건강한 불편감일까. 전자의 경우다. 아빠와의 부정적인 경험, 기억들이 떠오를 때 답답함을 느끼는 것은 너무도 당연하다. 정상적이다. 정당한 답답함인 것이다. 그런데 힘들고 답답한 기억이 떠오를 때도 아무렇지 않은 듯 덤덤하게 자기 감정을 지우려고만 드는 것은 오히려 부자연스럽고 불건강하다. 자기방어기제가 과도하게 작동하는 순간일 수 있다. 지혜의 건강하고 정당한 불편감은 지혜가 자신의 마음을 여는 동력이 될 것이다. 결국 지혜를 치유되는 방향으로 이끌어가는 힘이 될 것이다.

몇 해 전 인혁당 사건 희생자들이 재심에서 무죄 판결을 받은 적이 있다. 친구가 그때 TV에서 인혁당 사건을 다룬 다큐물을 보고 며칠간 밥도 못 먹고 잠도 못 잘 만큼 큰 충격을 받았다. 고통스러워했다. 그 사건에 대해 몰랐을 때는 아무 문제도 없었는데 알아서 받게 된 고통이다. 고통을 못 느끼고 있을 당시에 그 친구가 인지하던 세상과 그것을 알고 난 후의 세상 중 어느 것이 더 '실제 세상'에 가까운 것인가. 고통이 개인을 힘들게 할지라도 '실제 세상'에 대한 자각을 더 분명하게 하는 과정에서 느낄 수밖에 없는 고통이라면 그 사실을 알고 고통스러워할 때 우리는 건강한 현실감각을 유지할 수 있다. 그럴 때 비로소 우리는 '가상현실'이 아니라 '존재하는 세상'에 살게 된다.

내면의 문제에 있어서도 마찬가지다. 존재하는 고통을 존재하는 것으로 인정하는 것, 이때 생겨나는 불편감은 자신에 대한 건강한 문제의식의 결과이며 현실에 대한 적절한 감정이입이다. 그때의 불편감은 건강한 불편이다. 건강한 불편의 반대말은 안전한 불행이라 할 수 있다. 안전한 불행이란 겉으로는 안전해 보이지만 장기적으론 그 사람의 현실감각을 깎아먹어서 결국엔 더 큰 문제를 유발한다.

마음의 법칙 중 중요한 화두 하나는, 문제의 본질을 외면하면, 다시 말해 정당한 불편함을 회피하면 더 큰 심리적 대가를 치르게 된다는 것이다. 꼭 기억하자.

정혜신의 힐링톡

그 기억과 감정을 떠올리면서 상처받은 그 당시의 내가 이해받고 공감받고 위로받는 과정을 거치면서 비로소 내 상처의 본질을 입체적으로 이해하게 되지요. 이 모든 과정을 거치면서 '상처받은 자신'을 순하게 감싸 안을 수 있게 되는 것. 그것을 정서적 깨달음이라고 해요. 그러고 나면 사람은 달라지지요. 편안해져요. 자신이나 자신이 처한 상황에 대해 이전보다 훨씬 또렷하게 인식하게 되고. 그러면 그런 상황에 다시 맞닥뜨렸을 때 전보다 정서적으로 덜 휘둘리게 되죠. 주변 상황에 압도당하는 일이 적어집니다. 홀가분해지기도 하고요. 그래서 편안해지는 거예요.

김해인_

대견하다, 기특하다는 말 많이 들었어요.
아이처럼 보살핌받고 싶은 마음도 있었지만,
그런 마음을 표현한다는 것 자체가
어른스럽지 못하다고 생각해온 것 같아요.
그래서 지금은 뭔지도 잘 잡히지 않거든요.

정혜신_

그러니까 우리 천천히 해요.
잘 떠오르지 않으면 그때 내 마음은
어땠을까, 내가 지금 어떻게
느끼고 있나. 떠듬떠듬 주춤주춤하면서
떠올리면서 하면 돼요.
매끈한 말 백 마디보다
떠듬떠듬 한마디가 더 내 마음속에
있는 의미 있는 얘기거든요.
그게 더 중요해요.

두 번째 세션

마음을 말로 표현할 수 없어요

지식 말고 네 마음을 말해봐

정혜신 _ 지난 시간 이후에 좀 어떠셨어요? (참석자 전원을 돌아본다)

신미수 _ 겉모습에 대해서 생각하게 됐어요. 난 이렇게 보여줘야 하고 이렇게 행동해야 한다. 나도 모르게 내가 그렇게 신경을 많이 쓰고 있다는 것을 그동안 잘 몰랐어요. 그게 좀 느껴졌어요.

정혜신 _ 그런 느낌이 드니까 마음이 또 어떻던가요?

신미수 _ 좀 가벼워졌어요. 내가 불쌍한 것 같았어요. 많이 안쓰러운 것 같아요.

김해인 _ (활짝 웃음) 저는, 저는요. 지난번에 이야기하고 가면서 누구 때문이라는 말을 많이 한 것 같아요. 그러니까 아예 저 자체에 대한 얘기는 전혀 하지 않았던 것 같아요. 다른 사람의 얘기는 주로 들어주는 편인데 막상 다른 사람은 저에 대해 아무것도 모르는 그런 상황이 많았는데, 지난 시간을 참여하면서 선생님이 다른 것도 중요하지만 얘기를 하려고 하면 저의 느낌이나 생각을 말하라고 자꾸 말씀하셨잖아요. 생각해보니까 지금까지 별로 내 느낌을 말하려고 하는 게 없었던 것 같았어요. 그게 참 힘들더라고요. (잠깐 웃음)

정혜신 _ 아하, 그게 힘들었구나.

김해인 _ 예. 그걸 애써봐야겠다는 생각이 들었어요. 예전에는 좀 더 어른스러웠어요. 다른 사람들한테 거의 대견하다, 기특하다, 그런 얘기를 듣고 살거든요. 그런데 그런 것보다는 사실은 애교도 부려보고 싶고 어디 의지해보고도 싶고 그런 마음, 그런 어린아이 같은 마음이 있었던 것 같아요. 내 안에 네다섯 살짜리 아이가 살고 있구나, 그런 생각이 들었어요.

정혜신 _ 흠. 그런 속마음이 있었는데 그런 것들을 꽁꽁 뒤로 싸매고 있었다.

김해인 _ 아이처럼 보살핌 받고 싶은 마음이 있었는데, 그랬는데, 그런 내 맘을 절대 표현하지 않고.

정혜신 _ 그랬구나. (양미란의 표정이 좋지 않아 보인다. 양미란을 바라보며) 지금 해인 씨 얘기 들으면서 미란 씨 마음속에 떠오르는 느낌이 있다면 어떤 걸까요?

양미란 _ 글쎄요. (시선이 사람들에게) 저는 제가 읽었던 책이 생각이 났는데요.《포노포노의 법칙》이라는 책인데 거기 보면 누구에게나 자신 안에 아이가 있다고 나오거든요. 근데 되게, 상처받기 쉽고 그리고 작은 것에 기뻐할 수 있는 그런 아이인데, 그래서 평소 자기 자신에게 자기 내면의 아이에게 "미안해요, 용서해요, 사랑해요, 감사해요" 그 말을 이렇게 끊임없이 들려주면.

정혜신 _ 잠깐만요.

양미란 _ 네? (정혜신을 바라봄)

정혜신 _ 책 얘기를 하자는 건 아니고요, 해인 씨가 지금 말한 그 '아이'를 들으면서 그냥 미란 씨 개인적으로 떠오른 느낌은 어떤 건지 물었는데.

양미란 _ 저는 그 책 생각이 났어요.

정혜신 _ 미란 씨 자신의 느낌은 어땠나요?

양미란 _ 왜 책 이야기를 하느냐면 책을 읽으면서 공감했던 것들이 현실에 적용이 되는구나 하는 생각이 들어서요.

정혜신 _ 제가 다시 한 번 물어볼게요. 책 얘기 말고 미란 씨 개인적인 느낌은 어땠는지 천천히 한번 떠올려볼래요?

양미란 _ 개인적인 생각이요? (잠시 침묵) 솔직히 딱히 들으면서 그 책 생각만 계속해서 그 외에 생각나는 게 없는 것 같아요. 나중에 그 책 얘기를 해줘야겠다 하는 생각만 했어요.

해인이 툭 던진 '어린아이'라는 생생한 주제에 대한 미란의 반응은 지적(知的)이고 계몽적이다. 상대의 '정서적' 반응을 '지적'인 틀에 넣어 소화한다.

정서적인 불편함을 누그러뜨리기 위해 지적으로 전환해서

생각하는 것. 불편한 느낌이나 감정이 잘 감당되지 않을 때 느낌보다 생각과 판단으로 상황을 이해하고 정리하려는 시도를 하는 것. 이것이 '주지화(intellectualization)'라는 심리방어기제이다. 지금 해인과 소통하는 미란의 방식이 딱 그렇다. 자신의 느낌에 기반해서 상대와 소통하려 하기보다는 책이 주는 교훈에 더 의지해서 대화를 이어간다. 미란에게는 익숙한 소통 방식일 수 있지만 이런 태도가 해인에게 상처가 될 가능성도 있다. 사람이 관계에서 상처를 받는 것은 의외로 비판이나 비난 등 명백한 공격 행위에 의해서가 아니다. 자신의 깊은 감정, 상처의 경험들을 얘기했는데 상대가 그것을 가슴으로 받아들이지 못했다는 느낌을 받을 때 더 깊은 상처를 받는다.

사람이 자신의 속마음을 얘기할 때 갖는 원형적인 욕구는 자신의 말이 상대에게 잘 스며들고 흡수되어 충분히 공감을 받았다는 느낌 그 자체이다. 고통스러운 내 감정이 타인에게 공감을 받았다는 것은, 내 감정이 틀리지 않았다는 것, 내가 그런 감정을 가져도 괜찮다는 것을 확인받는 행위와 같은 것이다. 그것으로 인해 사람은 깊은 위로와 함께 근원적인 안정감을 얻게 된다. 지금 미란은 이 부분에서 어긋나 있다.

정혜신 _ 그랬군요. 자꾸 책 생각만 했었군요.

양미란 _ 예. 제 느낌보다는 책 생각이 떠올랐어요.

정혜신 _ 그런데 제가 떠오르는 느낌을 자꾸 얘기해보라고 하니깐, 좀 당황스럽지요?

양미란 _ 원래 표현하거나 하는 건 전혀 어렵지 않거든요. 근데 지금은 당황이 되면서 마음이 진짜 울렁거려요. 눈물이 나려고 하는데, 제가 갑자기 왜 그런지 모르겠어요. 슬프지는 않고 예전에 그룹 과외 할 때 문제 못 풀어서 망신당한 느낌이 갑자기 떠올랐어요. (눈물) 정말 이런 적이 없는데, 아 진짜.

정혜신 _ 지금 어떤 느낌들이 들어요?

양미란 _ (눈물을 닦으며) 저번 상담 때요, 선생님이 슬쩍 지나가듯이 저에게 말한 게 있었거든요. 상대방의 말을 쉽게 단정 짓는다고요. 근데 저 자신도 되게 공감하는 거였거든요. 저도 알고 있었는데, 근데 그때 그 상황이, 선생님께서 '너 너무 오만하다' 그렇게 느끼신 게 아닐까, 하는 생각 때문에 그게 너무 당황스러웠어요. 솔직히 뜨끔했어요. 나는 그냥 직감적으로 말한 것뿐인데. 그래서 혹시 지금도 제 안에 있는 그런 오만을 이렇게 눌러주려고 선생님이 일부러 그러시는 것 아닌가 하는 생각도 들고, 그래서 당황스러워요.

정혜신 _ 제 의도에 대해 많이 생각하셨군요. '해인'이라는 살아 있는 책이 바로 눈앞에 있는데 자꾸 다른 책 얘기를 미란 씨가 해서요. 미란 씨가 지금 보고 있는 '해인'이란 책에 대한 개인적인 느낌이 궁금했던 거였는데.

양미란 _ 지난번 세션 끝나고 내가 너무 오만하게 굴었나, 하는 생각을 많이 했어요.

정혜신 _ 미란 씨 생각은 어땠는데요?

양미란 _ 원래는 그냥 조금은 그런 면이 있다 생각을 했었는데, 세션을 마치고 나니깐 그게 갑자기 이렇게 크게 다가오는 거예요. 집에 가서 이런저런 생각을 하게 됐는데 다음 날 아침이 되니깐 목이 막 붓더라고요. 그래서 이게 무슨 계시인가? 스스로 자책하게 됐어요.

정혜신 _ 평소에도 자신에 대해서 그런 생각을 한 적이 있어요? '내가 오만한가' 뭐 그런 생각들요.

양미란 _ 약간 했었는데…… 지난번 세션을 통해서 그게 더 이렇게, 조금 이렇게 많이 느껴진 것 같아요. 좀 벌거벗은 느낌이랄까.

할 말 다 하고 당당해 보이기만 했던 미란의 이면에 있는 여리고 취약한 부분이다. 그러나 아직은 미란 자신도 이 부분을 찬찬히 바라보는 것은 어려워한다. 아파하며 찬찬히 받아들이고 있다는 느낌보다는 뜨거운 감자를 손에 쥔 사람처럼 어쩔 줄 몰라 당황하고 있다. 미란이 조금 더 안정감을 가지고 자신의 약하디약한 이 부분을 응시할 수 있을 때까지 편안하게 기다려주는 것이 좋을 것 같다. 내가 기다리는 동안에도 아마도 미란은 혼자 자신의 이 부분을 떠올렸다 지워버렸다 하며 힘들어하다가 또 잊으려 애쓰다가 그런 수고를 많이 하게 될 것이다. 그런 미란을 믿고 더 기다려보자.

정혜신 _ 으음, 그러셨군요. 지난번 내가 했던 얘기 때문에 마음속에 담아두었던 생각을 오늘 이렇게 솔직하게 말해주니 참 좋네요. 그런데 지금 많이 당황스러운가 봐요. 눈물이 자꾸 흐르네요.

양미란 _ 어딜 가든 좀 최고가 되고 싶어 하는 경향이 있어요. 여기서도 가장 괜찮은 조언을 해야지 하고 준비하고 (울먹거림) 그랬는데, 선생님이 전혀 다른 질문을 하니까 갑자기 아무 생각도 안 나고 너무 당황스럽고 내가 말문이 막히리라곤 정말 생각을 못했는데 막히니까 너무 당황스러워요. (훌쩍거림)

정혜신 _ 말문이 막히는 양미란. 어떤데요? 평소에 어떻게 생각해왔는데요?

양미란 _ 생각도 안 해봤어요.

정혜신 _ 그래선 안 되나요?

양미란 _ 누구 말문을 막히게 하면 했지 절대로 제가 그러진 않거든요. 평상시에도 저는 어색한 분위기가 있으면 뭐라도 항상 말 한마디라도 먼저 던지고 그랬어요. 갑자기 어떻게 말해야 될지도 모르게 되니까 너무 당황스러워요.

결국은 자신의 퇴로를 이렇게 막게 될 '절박한 완벽함'을 지키기 위해 사력을 다해온 미란의 내면이 지난 시간 미수, 지혜의 안쓰러운 모습과 겹치면서 안쓰럽고, 안쓰럽고 또 눈물겹다.

신미수 _ 제가 항상 두 가지 모습을 갖고 있다고 했잖아요. 한 가지 모습은, 저도 편한 사람들과 익숙한 사람들 앞에서는 제가 분위기를 주도하고 분위기를 끌고 가는 게 있어요. 그런데 이렇게 아직 친해지지 않은 이런 상황에서는 말도 없이 있는 듯 없는 듯 분위기를 살피고 먼저 분석한 다음에 조심스럽게 말을 하고 제가 그러거든요. 그런 양쪽의 모습에서 가만히 있을 때, 제가 다른 모습에 뭐라 그럴까, 리드하는 모습도 있고 그냥 뒤에 있는 모습도 있는데, 제가 그냥 있는 모습을 마음에 들어하지 않거든요. 스스로가. 난 리드하고 싶고. 근데 그게 안 됐을 때 힘든 그 마음, 그런 걸까. 그렇게 제가 느끼는 것 같아요. 미란 씨도 그런 느낌일까? 어떻게 아플까? 어떤 것 때문에 속상할까 이런 생각이 들었어요.

황지혜 _ 저는 선생님이 미란 씨한테 물어볼 때 속으로 '어떡해, 어떡해! 어떡해!' 그러고 있었어요. "책 얘기 말고요, 느낌을 말해보세요" 그러시니까, 제가 다 당황스러운 거예요.

정혜신 _ 어떤 맘이 들어서 그랬나요?

황지혜 _ 저는 말하면서 다음 이야기까지 준비하거든요. 그런데 선생님이 "아니, 네 지식 말고 네 마음을 말해봐" 그런 거예요. 마음은 지식처럼 딱 정리해서 간결하게 표현할 수가 없으니까요. 그래서 저도 옆에서 되게 당황스러웠어요.

양미란 _ 바로 그 느낌이었어요. (환한 웃음)

정혜신 _ 지혜 씨 말이 너무 반갑겠네. (웃으며) 많이 당황스럽고 익숙지 않죠? 지혜 씨가 중요한 얘길 했어요. '지식이 아니고 마음이다'. 맞아요. 그러니까 우리 천천히 해요. 잘 떠오르지 않으면 그때 내 마음은 어땠을까. 지금 내가 어떻게 느끼고 있나. 떠듬떠듬 주춤주춤하면서 떠올리면서 하면 돼요. 유창하게 얘기하는 거, 그거 별로예요. 이야기는 매끈하게 잘 된 것 같아도 그런 건 별 의미가 없어요. 그런 매끈한 말 백 마디보다 떠듬떠듬한 한마디가 더 내 마음속에 있는 의미 있는 얘기거든요. 그게 더 중요하니까요.

'서른 넘은 어른'이라는 자아

정혜신 _ (김해인 쪽으로 시선) 해인 씨가 던진 '아이' 얘기를 하다가 이런 얘기까지 왔네. 참 인상적인 표현이었어요.

김해인 _ 전 원래 슬픈 걸 보면 잘 울고 그래서 제 마음을 잘 표현하고 저도 잘 느낀다고 생각했었거든요. 그런데 어느 정도 나이가 드니까 어떻게 보면 극복을 해야 되는, 자기 스스로 극복을 해야 되는 문제라고 생각하게 되잖아요. 어렸을 때는 어리니까 아픈 거였고. 그래서 그런 마음을 표현한다는 것 자체가, 그러니까, 어른스럽지 못하다고 생각해온 것 같아요. 그래서 지금은 뭔지도 잘 잡히지 않거든요. 그런 생각이 들었어요.

'반드시 ~해야 한다'는 견고한 자기 굴레를 '슈드비 콤플렉스(should be complex)'라 한다.

'모름지기 서른이 넘으면, 모름지기 숙녀라면, 모름지기 장남이라면, 모름지기 가장이라면, 모름지기 고3이라면, 반드시 이러이러 해야 한다'는 우리 사회에서 흔히 목격할 수 있는 슈드비 콤플렉스다.

사회에서 한 사람을 규정하는 역할들은 동시에 여러 개다. 가장이지만 막내아들이기도 하고, 친구들 사이선 귀염둥이 총무로 통하지만 교회에 가면 엄숙한 장로일 수 있다. 사람이란 그런 것이다. 그런데 한 사람의 여러 역할 중에 어느 하나의 역할과 기준만으로 그 사람의 삶 전체를 구속하게 되는 경우가 있다. '서른이 넘었다'는 사실 하나만으로 한 인간으로서 가지는 다채로운 감정들을 다 억제하도록 스스로에게 강요하고 있는 해인처럼. 물론 한 역할에 대한 강한 인식이 갖는 건강한 책임감까지를 폄하하는 건 아니다.

해인은 '서른이 넘었'지만 '미혼의 여성'이자 '교사'라는 직업을 가진 성인이다. 그 나름의 자유도 누릴 충분한 권리가 있다. 그러나 스스로에게 내린 '서른 넘은 어른'이라는 획일적이고 강력한 자기규정이 해인을 과도하게 지배하고 구속하고 있다. 슈드비 콤플렉스에 과하게 휘둘리면 사람은 당연히 획일화된다. 심리적 분화가 일어나기 어려우니 사고의 방식도 단순해질 수밖에 없다.

정혜신 _ 이 정도 나이를 먹었으면 혼자 극복해야 된다 그랬는데, 만약에요, 가정인데 그런 걸 의식 안 할 수 있다면 해인 씨는 사실은 어떻게 하고 싶었는데요?

김해인 _ 그 생각 막 했었는데요, (웃으면서) 제 주변에 모든 사람이 제 섭섭한 말 듣느라 괴롭겠죠.

'서른 넘은 어른'이 아닌 '본래 해인'에겐 그게 필요했구나. 그러고 싶었구나. 그럴 수만 있다면 그때부터 해인에게는 진짜 어른이 되는 본격적인 성숙의 과정이 시작되는 것이다. 아이러니하게도.

정혜신 _ 그런 섭섭한 얘길 누구에게 제일 하고 싶을 것 같은가요?
김해인 _ 저는 언니랑 친하게 지내고 싶은데, 언니는 내가 원하는 걸 해주지는 않았어요. 언니랑 같이 시간도 보내고 싶은데, 언니는 너무 바쁘니까. 생활이. 그런 점들을 내가 욕하면 안 되는 거잖아요. 언니도 맘은 그렇겠지만, 그럴 수 없는 거니까. (울먹거림)
정혜신 _ 그런 상황 다 알지 못했다고 치고. 그런 거 고려하지 못한다고 해봐요. 그런 걸 고려할 만큼 나이가 먹지도 않았다고 치면, 그렇다면 어떤 걸 좀 하고 싶은데요, 언니랑?

슈드비 굴레 뒤에 숨겨진 해인의 살아 있는 육성을 듣고 있었다.

김해인 _ ……. (침묵)
정혜신 _ 천천히. 괜찮아요. 우리 아까 떠듬떠듬하자 그랬잖아요.
김해인 _ (한동안 침묵 후) 뭘 하고 싶냐고요, 언니랑? (침묵) 같이 시장 가서

장도 보고 떡볶이도 먹고, 여행도 같이 가보고 싶고.

정혜신 _ 어딜 가고 싶어요?

김해인 _ 그냥 목적지가 없어도 돼요.

슈드비 굴레에서 벗어나 자유를 잠시 누리다가.

김해인 _ 근데 가끔은 언니도 나한테 잘해줬는데. (김해인 웃고, 좌중 연이어 웃음)

해인의 '서른 넘은 어른'의 자아가 황급히 다시 출현한 것.

정혜신 _ 지금 말하는 것은 그것과는 별개지요. 언니 입장에선 나름 잘해 주려 했어도, 그럼에도 그와는 별개로 해인 씨 마음에는 그런 섭섭한 마음이 여전히 있을 수 있는 거죠. 당연히요. 옷도 사러 가고 싶고, 손잡고 걸어도 가보고 싶고, 책도 같이 읽고 싶고. 듣다 보니 아까 얘기했던 그 '아이'가 떠오르네. 그 '아이'가 하고 싶었던 건가 보다. 그 아이가 아까 네다섯 살쯤 된다고 했지요?

김해인 _ 네. (눈물, 침묵)

침묵 직전의 얘기는 그 사람의 핵심이 담겨 있을 가능성이 높다. 해인도 그러하다.

김해인 _ (다시 활짝 웃으면서) 그래도 언니랑 뭘 같이하는 건 너무 피곤한 거 같아요. 같이 시장이라도 간다고 하면 정말 힘들어요. 그냥 대화가 아니라 하는 말이 다 불평이에요. 직장에서 속상했던 얘기를 거의 다하고 또 제가 집중하지 않으면 엄청 화를 내거든요. 동생이 언니 말도 제대로 못 들어주느냐고. 언니가 저를 어떻게 키웠는데 이야기 듣는 거 하나도 그렇게 못해주느냐, 그러니 남은 더하지. 제가 듣기에 다 제 잘못인 것처럼 떠넘기고. (눈물) 그러니까 저는. (침묵)

정혜신 _ 못된 동생인 것 같은가?

김해인 _ 솔직히 언니도 저를 많이 의지하고 저를 나쁘게 생각하는 것 같지는 않아요. 그냥 그 순간 속상해서 말하는 건데.

정혜신 _ 언니의 대변인으로 말하지 않아도 돼요. (좌중 웃음)

김해인 _ 솔직히 저한테 화풀이하는 거죠.

정혜신 _ 몇 살 때부터 그런 거예요?

김해인 _ 제가 어렸을 때부터. 저 때문에 좀 일찍 일을 시작했는데, 일하는 곳에서 좀 안 좋은 일이 있으면 집에 와서 꼬투리를 잡아요. 방이 이게 뭐냐? 언니한테 고생한다는 말도 안 하냐? 그리고 그게 좀 심해진 건, 제가 중학교 때였어요.

정혜신 _ 그렇게 계속 언니의 얘기를 들어주어야 하고, 소화를 해내야 했구나.

김해인 _ 시작하면 두 시간은 후딱 지나요. (눈물) 진짜 했던 이야기 또 하고, 또 하고. 아무리 참아도 계속 듣고 있으면 속이 부글부글 끓어요.

정혜신 _ 더 이상 견딜 수 없을 때 어떻게 해요?

김해인 _ 한번은 동네 아줌마랑 주차 때문에 좀 싸웠어요. 밤이라서 주차할 데가 없었는지 그 집 아들이 자주 차를 대는 곳에 언니가 주차를 했거든요. 새벽에 그 아줌마 아들이 주차 때문에 애를 먹었나 봐요. 그 아줌마가 와서 따져서 싸웠어요. 저는 언니가 잘못한 것 같으니까 가서 사과하라고 했어요. 그랬더니 제가 언니를 이해 못 해준다고 막 화를 내는 거예요. (표정은 웃는 채로 눈물 흘리며) 저는 언니한테 제 속에 있는 얘기를 하지 않는 편이거든요. 그걸 얘기했다가 또 길어질까 봐. 그리고 제 문제를 좀 상의를 하면, 좀 이해도 해주면서 이게 좋지 않겠느냐, 이런 얘기를 해주는 게 아니라, 그건 아니라고 하면서……. 그래서 무슨 얘기를 꺼내려다가도 이게 만약에 언니의 마음에 들지 않으면 어쩌나 걱정 먼저 해요. 그래서 아예 말을 안 하는데, 언니부터 시작해서 계속 다른 사람한테도 번져가게 되는 것 같아요. 가족도 이렇게 하는데 친구는 앞에서 들어주긴 들어주지만 뒤에 가서는 뭐라고 하지 않을까 하는 생각이 들어요. 그렇게 되면서 점점 마음의 문을 닫게 되는.

정혜신 _ 사람이 두려워지는군요.

김해인 _ 불안해요. 대화 전에 자기검열을 하게 되고. 나쁜 건 아예 말을 하지 않고 좋은 것만 얘기하고.

정혜신 _ 지금 얘기하면서는, 어떤 느낌을 받으세요? 여기서는 지금 어땠어요?

김해인 _ 여기서도 조금 걱정이 있긴 해요. 말해도 될까 하는 맘이 들어요. 속으로 머릿속으로 생각을, 무슨 말을 하려면 내가 잘못한 건가 먼저 그런 생각이 들어요.

정혜신 _ 잘못한 거라면 어떻게 될 것 같은데요?

김해인 _ 비난받을 것 같아요. 괜히 쓸데없는 말을 해서.

정혜신 _ 비난받으면 그다음은 어떻게 될 것 같아요?

김해인 _ 속상하죠. 후회되고. 평상시에는 이런 말을 할 때 계속 하지 말걸 하는 후회를 해요.

정혜신 _ 그랬구나. 남에게 듣기 좋은 말만 계속 해왔던 게 그것과도 관계가 있겠구나. 음. 근데 지금 말하면서는 편안했어요?

김해인 _ 지금 말하면서는 여기서는 그런 건 없을 거야, 라고 스스로 생각하면서 말하려고 노력을 많이 했어요. 그래서 그런지 지금은 편안해요. 지혜 언니를 보면 언니가 보통 자신감 있게 말하잖아요. 그런데 언니는 그게 그렇게 안 돼서 속상하다고 했잖아요. 그렇게 된 계기가 있지 않을까 그런 생각도 들었어요. 잘한다고 하는 애들이 실수를 하면 되게 속상해하는데, 그렇게 잘해야만 하는 이유가 있지 않았을까 하는 생각이 들었어요. 언니 스스로도 모르는 뭔가가 있지 않을까.

황지혜 _ 해인 씨가 예전에 어떤 무언가 일이 있지 않았을까, 라는 말을 했잖아요. 근데, 꼭 그 일을 찾아야 되나요? 저는 그런 걸 생각하다 보면, 꼭 따져 들어가다 보면 그 일이 꼭 있는 것 같지도 않고, 그 일 때문이라고 내가 지금 내 상황을 합리화시킨다는 그런 느낌도 되게 받거든요. 비겁해. 그래도 이런 감정들이 떠오르는 것에 대해서 꼭 뭔가 찾아 들어가야 하는지. 지금 해인 씨도, 뭔가가 예전에 있었지 않았을까, 과거의 상처가 있었지 않았을까, 라는 얘기를 하는데, 꼭 그렇게 찾아야 하는지 그게 궁금해졌어요. 예를 들어, 저는 공격적인 데가 좀 있어요. 직원 중에 하나가 거래처에 써야 될 메일을 저한테 보낸 거예요. 그렇게 중요한 메일도 아니고 그래서 그냥 넘어갈 수도 있는데, 저는 그 사람을 불러서 몰아붙여요. 직원이 저한테 "죄송합니다" 하면, "죄송할 짓을 왜 해?" 이렇게 시작해요. (좌중 웃음) 예전 남자친구가 그러더라고요. 저는 사람을 질리게 한다고. 그런 걸 저는 공격성이라고 하는데 그런 공격성이 특히 남자들이 많고, 저는 아버지에 의해서 그런 영향을 받은 건 줄로 알았었어요. 그런 얘기들 있잖아요, 내 안에 잠재해 있는 분노가 어쩌고저쩌고 하는. 근데 막 또 생각해보면 그것도 아닌 것 같아요. 그게 원인이라고 계속 합리화시키는 것 같은 느낌이 드는 거예요.

정혜신 _ 제가 아까 말한 건 우리가 앞으로 얘기를 해가면서 어떤 근원, 과거의 얘기를 막 찾아가야 한다, 우리가 그 원인을 알아내야 한다 뭐 그런 얘기가 아니에요. 그래야만 한다는 강박관념을 가질 필요 전혀 없어요. 그렇다고 또 그런 얘긴 할 필요도 없다, 절대로 해선 안 된다 그런 뜻도 아니에요. 우리가 여기서 해야 할 얘기는 '순간순간마다 내 마음속에서 불쑥 떠오르는 얘기' 바로 그 얘기를 하면 돼요. 아무리 하잘것없고 아무리 하찮아도 그건 아무 상관이 없어요. 그 얘기가 '가장' 중요한 얘기에요. 내 마음에서 불쑥 떠올랐다면 이유가 있고 의미가 있어서 떠오른 거예요. 이런 데 오면 부모 얘길 해야 한다, 과거 얘길 해야 한다, 그런 생각도 가질 필요 없어요. 어떤 얘기가 더 중요한 얘기라고 미리 정해놓고 할 필요 없어요. 중요한 얘기를 하는 게 아니고요, 내 마음에 떠오른 얘기가 중요한 얘기란 걸 잊으시면 안 돼요.

사람의 모든 행동, 태도의 이면에는 반드시 무의식적 이유가 있고 근원이 있다는 생각, 널리 퍼져 있는 '무의식적 결정론'이다. 틀린 이야기라 할 수 없지만 그 생각이 족쇄가 되면 자기 마음과 감정을 자유롭게 펼치거나 자신을 자유롭게 성찰하는 일에 오히려 방해가 된다. 심리학 책을 많이 읽고 거기에 빠져 있는 사람에게 흔히 나타나는 부작용이기도 하다. 내 말이나 행동의 이면을 자꾸 분석하고 따져봐야 할 것 같은 압박감은 '내가 진짜로 하고 싶은 말'을 가로막는다. 아무리 옳고 정당한 진리라고 할지라도 그에 대해 과도한 의미를 부여하는 순간, 그에 대한 강박관념을 갖게 되는 순간, 그 진리는 사람을 속박한다. 이미 진리가 아니다. 그때의 진리란 반치유적인 압박에 불과한 것이다.

울면 나약한 사람

정혜신 _ 지혜 씨는 가슴 아픈 얘기를 웃으면서 하는데요?

황지혜 _ 여기서도 그런 말을 듣네요. 진짜 내가 그런가? (웃음) 예전에 집이 못 살아서 수학여행에 못 갔다고 그러면 상대는 진짜 놀라요. 지난번에도 그랬는데 무슨 대화 끝에 선생님께서 "참 가슴 아픈 얘기네요" 이렇게 말씀을 하시는데, 정작 전 반응을 못해서 당황했어요. 도대체 어디가 가슴이 아픈 이야기지, 생각도 했고요.

정혜신 _ 그때부터 거기에 대해서 또 생각을 하기 시작했군요.

황지혜 _ 듣는 사람이 가슴 아팠다 하는데, 내가 지금 이렇게 멀쩡하게 있으면 이상하잖아요. 그게 당황스러워요.

정혜신 _ 잠깐, 지금 이 상황에 잠깐만 머물러보자고요. 조금 전에요, 지혜 씨가 '나는 공격적인 데가 있다' 그랬을 때 '그러면 다른 사람들이 질려서 떨어져나가' 그랬는데 그 맥락에서 지혜 씨에 대한 내 느낌은, 그러니깐 그런 얘기를 농담 삼아 할 수도 있지만, 얼마든지 그럴 수 있는데, 왠지 그 순간 지혜 씨에게 되게 슬픈 기운 같은 게 느껴졌어요. 지혜 씨가 그것 때문에 상처를 많이 받았었나 하는 느낌이 전달돼서요, 나한테는. 근데 화알짝 웃으면서 얘길 하기에 어쩐지 그런 불일치가 좀 부적절하게 느껴지네요. 순간적으로.

황지혜 _ 그런 상대방의 반응을 볼 때마다 (말을 멈춘다) 뭘 어떻게 해야 할지 잘 모르겠어요. (잠시 침묵) 솔직히 예전에는 울면 나약한 사람이라는 생각이 들었는데, 여기서는 저 사람은 참 시원하겠다 하는 생각이 들어요. 조금 창피할 수도 있고, 부끄러울 수도 있겠지만, 일단 드는 제 생각은 속은 시원하겠다, 이런 생각이 들어요.

정혜신 _ 부러우세요?

황지혜 _ (침묵) 부러워요. 사실 부러워요.

지난 시간에 지혜는 '울면 나약한 인간'이라는 신념 같은 자기 생각을 말했다. 그런데 지금은 '그럴 수 있다면 속이 시원하겠다, 부럽다'는 생각 쪽으로 이동하고 있다. 굳건한 자기 원칙에 대한 균열이 반갑다. 이 균열로 인해 지혜는 빠르게 자신의 본 모습에 더 가까이 접근할 수 있을 것이므로.

황지혜 _ 사실 어제 무슨 일이 있었느냐면, 진짜 중요한 미팅이 있었어요. 중요한 분이 저희 회사로 오셔서 중요한 수주를 따야 되는데 빨리 가서 준비를 해야 되는 상황이었어요. 시간이 급하니까 마음도 급하고 강남 한복판에서 힐도 부러지고 난리도 아니었어요. 하여간 구두도 고치는 둥 마는 둥 대충 해서 허겁지겁 사무실로 뛰어 들어갔는데, 사람들이 너무 태평한 거예요. 미팅까지 시간도 얼마 안 남았는데 커피 내기인지 뭔지를 한다고 사다리 게임을 하고 있었어요. 어느 순간, 화가 나가지고, 참 태평들도 하다, 그러고 들어갔거든요. 그중에 제일 막내가 얼른 치우면서 죄송하다고 하는 거예요. 사실 그렇게 태평하게 한 건 다른 직원이었어요. 그 친구가 내기를 좋아해서 사무실에서 자주 그렇게 하거든요. 사실은 가서 그 친구한테 그 얘기를 하고 싶었던 거예요. '야, 이 미팅이 얼마나 중요한지 너도 알면서 준비도 제대로 안 된 상태에서 꼭 그렇게 아침부터 노닥거려야 되냐?' 그렇게 하고 싶은데, 결국 하지 못하고 제 방에 들어간 거예요. 분명히 불 보듯 뻔하게 그 직원이 내기하자고 한 거잖아요. 정작 걔한테는 표현을 못하고, 그냥 허공에다 대고 '참 태평들도 하다' 하고 들어간 거예요. 오늘까지도 그 막내 직원하고 눈을 못 마주쳤어요. (헛웃음) 마음 같아선.

정혜신 _ 예, 마음 같아선?

황지혜 _ 그 내기하자고 한 직원한테 따끔하게 제대로 한마디 해줬어야 하는데. 마음 같아선. 근데 결국 다른 데다 빽 하고 말아버린 거잖아요. 그러면서도 그 막내 직원이 되게 당황했을 것도 같고. 그러니깐 제가 그 막내 직원을 보기가 또 되게 불편한 거예요. 내기를 하자고 한 직원은 자기한테 한 얘긴지 아는지 잘 모르겠어요.

정혜신 _ 지금이 바로 그 순간이라면 어떻게 얘기하셨을까요?

황지혜 _ 야, 지금 이게 얼마나 중요한 미팅인데, PT자료도 덜 된 마당에 지금 커피 내기 할 상황이 된다고 보냐? 넌 틈만 생기면 사무실에서 그 따위 짓을 하냐, 그 나이에?

정혜신 _ 그런 황지혜의 모습을 유체이탈 하듯이 한 다섯 발자국쯤 떨어져서 바라본다고 가정하고요. 그 모습의 나를 '또 다른 내'가 바라본다면 어떤 느낌이 들까요, 지금?

황지혜 _ 그냥 사실대로 말하면 편할 텐데, 왜 혼자 불편해하고 그러나.

정혜신 _ 왜 불편해하는 것 같은데요? 빠져나와서 보니까?

황지혜 _ 그런 행동이 제 이미지를 해하는 것 같아서요.

정혜신 _ 좀 구체적으로.

황지혜 _ 사람들이 가지고 있는 제 이미지를 스스로 훼손하는 기분이 들어서요.

정혜신 _ 아하. 그래서 그 말을 당사자에게 직접 못했구나.

황지혜 _ 이런 작은 실수로 사사건건 시비를 걸면 성격이 더럽다는 소리를 들을 것 같아요.

정혜신 _ 아하. 그런 생각들을 하고 있었군요.

황지혜 _ 이미지가 나빠질까 봐 좀 걱정이 돼요. 사실은 또 오늘 그렇게 얘기하고 싶었어요. '사실은 있잖아, 내가 너 땜에 계속 불편한데, 어제 이러이러했고, 이러이러해서 내가 이러이러했었던 거야. 너한테 뭐라 그러는 건 아니니까 기분 나쁘게 받아들이진 말고' 이렇게라도 얘기해주고 싶었는데, 이제 그 얘기도 입이 안 떨어지는 거예요. 시간이 지나니까.

정혜신 _ 그건 내 불편함을 풀기 위해서 하는 말이에요, 아니면 내 쿨한 이미지를 계속 오점 없이 유지하기 위해서 하는 말이에요? 어느 쪽인가요?

　　　　전자의 경우라면 건강한 반응, 후자의 경우라면 신경증적 반응일 수 있다. 전자의 경우라면 내가 느끼는 불편함을 스스로도 알아주고 그걸 해결하기 위한 적절한 시도를 하는 것, 후자의 경우는 '진짜 내'가 아닌 '그랬으면 하는 내 이미지'를 유지하기 위한 시도가 '내 감정'을 존중하는 것보다 우선하는 행위이므로.

황지혜 _ 별거 아닌데 계속 그렇게 불편함이 남아 있으니까 좀 싫더라고요.

양미란 _ 제가 언니였으면요, 솔직히 화냈을 거 같아요. 작게나마, 화냈을 거 같아요.

신미수 _ 지혜 씨가 먼저 가서 미안하다 할 것이 있다면 정작, 내기를 건 그 직원이 아니라, 한 소리를 들은 막내 직원일 것 같은데요.

황지혜 _ 막내 직원에게는 이미 '내가 화를 낸 건 너 때문이 아니다'는 얘길 했고요. 서로 풀었어요. (계속 얼굴 한쪽으로 돌리고 가리는 제스처와 웃음) 아 참 거, 별거 아닌데.

정혜신 _ 별거 아닌데 왜 그리시는 거 같아요? 어떤 마음 때문에, 계속, 걸려 있으세요?

황지혜 _ 허공에 순간적으로 날렸던 그 말을 참았어야 했는데.

정혜신 _ 왜 참았어야 되죠?

황지혜 _ 허공에 대고 애매하게 말한 게 진짜 비겁해 보이잖아요. (웃음) 허공에 대고.

신미수 _ 근데, 이렇게, 너 들어라, 이런 의도가 쪼끔 있지 않았어요?

김해인 _ (조용히 웃으며) 맞아 맞아.

황지혜 _ 당연하죠. 그 말은 걔한테 한 거예요. 그때 제대로 얘기했으면 됐는데.

정혜신 _ 지금 얘기를 하면서 어떤 생각이 드시나요?

황지혜 _ 사람들이 저를 되게 쿨하다고 아는데요. 저 절대 쿨하지 않아요.

뒤끝이 되게 길어서 앞으로 계속 그 친구를 보면 그 생각이 날 거예요.

정혜신 _ 그렇게 못한 게 아까 얘기하는 뭔가 이렇게 쿨한 이미지에 오점을 남길 것 같아서? 그, 그 말인가요?

황지혜 _ 그렇죠. 진짜 그렇게 자유롭게 하라고 하면 딱 눈 마주 보면서, 야 너 왜 그랬어, 너는 이 미팅이 얼마나 중요한지 알고 있잖아. (좌중 낮은 웃음) 꼭 그렇게 내기를 했어야 했어?

양미란 _ 저는 뭐 할 말 다 하는 스타일이거든요. 그래서 답답한 건 없는데 오히려, 아 그냥 말하지 말걸 그랬네, 그런 적이 더 많아요. 할 말 다 해놓고. 말을 못 해서 막 그렇게 말할 걸 그랬네 이런 적은 없어요.

김해인 _ 저도 언니(황지혜) 얘길 들으면서 왠지 지금까지 언니 모습으로 봐서는 가서 얘기했을 것 같은데, 오늘 말을 안 했다는 게 좀 더 다르게 느껴졌어요.

황지혜 _ (웃음) 사람들이 또 저보고 할 얘기 다 하고 산다고 그러거든요. 그러면 항상 제가 하는 얘기가, 근데 "정작 하고 싶은 얘기는 반도 못하고 살아." (좌중 웃음)

'지금 내가 보이는 모습이 다가 아니다.' 사람이라면 누구나 예외일 수 없는, 사람에게 언제나 적용할 수 있는 사람 마음의 법칙 중 하나. 우리가 이것을 잊지 않고 살 수 있다면 사람 관계에서 생기는 오해나 갈등의 절반은 너끈하게 줄일 수 있을 것이다.

양미란 _ 이런 경우가 이 일 외에도 많다는 거예요, 진짜?

황지혜 _ 나는 매일 벌어져요. 한곳에서 함께 오래 지낸 사람들이 그런 얘기 하잖아요. "진짜 우리는 하고 싶은 얘기는 하고 살아요." 그러면 저는 그런 얘기 하지 말라고 그래요. 그러면 친구들이 도대체 너는 얼마나 더 하고 싶은 얘길 하고 살아야 그런 게 풀리겠느냐고. 저를 절대 모르는 거죠.

정혜신 _ 지혜 씨 느낌에는 나와 주위 사람 간의 그 갭이 어디서 온 것 같아요?

황지혜 _ 표현을 안 해요. 잘 웃지도 않고. 화가 나도 솔직히 말하기보다는 돌려서 말하는 스타일이거든요. 말에 뼈를 심어서. 그렇게 화내고 나면, 내고 나서도 찝찝해요.

정혜신 _ 정확하게 가격(加擊)이 안 되니까 분명하게 내 화가 전달됐다는 느낌도 없고. (웃음)

황지혜 _ 때린 사람이 더 열 받는 경우죠. 내가 있는 힘 다해서 때렸는데 맞은 사람은 맞은지도 몰라요. 그럼 또 속이 끓어 오르기 시작하는 거예요.

정혜신 _ 간접적인 표현 때문에 사람들은 '너는 할 얘기 다 하고 산다'고 하고, 나는 정작 제대로 한 건 하나도 없는 것 같고.

황지혜 _ 그렇죠. (침묵) 저는 그 어떠한 생각이나 사실만 얘기하지 감정 자체를 별로 얘기하지 않는 거 같아요. 오늘 우리 회사 디자인 팀 여직원 하나가 점심 먹으면서 무용담처럼 휴일에 집에서 가스레인지 위에 찌개

올려놓고 슈퍼에 다녀온 이야기를 하는 거예요. "아 나 진짜 멍청해. 슈퍼에 과자 사러 갔다가 집 날려먹을 뻔했다니까. 아, 나 왜 이러지?" 이런 이야기를 하는데 제가 얼굴이 달아올랐어요.

정혜신 _ 어떤 점이요?

황지혜 _ 어떻게 저렇게 자기가 한 실수를 부끄럽지도 않게 팀원들 다 있는데 이야기하지?

정혜신 _ 지혜 씨 같으면 그런 상황에서 어떻게 하는데요?

황지혜 _ 저는 얘기를 안 하죠.

정혜신 _ 그러면 어떻게 하는데?

황지혜 _ 그냥 아예 실수를 이야기 안 하죠. 점심시간이고 아무리 편한 팀 사람들이라고 해도 어떻게 부끄러운 일을 저렇게 아무렇지 않게 하지, 그런 생각을 하는 거죠. 나는 내 감정도 모르지만, 남의 감정도 참 부담스러운 거 같아요.

정혜신 _ 아 그렇구나. 어 그러니까 아까도 허공에다 대고 얘기를 한 그 모습도, 정말 마음에 안 들겠군요?

황지혜 _ 그렇죠. 진짜 싫죠.

정혜신 _ 참았어야 되는데.

황지혜 _ 네. 참거나 아니면 제대로 이야기하거나. 아까 이야기한 여직원도 일할 때는 진짜 날카로워요. 또래 여직원들에 비해서 빠릿하고 또 차가운 면도 있고요. 양은 냄비도 아니고 어떻게 저렇게 양쪽 모습을 다 저렇게 보여줄까 싶은 거예요. 그런데 솔직히 다른 마음으로는 부럽기도 했어요.

정혜신 _ 웃는 모습이 부럽듯이?

황지혜 _ 네. (침묵) 그런 면이. 얼마 전에 또 충격받았던 것이, 저희는 점심 먹고 얼마 안 되니까 저랑 여직원들끼리 가끔씩 커피 마시는 시간이 있는데, 거기서 스타킹 이야기가 나왔어요. TV 프로 말고 진짜 스타킹. (좌중 웃음) 근데, 디자인 팀장이 이렇게 말하는 거예요. "저 어제 스타킹 올 나간 줄도 모르고 하루 종일 돌아다녔다니까요." 이러는 거예요. 다른 여직원이 "스타킹이 나간 줄도 몰랐다고요?" 물었더니, "응" 그러는 거예요. "진짜?" 제가 그랬더니 "네. 집에 왔더니 엄마가 올 나간 스타킹을 신고 돌아다니느냐고 그러는 거예요", 제가 "어떻게 그걸 모르고 다니냐"고 물었더니 "허벅지 뒤쪽이라 몰랐다"고 그래요. 그게 너무 놀라운 거예요.

정혜신 _ 어떤 점이 놀라워요?

황지혜 _ 올 나간 스타킹을 신고 하루 종일 돌아다녔는데, 아무것도 아니라는 듯이 말하잖아요. 이야기를 듣는 사람들이 그 모습을 상상을 하게 되잖아요. 그게 또 뭐 자랑이라고, 그 얘기를 너무나 편안하게 하고, 딱 그냥 농담하듯이 깔깔깔깔 웃고, 주위 사람들은 그때, 요즘 올 나간 스타킹을 팔기도 한다고 패션이라고 농담하고. (좌중 낮은 웃음) 그 여직원도 웃고 말고. 그러니까 그런 것들이 되게, 저한테는, 부럽기도 하지만 너무 당황스러운 거예요.

정혜신 _ 당황스럽다는 것의 실체를 조금 더 구체적으로 표현해주면 좋겠어요. 지혜 씨가 말하는 그 당황스러움의 실제 모습이 어떤 건지 좀 더 자세히 얘기해주세요.

황지혜 _ 저런 얘기를 어떻게 할 수가 있을까라는 생각 때문에요.

정혜신 _ 그런 얘기를 하는 사람이 지혜 씨에게는 좀 어때 보여요?

황지혜 _ 나라면 얘기 못하는데, 저 사람한테는 별일 아닌 거야?

정혜신 _ 그런 얘길 하는 사람, 어떻게 느껴지는데요? 솔직히.

황지혜 _ 참 속 편하게 산다 싶어요.

정혜신 _ 또요?

황지혜 _ 나는 저런 얘기할 때 참 나 자신이 구질구질하다는 생각이 들었는데, 저 사람은 안 구질구질한가 봐.

정혜신 _ 구질구질한 게 어떤데요? 내가 구질구질하게 보인다는 느낌이 들면 어떤데요?

황지혜 _ 굳이 지금 와서 꺼낼 필요 없는 얘기.

정혜신 _ 꺼내면?

황지혜 _ 사소하지만 감춰야 되는 이야기 있잖아요. 저 사람이 나를 바라볼 때, 그렇게 크게 시각이 달라지지는 않지만.

정혜신 _ 보는 눈이 뭐 크게 달라지진 않을 거다. 근데?

황지혜 _ 내가 만약에 하루 종일 올 나간 스타킹을 신고 다녔더라도 이 사람이 나를 볼 때 시각이 크게 달라지지 않을 거라는 거 머리로는 알아요. 근데 나중에 분명히 후회할 텐데. 왜 내가 그런 말을 했을까 하면서.

정혜신 _ 그렇다면, 실제로 그분이 올 나간 스타킹을 신고 다녀도, 머리로는 아까 별로 달라질 게 없다고 하는데, 실제 느낌은 다르다는 거죠? 그런 얘기, 내가 만약에 그랬더라면 좀 다를 거야, 뭔가 이런 느낌이 있을 것 같은데요?

황지혜 _ 뭔가 내가, 지금 당장은 아니더라도, 나중에 어떤 그런 비슷한 맥락에서 그런 일이 벌어지면 그 사람은 그 사건하고 저를.

정혜신 _ 연결할 거다.

황지혜 _ 연결하겠죠.

정혜신 _ 약점같이?

황지혜 _ 네. 하루 종일 올 나간 스타킹을 신고 다니는 칠칠치 못한 여자로 생각해버리겠죠. 내가 계속 볼 사람이라면 어떤 일이 어떻게 벌어질지 모르는 거죠.

정혜신 _ 그런 걸 매사 미리 대비해야 되는군요, 마음속에서는.

그래서 그렇게 쿨한 모습에 집착했었구나, 지혜. 피로했겠다. 꼭 안아주고 싶어라.

'나와 나'의 관계에 가혹하지 마라

신미수 _ (평소보다 한 톤 높게) 아까 있잖아요. 중요한 미팅 두고 내기하는 직원들. 저는 만약 그런 상황이었으면, 누가 하자고 했느냐고 추궁해서 내기를 제안한 사람한테 도대체 무슨 정신으로 중요한 일 다 끝내지도 않았는데, 다들 모여서 내기를 하자고 했느냐, 지금 무슨 의도냐, 해고당하고 싶냐, (황지혜 크게 웃음) 이렇게 다 퍼붓고 나서, 이 사람이 죄송합니다, 그러면, 그 미안한 것도 제가 막 분석을 해요. 정말 죄송해서 죄송하다 한 건지, 아니면 그냥 막 뭐라고 하니까 죄송합니다, 이렇게 상황을 정리하려 한 건지. 그래서 제가 흡족한 사과를 받으면 통과, 아니면, 영영 아웃. 저랑 계속 불편하게 되니까 저는 그렇게 아예 쳐내버리는데.

정혜신 _ 지혜 씨 마음에서 보면, (신미수를 보며) 이렇게 하면 굉장히 어떤, 오점을 남기는 거, 본인의 이미지에, 그렇죠? 오점.

황지혜 _ 앞으로 한 달을 살지 세 달을 살지 모르는데 그렇게 하면 안 되지. (웃음)

김해인 _ 근데 살다 보면 완벽해 보이는 사람들이 정말 상반되는 모습을 가진 걸 봤을 때, 스타킹도 그렇고, (황지혜 웃음) 그런 걸 봤을 때 오히려 인간적으로 더 가깝게 느끼잖아요. 그런 생각은 안 해보셨어요?

황지혜 _ 아니요. 어떤 사람이 그런 자기 실수나 약점 같은 얘기를 나한테 하잖아요. 그러면은 저는 친밀감이나 유대감을 먼저 느끼는 거보다 이 얘긴 내가 잊어버려 줘야 되는 얘기, 혹은 내가 묻어줘야 하는 얘기 그런 쪽으로 생각을 먼저 해요. 인간적인 이야기구나 하는 생각보다 치부를 발견해버렸다는 생각이 들어서 입을 닫아걸어야지 하는 생각을 제일 먼저 해요. 제 별명이 자물쇠에요, 자물쇠. 얘기가 들어오면 나가지 않아요.

정혜신 _ 남의 얘기도 물어주고, 나의 그런 부분도 묻어놓고. 참 힘들었겠네.

황지혜 _ 진짜 불편해요. 사람들은 계속 쏟아붓고 나는 묻어주고. 아무 의미 없지만 저한테는 부담이 되는 거예요. 제가 미수 씨라면 좋겠어요. 고민을 안 하잖아요. 니가 나한테 사과를 안 해? 안 하면 관계 끝! 관계 끝내는 것도 별로 안 불편하니까 관계 끝내는 거잖아요.

신미수 _ 다들 그렇게 생각을 하시는데, 저도 그렇게 간단하지 않아요. 그 사람의 감정을 그냥 '미안해' 하나로 제가 분석하는 거잖아요. 그 사람의 진짜 마음이 정말 미안해서 미안했다 하는데 저한테 그렇게 들리지 않았다면, 저는 그게 안 미안한 거란 생각이 들거든요. 그러면 그 의도가 저는 두려워요. 그래서 그 사람과 그런, 계속 교묘한 감정을 읽어내고 이런 게 피곤해지니까, 아예 그다음에 그냥 싸워버리는 거거든요. 말이 좀 어렵나?

황지혜 _ 네.

신미수 _ 쉽게 말해서 뒤에 벌어질 일이 싫어서 미리 차단하는 거예요. 저도 원래는 모두에게 다 내 이미지에 대해, 되게 그런 강박관념을 갖고 있었거든요. 어떤 분이 저한테 모든 사람에게 착한 사람이 될 필요는 없다고, 니 울타리에 있는 사람한테도 못하면서 모두에게 어설프게 그러는 것보다 니가 정말 사랑하는 사람한테만 최선을 다해도 그건 성공한 게 아닐까, 그런 말씀을 하시더라고요. 그게 그날 저한테는 세게 와 닿았나 봐요. 그래서 저는 제 울타리의 사람들한테는 정말로 최선을 다해요. 제 이미지를 위해서도 이렇게 보이게 하기 위해서도 정말로 최선을 다해요. 그런데 제 울타리를 벗어난 사람들한테는 그 사람이 무얼 느끼든 어쨌든 제가 싫으면 그냥 접하려고 하지 않아요.

황지혜 _ 그 관계가 무 자르듯 잘려요? 나는 이게, 오히려 그냥 관계를 불편하게라도 유지하자고 해놓고 나면, 나중에 내가 진짜 그때 왜 그랬는지 이유를 물어보고 싶으면 물어보고 그런 기회라도 열려 있는데, 확 끊어버리고 나면, 내가 이 사람 행동의 모든 걸 다 내 추측 하에 판단을 해야 하잖아요. 외국에 사는 친구랑 메신저로 이야기를 하다가 갑자기 볼 일이 있다고 나갔는데, 그게 진짜 볼 일인지, 아니면 내가 불편하게 한 건지 전 대화 내용을 처음부터 다시 찬찬히 보거든요. (좌중 웃음)

신미수 _ 그러니까 사이가 좋았는데, 그렇게 좀 멀어졌어요. 그러면 그냥 감정적인 교류는 단절이고, 그냥 일적으로만 대하게 되는 거예요. 내가 무슨 일을 해야 되는데 언니가 딱 필요해요. 그럼 그 질문만 하고, 그냥, 더 이상은 아무것도 없는.

황지혜 _ 그러면 가령 이런 경우, 나랑 사이가 안 좋아요. 이렇게 얘기하다가, 내가 갑자기, 인상 쓰고 나갔어요. 그럼?

신미수 _ 무슨 일로 화났나? 설마 나 때문은 아니겠지? (조금 겸연쩍은 웃음)

황지혜 _ 진짜 두 다리 펴고 사는구나.

신미수 _ 그걸 내가 분석하면 내가 너무 힘들어지니까, 신경을 쓰고 싶지 않은 거예요. 근데 만약에 이렇게 (자신과 김해인을 이으며) 사이가 계속 좋았어요, (자신과 황지혜를 이으며) 이렇게는 안 좋았어요. 그냥 끊은 사이. 그냥 나갔어. 그러면은 그냥 뭐, 화났나 보다. 뭐 내 일 아니니까 하지만, (김해인을 가리키며) 이렇게는 사이가 좋았는데, 나갔어. 그러면 너무 힘들어지는 거예요. 왜 그랬지? 어 내가 무슨 실수를 했나? 물어볼까? 내가 이렇게 물어보면 대답하기 좀 쉬울까? 그런 거?

황지혜 _ 근데 원래 안 불편한 사이는 물어볼 수 있어도, 불편한 사이는 못 물어보잖아요.

신미수 _ 왜 그랬는지?

황지혜 _ 음.

신미수 _ 안 궁금해요, 저는.

황지혜 _ 나는 불편한 사람이 더 궁금하던데.

미수의 심리방어기제, 감정 블락(Block). 도마뱀이 꼬리 자르듯 미수는 힘들고 불편한 감정을 그 자리에서 끊어낸다.

정혜신 _ 머릿속에서 생각 회로가 자꾸 과도하게 돌아가니까 많이 괴로워지지요?

김해인 _ 언니는 일도 잘하시니까 일 때문에라도 적을 만들지 않을 거 같기도 하면서 너무 필요 이상으로 그러지 않아도 될 사람까지 신경 쓰고 계신 거잖아요. 좀 편하게 생각하셔도 될 것 같은 느낌이 들어요.

황지혜 _ 그게 되게 잘 안 되더라고요.

정혜신 _ 우리가 만난 지 얼마 안 됐는데 다들 언니(황지혜)는 일도 잘하고 그런 말들을 하시네요. (웃음) 그런 느낌들을 받는가 봐요. 지혜 씨 스스로는 어떻게 느끼세요?

황지혜 _ 자신감이 보이겠죠. 사실 저는 스스로 항상, 타인의 시선으로 저를 평가하는 거예요. 만약에 일하다가, 잠깐 졸았어요. 그럼 저는 바로 자괴감에 빠져요. 아이, 창피해. 나 만날 자는 사람인 줄 알겠다. 아 왜, 졸았을까? 나가서 커피라도 한 잔 먹고 올걸. 이게 (머리 쪽에 손을 짚으며) 계속 움직이는 거죠.

정혜신 _ 자기한테 참 가혹하다.

황지혜 _ 가혹하죠.

정혜신 _ 지금 얘기하면서 스스로에게 어떤 마음이 드나요?

황지혜 _ 아직도 참 나는 나한테 차갑다. 차갑구나.

정혜신 _ 그런 느낌이 드니까 어때요?

황지혜 _ 남들은 내가 남들한테 차갑다고 하지만, 정작 가장 차갑게 대하는 건, 나구나 하는 생각이 들었어요. 그러면서, 난 또 나를 왜 그렇게 못살게 굴지 하는 생각이 들고.

정혜신 _ 예, 너무 괴롭히네요.

황지혜 _ 왜 이렇게 괴롭히지. 그렇게 안 해도 남들은 나한테 별로 관심도 없을 텐데. 내가 졸든 내가 침을 흘리고 자든 별로 관심이 없을 텐데, 왜 그렇게 스스로가 못살게 굴지.

정혜신 _ 본인은 스스로의 그런 모습에 왜 그렇게 관심을 가지나요?

황지혜 _ 딱 이래야 된다는 내 모습이 있으니깐요.

정혜신 _ 그게 어떤 건가요?

황지혜 _ 왜 통상적으로 사람에게 요구되는 그런 것들이 있잖아요. 가장 모범적인 모습.

정혜신 _ 그 정도 생각은 저도 해요. (웃음) 근네 지혜 씨는 그런 정도 이상일 것 같은데요?

황지혜 _ 거, 참 재미있는 게, 오히려 큰일에 대해서는 별로 그런 생각을 안 갖거든요.

정혜신 _ 예를 들면?

황지혜 _ 큰일에서는, 저 얼마 전에 주차하다가 실수해서 자동차 뒷범퍼를 갈았거든요. 백만 원도 넘게 들었는데, 그건 또 그럴 수도 있지 했어요.

정혜신 _ 그건 오히려 통이 커 보이잖아요. 찌질해 보이지 않잖아요.

황지혜 _ 아, 그래서 그랬던 거구나.

정혜신 _ 그런 일을 그런 식으로 대처하는 건 멋져 보여요.

황지혜 _ 네, 그런 거는 사람들하고 얘기를 해요. 근데 잠깐 뭐 졸았다거나, 아니면 음식을 이렇게 좀 흘렸다거나 한 건 무덤까지 비밀이에요.

정혜신 _ 흠.

황지혜 _ 그러니까, 되게 웃긴 거예요. 오히려 사소한 거는 되게 죽을 정도로 창피해해요.

정혜신 _ 큰 거 못한 거는 그렇게 안 보이니까요. 그러니 개의치 않을 수 있죠.

황지혜 _ (나직하게) 그랬던가 봐요. (좌중 잠시 침묵)

'남들이 나를 이러이러하게 볼 것'이라는 지혜의 시각은 사실 자기가 자기를 바라보는 시각이다. '나-남' 관계에서 겪는 어려움의 근원은 '나-나' 간의 관계에서, '나'가 바라보는 '나'에 대한 왜곡된 시각에서 시작된다.

황지혜 _ 그때는 우쭐해서 그랬던 거 같아요. '어 비싼 돈 주고 주차 새로 배웠어. 근데 자동차 공업사 사람들 진짜 너무하더라. 이거 갈아라 저거 갈아라. 어차피 보험료니까 괜찮지 않냐? 처리하느라 힘들었지만 노하우는 배웠으니까 다음에 비슷한 일 생기면 내가 다 알려줄게.' 이런 식으로요.
정혜신 _ 아하. 음.
황지혜 _ 좀 멋있어 보이려고 했네요.
정혜신 _ 그때 얘기를 나눴던 사람들은 그런 느낌으로 황지혜라는 사람의 이미지를 가지고 있겠네요. 무척이나 통이 큰 사람으로.
황지혜 _ 그러니깐 그 갭이 되게 불편한 거예요. 난 음식 하나 흘리는 것도 정말 불편해 죽겠는데, 사람들은 또 그렇게 안 보는 거예요. 찌질하다 말해도 잘 믿지도 않아요. 거기서 오는 것도 되게 커요. '나 소심하다니까' 이런 얘기를 가끔 하는데도, 소심하다 얘길 하면 소심하단 사람한테 해줘야 될 배려가 있잖아요. 그건 좀 해줘야 하잖아요, 나름대로. 근데 나한테는 절대 배려 안 해줘요.

정혜신 _ 통 크고 멋진 사람이 또 자기 소심하다고 솔직하게 얘기하니 더 완벽하게 보이네요. (좌중 웃음) 근데 지금 지혜 씨 얘길 듣다 보면, '어 나 이런 거 소심하거든, 심지어는 이런 단점도 있어' 그런 느낌이 들어요. 지혜 씨가 자기가 찌질한 것에 대해 얘기하는데 무척 근사한 톤으로 얘기한다는 거예요. 그래서 들으면서도 '어, 별로 힘들 거 같진 않다. 그런데 저런 면도 있나?' 그런 느낌이에요. 지난번도 나 얼마나 소심한데, 상처받아요. 이러면서 갔잖아요. 그런데도 '야, 저렇게 솔직할 수가. 흠, 근사한데' 이런 느낌이에요.

황지혜 _ 솔직히 불쌍하잖아요. 선생님이 얘기하신 대로 하면 불쌍해 보이잖아요.

정혜신 _ 그렇지요. 좀 불쌍해 보이긴 하겠지요. 남에게 그런 느낌을 주는 것이 어떻게 느껴지는데요?

황지혜 _ …….

정혜신 _ 그러면 하늘이 무너져요?

황지혜 _ 괜히 나 스스로 그렇게 뒤로 한발 물러날 건 없을 것 같아요.

정혜신 _ 그런 얘기 한다고 한발이 뒤로 물러나나요?

황지혜 _ 저 스스로 힘들어하잖아요.

양미란 _ 저 같으면 백만 원 날려먹은 거는 며칠 동안 되게 막 힘들어했을 것 같은데. 근데 저는 음식 흘리는 거, 뭐 시도 때도 없이 흘리거든요. 언니 잘 안 흘려요?

황지혜 _ (웃으면서) 시도 때도 없이 흘려요. 그래서 시도 때도 없이 창피해요. (잠시 침묵) 이해할 수 없죠. 나도 내가 잘 이해가 안 돼요.

양미란 _ 연습 삼아서라도 그냥 흘려봐요. 아 나 또 흘렸네, 그냥 웃으면서 그냥 한 번. 처음이 힘들지, 두 번 세 번 하면 이제 언젠가는 아무렇지도 않게 되지 않을까요?

황지혜 _ 그게 되면 여기에 왜 앉아 있어. (좌중 웃음)

양미란 _ 근데 언니가 스타킹 얘기 같은 거 그런 얘길 하면 사람들이 되게 좋아할 것 같은데.

황지혜 _ 좋아해, 좋아해요. 그런 얘길 하면 좋아하고 막 웃고 그래요. 근데 문제는 내가 그 사람들 모르게 그 사람을 관찰하기 시작하게 된다는 거지. 자꾸 한숨이 나오네.

   미란이 많이 답답한가 보다. 지혜의 고통을 깊이 공감하고 그 감정선을 따라가지 못하다 보면 더 답답해질 수도 있다. 그러나 이럴 때 이런저런 훈련법이나 의지적 노력을 권하는 것은 무의미하다. 몰라서 고통 속에 있는 것이라면 알려줘야 하지만, 몰라서 안 하는 것이 아니다. 알아도 안 되는 일에 이미 알고 있는 정보들을 계속 제공하는 일은 얼마나 허무한가. 오히려 '저 사람은 내 고통을 전혀 이해 못하는구나' 하는 느낌만 줄 뿐이다.

정혜신 _ 그런 패턴 언제부터 그랬던 거 같아요? 기억이 나는 한도에서 찬찬히 되짚어보면 언제부터 그런 걸 의식하기 시작한 것 같아요?

황지혜 _ 음 대학교 입학해서 심해진 거 같아요.

정혜신 _ 그 전에는요?

황지혜 _ 그 전에는 제가 공부를 잘해서 천상천하 유아독존처럼 돌아다녔죠. 전교 석차 20등이었으니까, 미술 하는 애들 치고는 공부를 잘했어요. 학원에서 대접받았죠. 대학을 디자인과로 갔어요. 사실 저는 학원에서도 그림을 잘 그리는 편이었거든요. 남들하고는 차원이 다르다는 소리를 많이 들었는데, 그런데 무슨 유학파가 그렇게 많은지, 다들 그림 실력이 장난 아닌 거예요. (웃음) 저만 아무것도 아니더라고요. 말 그대로 진짜 충격받았어요.

정혜신 _ 대학 가면서부터라고. 지혜 씨의 고등학교와 대학 사이에는 어떤 변화가 있었어요?

황지혜 _ 전 사춘기도 없다고 할 정도로 모범생이었어요. 근데 대학 가면서 학교도 안 가기 시작하고.

정혜신 _ 왜요?

황지혜 _ 가면 불편하니깐요. 저는 있는 돈 없는 돈 다 짜내서 겨우 이 정도 배웠는데, 다른 애들은 부모 잘 만나서 아무 걱정 없이 그림만 그리니까 실력 차가 엄청 나는 거예요. 학원에서랑은 차원이 달랐어요.

정혜신 _ 그런 현실이 대학 1학년짜리 황지혜한테 어떤 느낌으로 다가온 거예요? 그런 상황, 그 현실이?

황지혜 _ 천국에서 지옥으로 온 기분? 난 진짜 최고였는데 여기서는 중간도 안 되니까. 내가 알던 세계는 진짜 우물 안이었구나. 나는 우물 안 개구리였구나. 내가 진짜 우물 안에서 놀면서 내가 되게 잘난 줄 알았는데, 나오니까 그게 아니구나. 그러니까 저는 대학교 때 정말 엄마 속을 많이 썩였어요. 스물아홉 살까지 계속.

정혜신 _ 어떤 마음 때문에 그랬던 거 같아요?

황지혜 _ 매사 부모가 나한테 해준 게 없다는 생각이 들었어요. 그게 절정에 이르렀던 게, 다들 방학 때 배낭여행 가잖아요. 그런데 과에서 여권도 없는 애는 딱 둘이었어요. 저하고, 다른 한 명.

정혜신 _ 음. 정말 그랬을까?

황지혜 _ 사실 찾아보면 더 있었을 수도 있어요. 그런데 제가 본 건 그래요. 계속 우리 부모는 나한테 이렇게 해준 게 없을까 하는 생각만 했죠. 심지어 아빠는 스스로 안 해준 거였고.

정혜신 _ 그게 무슨 말이에요? 스스로 안 해줬다는 게.

황지혜 _ 아빠는 원래 버는 돈이 없었고, 부모님이 이혼하고부터는 엄마가 1년에 1,700만 원 벌었어요. 저한테 해줄 여유가 없었죠. 미술이 얼마나 돈이 많이 들어가는지 알죠?

정혜신 _ 아. 아빠에게 더 화가 나기 시작했군요?

황지혜 _ 사회 통념상 아버지를 용서해야 한다, 사람들이 그런 얘기 하잖아요. 전 절대 그렇게 못해요. 일전에 친척들 모인 자리에서 나도 외국에 가서 그림도 좀 보고 해야 실력이 늘 텐데 했더니 친척 어른이 저한테 그러는 거예요. 들어가도 돈 많이 드는 과를 가서 억지로 없는 돈을 쏟으면서 외국에 못 가서 실력이 어쩌니 하는 건 다 제가 열심히 안 해서 하는 변명이라고요. 미치고 펄쩍 뛸 노릇이죠.

정혜신 _ 그런 생각도 해봤을 거 아니에요. 내가 변명을 하고 있나?

황지혜 _ 그럴 여유가 없었어요. 찬찬히 생각할 여유가. 학교 생활하면서 아르바이트 3개씩 뛰면서 다녔거든요. 등록금 내면서 다녀야 해서. 그러니까 그게 내 잘못이라는 생각을 안 했어요.

정혜신 _ 그때 너무 힘들었구나. 시간도 여유도 없이…….

황지혜 _ 내가 아르바이트를 안 뛰었으면 차라리 그 시간에 뭐라도 할 수 있었고, 그런 식으로 무언가 이유가 있었다 생각을 했지, 내가 게을러서라고는 생각을 절대 안 했죠.

'내가 못난 인간'이라고 느끼던 때부터 자신을 위장하고 남을 끊임없이 살피기 시작한 지혜. 그랬구나.
그런 지혜가 조금씩 짙은 화장을 걷어내며 자신의 생얼을 보여주기 시작한다. '나'가 정직하게 '나'를 만나기 시작하면 나와 나 사이에서 발생했던 전압 차, 그로 인한 끊임없는 자기검열이 서서히 줄어들 것이다.

정혜신 _ 아쉽지만 정리를 해야 될 시간이네요. 첫 시간에 비해 오늘 얘기하면서 나는, 훨씬 더 우리가 좀 더 친해졌구나, 좀 더 편해졌구나, 이런 느낌이 들어서 좋았어요. 오늘 다들 어떠셨는지 느낌을 좀 들어보겠습니다. 오늘 어떠셨어요?

신미수 _ 저는 언니 (황지혜) 얘길 들으면서 위로를 많이 받은 거 같아요. 저랑 비슷한 모습에 (혼자 웃음).

황지혜 _ (웃으면서) 얄미워. 남 아픈 이야기 듣고 위로나 받고. (좌중 웃음)

신미수 _ (웃으면서) 그런가? 너무 거저먹었나? 그냥 제 생각과 제 생활, 비슷한 게 많아서.

정혜신 _ 그래서 그런지 미수 씨 얼굴이 오늘 밝아요. 억울한 우리 지혜 씨. (하하)

황지혜 _ 저는 항상 이런 데 오면, 숙제하는 느낌이었거든요. '이런 얘기 했으니깐 다음에 차례가 돌아오면 이런 얘기를 해야지' 늘 계산하고 있는 편인데, 오늘은 얘길 하다 보니까 그런 생각을 제가 안 했네요. 그래서 편했어요. 그런데 좀 신경 쓰였던 건 사실 제가 이런 자리 오면 이렇게 좀 장악하려는 게 있어요. 그래서 다른 사람들이 좀 더 얘길 해줬으면 내가 좀 더 편하게 얘기했을 텐데.

정혜신 _ 아, 이런 속마음도 얘기를 해주니까 좋네요. '내가 사실 장악하려는 이런 마음이 있다' 이런 말, 하기 쉽지 않은데. 참 좋아요.

황지혜 _ 다른 사람이 저 때문에 말도 못하고 불편하진 않았는지.

정혜신 _ 직접 물어보시죠?

양미란 _ 저도 좀 언니랑 비슷한 장악하려는 그런 부분이 있었는데요. 초반에는 되게 위축이 됐던 게 있었고, 그다음에는 무슨 말을 하려다가도 '아, 이거는 내 느낌, 내 생각이 아니라 또 어디서 책에서 본 거, 누구한데

들은 거구나' 하는 생각이 들어서 말을 못하는 거더라고요. 그런 게 오늘 좀 있었어요.

정혜신 _ 그러다가 오늘 시간이 끝난 셈인데, 미란 씨 마음은 오늘 좀 어떠세요?

양미란 _ (살짝 웃음) 그거 말고는, 특별히 감정은 없었던 거 같아요. 그냥 또 머릿속에서 벌어진 생각들이니까요.

정혜신 _ 예, 예. 근데 지금 미란 씨가 내 느낌과 내 느낌이 아닌 것을 이렇게 구분을 하시잖아요. 이거 참 멋지네요. '건강한 구분'이에요. 예전엔 미란 씨가 그냥 이렇게 '이게 다 내 생각이다, 내 느낌이다' 그냥 약간 통째로 얘기를 하셨다면 지금은 '이거 진짜 내 느낌인가. 이건 아니네' 이런 식으로 구별하는 건데요. '건강한' 구별이에요. 그래서 오늘 마음이 좀 더 복잡하셨을 수도 있지만 제게는 그 말이 무척 반갑게 들리네요. 다른 분은 지혜 씨가 너무 장악하려 한 거 같아서, 너무 얘기를 많이 해서 불편하지 않으셨나요? (좌중 웃음)

황지혜 _ 아, 되게 신경 쓰여.

김해인 _ 혹시 무슨 의도가 있나, 언니 또 상처받는 게 아닌가.

정혜신 _ 아유, 해인 씨 남의 걱정은. (웃음)

김해인 _ 그냥 언니가, 오늘 편하게 얘기하는 것 같아서 나는 좋았어요. 지난 시간보다 오늘 언니가 훨씬 생각을 좀 더 얘기하고 하는 게요. 언니가 좀 더 편하게 얘기하는 것 같아서 좋고, 아 그러니까, 언니가 편하게 얘기하니까 저도 좋다는 생각이 들었어요.

정혜신 _ 지혜 씨가 좋으니 해인 씨도 같이 좋구나. (웃음)

해인답다.

김해인 _ 예 좋았어요. (활짝 웃음)

정혜신 _ 혹시 다른 의견 있는 분 있나요? 근데 지혜 씨가 좀 억울한 점은 있겠지만 너무 장악해서 불편한 사람은 없는 것 같네요. 지금 아주 솔직한 대답들 해주신 거 같은데요. 듣고 어떠세요?

황지혜 _ 일단 앞으로 3번 남았잖아요. 3번 동안은 내가 조금 더 편하게 오픈할 수 있겠구나.

정혜신 _ 어떤 느낌 때문에 그런 생각을 하신 거예요?

황지혜 _ 그러니까 그런 모습에서요. 사람들이 저를 처음 봤을 때 모습하고 지금하고 좀 다르다고 말하잖아요. 근데 이게 정말 제 모습이에요. 그런 쌩한 모습은 정말 보여주는 모습이고, 그렇게 사람들이 봐주기를 바라는데. 여기서는 내가 소심하다 그러면 소심하다 믿어줄 거 같아요. 그래서 그런 것들을, 조금 더 자유롭게 표현할 수 있다는 거죠. 여기서는 조금 더 편해지는 거죠.

정혜신 _ 음, 음. 여기서 지혜 씨가 소심하다고 얘기할 때 우리가 왜 그걸 믿게 되냐면요, 잠깐 말씀드리면, 지난 시간보다 오늘 얘기를 하면서 저는, 여러분도 느끼셨을 텐데, 지혜 씨가 얘기를 하시면서 그 얘기 내용과 상당히 부합되는 감정들이 얼굴에 몇 차례나 나타났어요. 이전에는 그렇지 않았거든요.

김해인 _ 예, 예, 맞아요. 표정이 이렇게 얼핏얼핏 슬픈 게. 뭐 저는 저만 느끼는 느낌인가 했는데.

정혜신 _ 저도 그랬어요.

김해인 _ 좀 과장해서 말하면 눈가도 약간 촉촉해지는 느낌이 있었던 거 같고요. 그래서.

정혜신 _ 맞아요. 지난번까진 지혜 씨가 얘기 따로 얼굴 표정이나 감정이 따로따로 겉도는 것 같았다면, 오늘은 하는 이야기와 감정이 잘 섞이면서 한 몸처럼, 그런 느낌이 드는 순간이 몇 차례나 있었어요. 그래서 '아 그렇겠구나' 그런 생각이 그냥 자연스럽게 들었지요. 우리가 뭐 믿기로 작정하고 들어서인가 그냥 자연스럽게 믿게 되고 받아들이게 되고 그랬어요.

김해인 _ 두 번째지만 이렇게 만나면 만날수록 이렇게, 더 관계가 편해지는 거 같은 느낌이 들었어요. 저 같은 경우는 이렇게 객관적으로 만날 때는 좋지만, 그 사람이 말하는 제 마음을 알면 거리를 두는 편이었거든요. 근데 이상하게 여기서는 얘기를 하면 할수록 더 가까워지는 느낌이 들어요. 제가 원하는 관계. 집이나, 사회에서는 그러지 못했는데 여기서는 그게 되니까 (웃으며) 좋아요.

정혜신 _ 해인 씨, 제가 처음에 시작할 때 말씀드렸는데, 해인 씨 처음 봤을 때부터 항상 느낀 게 뭐냐면, 어떤 얘기를 시작하려고 하면 항상 손으로 얼굴을 두 번쯤 감싸고 얘길 하시거든요. 근데 오늘 얘기하시면서 안 그러세요. 그것도 오늘 참 인상적인 모습이었어요. 무엇보다 좋았던 건, 우리가 친해졌다. 편해졌다는 느낌이에요. 다음 시간에 봐요. 모두 수고하셨어요.

정혜신의 힐링톡

사람이 관계에서 상처를 받는 것은 의외로 비판이나 비난 등 명백한 공격 행위에 의해서가 아니다. 자신의 깊은 감정, 상처의 경험들을 얘기했는데 상대가 그것을 가슴으로 받아들이지 못했다는 느낌을 받을 때 더 깊은 상처를 받는다.

사람이 자신의 속마음을 얘기할 때 갖는 원형적인 욕구는 자신의 말이 상대에게 잘 스며들고 흡수되어 충분히 공감을 받았다는 느낌 그 자체이다. 고통스러운 내 감정이 타인에게 공감을 받았다는 것은, 내 감정이 틀리지 않았다는 것, 내가 그런 감정을 가져도 괜찮다는 것을 확인받는 행위와 같은 것이다. 그것으로 인해 사람은 깊은 위로와 함께 근원적인 안정감을 얻게 된다.

신미수_

가족이 너무 소중하다고 하셨어요.
아빠랑 나랑 같은 생각을 하는구나.
그게 나는 너무 좋았거든요.
그게 잠깐, 그런 게 가족인 거 같았는데.
따뜻한 거. 이런 기대가 있다가.
아 진짜 와르르 무너졌어요.

정혜신_

상처받은 경험 때문에 무너져야 하는 건
결코 아니다. 이것을 나는 담담한 태도로
미수에게 전달한다.
미수. 너의 상처보다 미수 너는 언제나
더 크다고 나는 생각한다.
미수에게도 모든 사람에게도
나는 다 같은 마음이다.

세 번째 세션

괜찮다, 모든 게 무너져도
너는 언제나 괜찮다

상처를 드러낼 수 있을까

나, 안부를 묻고 가벼운 농담도 건넨다. 밥은 먹었는지도 묻는다. '그간 나는 마음속으로 당신들을 내내 기다리고 있었다'는 마음을 자연스레 전한다. 이곳은 병원 진료실이 아니다. 기능적이고 실용적인 그런 공간이 아니다. 우리는 의사와 환자 사이가 아니다. 사람과 사람 사이다. 이곳은 우리가 내 삶의 속내를 깊고 은밀하게 나누는, 따뜻한 아랫목이 있는 온돌방이며 사랑방이다. 우리는 온돌방 이불 밑으로 나란히 발을 집어넣고 서로의 삶을 은밀하게 나누는 중이다. 우리 중에서 나는 엄마나 큰언니 같은 존재. 같이하는 이들에게 그렇게 받아들여진다면 좋겠다. 우리 관계의 성격이 그런 내 소망에 가까워질 수 있다면 우리가 이 방에서 나누는 치유적 대화는 우리를 한없이 편안하고 깊어지게 할 것이다. 나는 그렇게 믿는다. 그런 마음으로 상담을 시작한다. 오는 사람들을 합장하는 마음으로 맞으며.

정혜신 _ 슬슬 시작할까요? 편히들 느시면서 시삭하세요. 지난번에 우리 2번 만났어요. 오늘이 세 번째 시간이네요. 앞으로 2번의 상담 시간이 남았네요. 지난 시간 이후에 여러분이 돌아가서 어떤 생각들을 하셨는지, 어떻게 지내셨는지, 지내면서 오늘 이 자리에서 얘기해보고 싶은 것이 있었다면 같이 얘기해도 좋습니다. 어떻게 지내셨어요?

황지혜 _ (좌중 가벼운 웃음 속에 연신 매무새를 가다듬는 황지혜) 우리 집에서는 제가 뭐든 다 하거든요. 사소한 문제부터 아무도 신경 안 쓰고 저만 신경 쓰고 있어요. 스무 살 때부터 거의 사춘기였거든요. 스물아홉 살까지. 제가 아마 그때 먹은 술로 집을 샀으면 20평대 아파트를 샀을 거예요. 진짜로.

정혜신 _ 사춘기라는 거 어떤 의미로 말한 거예요?

황지혜 _ 말 그대로 사춘기요. 주위의 모든 것이 다 꼴 보기 싫었고요.

정혜신 _ 아빠 때문에 그렇게 살아온 것이? 아니면 그때부터 억울해지기 시작한 거예요?

황지혜 _ 전부 억울해졌어요. 제 학비 대랴, 집안 문제 해결하랴 정신이 하나도 없는데 애들하고 실력 차이는 또 나니까 갈피를 못 잡는 거죠.

정혜신 _ 아하, 억울함을 그런 식으로 술로 발산하기 시작했군요. 아하.

황지혜 _ 네. 그러면서 합리화하는 거죠. 나는 속상하니까 그래도 돼. 그랬었죠. 그러면서 스물아홉 살 때 가출을 했거든요. 남들은 출가를 할 나이에 가출을 했는데, 그게 왜 그렇게 됐느냐면, 이게 어느 순간 폭발을 하더라고요. 그러니까 집의 대소사들이 있잖아요. 그걸 제가 다 해요.

정혜신 _ 가족 대표로?

황지혜 _ 네. 근데 이제 스물네 살, 스물두 살 이럴 때 가면 되게 불편해요, 정말. 그 나이는 그런 대소사를 다닐 나이가 아니잖아요. 그런 것부터 시작해서 이제 일이 터지면 다 정리를 해야 되는 거예요.

정혜신 _ 스스로 나서서 한 거예요? 아니면 엄마가 그런 걸 기대한 거예요?

황지혜 _ 일단 형제들은 너무 속이 편하고요. 엄마는 너무 당황하시니까. 제가 처리할 수밖에 없어요.

정혜신 _ 엄마가 딸 뒤로 숨으셨나?

황지혜 _ 꼭 그런 건 아니지만……. 엄마가 당황하는 게 보이니까. 저밖에 없다고 생각했어요.

정혜신 _ 음. 그랬구나……. 근데 다른 분들은 지금 어떤 생각을 하고 계세요?

　　　혹시 지혜의 적극적 표현에 밀려 다른 사람들이 애기를 못하고 있는 건 아닌가 싶어 다른 이들을 툭 쳐본다.

신미수 _ 우리 집이랑 똑같구나.

정혜신 _ 미수 씨는 어떤 점이 와 닿는데요?

신미수 _ (멋쩍은 웃음) 저희 집은 아빠가 호주로 가신다고 말하고, 아빠가 일단 집을 나가셨고, 엄마는 저희랑 같이 지내고 있는데.

지혜가 솔직해지니 미수도 쉽게 마음을 연다. 한 사람의 건강한 개방성은 강한 전염성을 가진다. 주변으로 번진다.

신미수 _ 최근에 호주에서 편지가 왔는데, 그냥저냥 사는 이야기 하시다가 자기 선택을 설명하더라고요. 그 부분에 대해서는 니가 힘들어했던 거 미안했다고 사과를 하시더라고요. 되게 고마웠어요.

정혜신 _ 사과를 하셨군요.

신미수 _ 먼저 손을 내밀어주는 게 고마웠어요. 그 뒤로는 제가 전화도 드리고 가끔 전화도 하시고 했어요. 아빠는 엄마 안부도 묻고 가족들 안부도 물어보더라고요. 그리고 몇 달 있다가 볼일을 본다고 잠깐 들어오셨어요. 집에 오고 싶으시다고 말씀을 하시더니 아빠가 정말 집에 오시더라고요. 마침 엄마는 은행에 볼일을 보러 갔었고, 저랑 아빠랑 그냥 이런저런 이야기를 하는데, 엄마가 집에 오셨어요. 엄마가 아빤 걸 알고 방으로 문을 쾅 닫고 들어가시더라고요. 아빠가 엄마한테 좀 신경질을 냈어요. 사람을 보고 아는 척도 안 한다고. 그러고는 아빠가 엄마를 불러서 그냥 서로 이야기를 한번 해보자는 식으로 이야기를 하셨어요. 저는 서로 안 보고 사신 지도 좀 됐고 아빠가 먼저 이야기를 하신다고 하시니까 엄마를 설득해서 거실로 나왔어요. 그랬더니 둘이 냉랭하니 아무 말도 안 하는 거예요. 제가 무슨 말이라도 해보라고 했더니 엄마가 그냥 처음 한다는 말이 무슨 염치가 있어서 집으로 기어 들어오느냐고. 아빠도 지지 않고 그동안 서운했던 일을 쏟아내고 둘이 또 싸우고를 반복했어요. 그러더니 다시는 얼굴 보지 말자고 아빠가 일어나서 가버리셨어요. 사실 저는 이 대화로 뭔가가 풀릴 수도 있다는 기대를 했거든요.

정혜신 _ 어떤 기대를 했었나요?

신미수 _ 그냥 가족이니까. 얘기다운 얘기를 하지 않을까 생각했어요.

정혜신 _ 얘기다운 얘기, 가족이라는 틀, 그런 걸 원했군요.

신미수 _ 사실 부모님 문제는 이제 와서야 저한테 크게 영향을 못 미칠 것 같다는 생각을 했어요. 그래도 대화가 그렇게 끝나니까 기분이 너무 안 좋았어요. 그냥 다시 안 보더라도 대화는 좋게 했으면 좋았을 텐데 하는 생각이 들었죠. 다음 날이 됐는데 괜히 그냥 마음이 슬픈 거예요. 근데 아빠가 다음 날 바로 메일을 보내셨더라고요. (화장지를 뽑아 눈물을 닦으며) 그냥 미안하다는 이야기였어요. 니가 그렇게 힘들어하게 해서 미안하다고. 그러고는 호주로 돌아가셨어요. 근데 엊그저께 엄마한테도 메시지가 왔더라고요. 다른 집은 자식들이 속 썩여서 부모들이 힘들어하는데 우리 집은 반대로 부모가 속 썩여서 너무 미안하다고. (계속 점점 더 목소리가 떨리며) 그렇게 노력을 했는데 결국은 이렇게 됐고 결국 저한테 이득이 없더라고요. 이제 와서 새삼 가족이라는 그런 개념을 심어가며 정을 쌓아가야 되고 그런 게, 이젠 내게 힘이 없는 거 같아요.

정혜신 _ 지쳤군요.

신미수 _ 네. 지쳤어요. 그런 것 같아요. 사실 가족들하고 아무런 이야기도 하고 싶지 않아요.

정혜신 _ 아까 다들 똑같다, 이런 표현 했는데. 어떤 점에서 그렇게 느꼈을까?

신미수 _ 저도 제가 모든 걸 다 책임지고 한다고 생각을 했어요. 누구보다도 가족한테 저는 정말 노력을 많이 했는데, 결국 드는 생각은 노력을 한 사람은 저밖에 없구나 하는 생각밖에 없어요.

정혜신 _ 많이 억울했나 보네…….

'힘들었겠다, 많이 억울했겠다' 하는 언급은 제3자가 보기엔 미수의 이런 좋지 않은 감정들을 자극해서 그에게 더 상처를 주게 되는 건 아닐까 걱정할 수 있다. 어떤 이가 심리적으로 감당하기 힘들어서 그 아픈 부분을 덮어두고 있을 때 그 부분을 자극하고 건드리면 그를 더 괴롭히는 일이 될 거라는 일반적 생각. 그런데 정말 그런 걸까? 결론부터 말하면 결코 그렇지 않다. 오히려 그 반대다.

그 상처를 무조건 들추거나 그것을 빌미로 은근히 그를 책망하거나 비난한다면 당연히 상처가 덧나게 된다. 그런 경우 미수도 상대에 대해 무척 화가 나거나 다시는 그런 얘기를 안 하겠다 다짐할 것이다.

그러나 상처의 실체를 드러냈는데 '그걸 알고 나니 당신의 마음을 더 잘 이해할 수 있겠다. 당신이 그래서 그동안 그랬구나' 하는 식의 공감적인 반응을 받는다면, 상처를 얘기한 후 자신이 더 잘, 더 깊이 받아들여지고 있다는 느낌을 받는다면 그 사람은 자기 얘기를, 그 상처를 더 깊고 자세하게 풀어내기 시작할 것이다. 그 과정을 통해 더 홀가분해질 것이고 심리적으로 더 안정적으로 될 것이다. 상처를 드러내면서도 상처가 덧나는 게 아니라 치유될 것이다.

사람들이 자기 상처를 드러내지 못하고 오래 덮어두고 있는 것은 이해 못해주는 타인들의 반응 때문만은 아니다. 자기 스스로도 자신의 상처에 대해 부정적으로 받아들이고 있기 때문인 경우가 많다. '다 내가 잘못해서, 내가 못나서, 내가 부족해서' 등의 틀로 자신의 상처와 자기를 단정하고 있기 때문에 덮어둘 수밖에 없는 경우도 있다.

치료자(또는 공감자)가 그의 상처와 그에 대한 감정을 접하면서 '비난'하지 않고 그의 감정에 대해서 공감하고 이해해줄 수 있다면, 또한 그가 그런 타인의 반응을 통해서 자신과 자신의 상처를 부정적으로 받아들이지 않고 합리적인 해석을 내릴 수 있다면, 그는 상처로부터 자유로워질 수 있다. 그것이 치유의 핵심 메커니즘이다.

오랜 상담 경험에 의하면, 사람들이 감추고 있거나 덮어두려고 하는 자신의 어떤 부분들은 대부분 잘못된 해석에서 비롯한다. 이것이 신경증의 주된 이유가 되기도 한다.

상담실에서 치료자에게 진리로 통하는 문장은 단 하나다.

'내담자는 언제나 옳다(Patient is always right).' 이대로 괜찮아, 여기까지도 괜찮아, 정말 이것도 괜찮아, 사실은 다 괜찮아, 너는 언제나 괜찮아, 너는 옳아.

사람이 (스스로 생각하기엔 삐뚤어진 감정, 사악한 감정, 절대 품어서는 안 될 것 같은 감정을 품고 있어서 매우 나쁘다고 여기는) 자신의 감정을 마지막의 마지막까지 드러낼 수 있다면, 그러고서도 이해받고 공감받고 받아들여지는 경험을 할 수 있다면 그 사람은 치유된다. 자기 존재에 대한 '근원적 안정감'을 느껴본 사람은 변한다. 편해지고 너그러워진다.

치유의 마지막 종착역에서 결국 얻는 것은 '있는 그대로의 자기를 순하게 받아들일 수 있는 상태'이다. 어려운 말로는 '건강한 자기애'라 한다.

당신의 상처보다 당신은 더 크다

신미수 _ 막말로 내가 지금 짐을 꾸려서 나가도 내 삶에는 그렇게 크게 영향을 끼칠 게 없는 거 같아요. 아무렇지도 않지만 한편으로는 정말 슬퍼요. 다른 사람한테는 별거 아닌 일일 텐데, 그냥 당연한 건데.

정혜신 _ 가족 간의 그런 문제들을 우리가 동시에 가지고 있구나, 하는 점과 내 가족이 결국 가족이 아니었구나, 그냥 아무 관계도 아니었구나 하는 느낌이 지금 드는 거군요. 그래서 슬프군요.

말할 때마다 또 다른 자기가 자기를 관찰하고 있다고 토로했던 미수가 오늘 술술 말한다. 자기를 관찰하고 있던 '헌병 미수'가 오늘은 작동하지 않는 것 같다. 자연스러워서 참 편하고 좋다.

신미수 _ (떨림이 진정된 상태로) 아빠가 잠깐 들어오셨을 때, 그러니까 집에 찾아오기 전에, 아빠가 같이 할머니 산소에 가자고 하더라고요. 저도 바람도 좀 쐴 겸 같이 따라갔어요. 사실 좀 무리해서 가는 상황이긴 했지만 그래도 바닷가이고 한 이틀 여행하는 셈 치자고 하면서 갔어요. 영덕이었거든요. 아빠도 오랜만이고 저도 하도 오랜만이라 그런지 집안 어른들도 시선이 다 저한테 오는 거예요. 큰엄마, 큰아빠가 거기에 계시는데, 할아버지 할머니가 돌아가셔서 거기서 오징어잡이를 하시거든요. 저녁에 다들 모인 자리에서 화기애애하게 회도 먹고 술잔도 기울이고 참 좋았어요. 또 주방에서 고모들이랑 같이 일하면서 고모들이랑 애들 흉도 보고 그러면서 수다를 떠는 게 제 기억에는 너무 생소한 거예요. 처음이었던 것 같아요. 근데 그게 너무 좋았어요.

정혜신 _ 식구란 이런 거구나 하는 느낌이 참 좋았나 보네.

신미수 _ 예, 가족. 밥 먹었냐, 밥 먹어라, 이런 거. 근데 계속 그 시간 내내 그런 게 느껴지는 거예요. 따뜻한 마음. 오랜만에 아빠랑 친척들이랑 같이 낚시를 갔는데, 거기서도 아빠가 낚시를 하면서 저한테 안 춥냐, 괜찮냐, 계속 물어봤어요. 양식 하는 고기보다 자연산이 훨씬 살이 탄탄하고 맛있다고 고기 많이 잡아서 집에 가서 멋지게 생선회 한 상 먹자고, 오랜만에 만난 친척들이, 가족이 너무 소중하다고 하셨어요. 근데 그 마음이, 아빠랑 나랑 같은 생각을 하는구나, 그게 나는 너무 좋았거든요. 그게 잠깐, 그런 게 가족인 거 같았는데, 따뜻한 거. 이런 기대가 있다가, 아 진짜 와르르 무너졌어요.

정혜신 _ (아파하지만 동시에 담담하게) 아, 그 기대 때문에 억울한 마음도 더 컸겠군요. 그랬었군요. 음.

'괜찮다. 기대가 무너져도, 가족이 무너져도 괜찮다. 너는 언제나 괜찮다'라고 나는 생각한다. 미수에게도, 모든 사람에게도, 나는 같은 마음을 가지고 있다. 그런 마음으로 미수의 바닥에 있는 감정을 담담히 듣는다.

상처가 되었던 경험들, 억울한 감정, 분노했던 마음들, 이런 것들을 드러내면 자기가 무너져버릴 것 같거나 너무 수치스러울 것 같다고 미수는 느꼈을 것이다.

그러나 '미수의 경험'과는 별개로 독립적으로 존재할 수 있는 '미수'도 동시에 존재한다. '미수의 경험'보다 '미수'는 훨씬 더 큰 개념이다. 미수가 상처받은 경험 때문에 미수가 바로 무너져야 하는 건 결코 아니다. 이것을 나는 담담한 태도로 미수에게 전달한다. 미수, 너의 상처 경험보다 미수 너는 언제나 더 크다.

정혜신 _ 다른 분들은 들으면서 무슨 생각 하셨어요. 지금 마음이 어떠세요?

김해인 _ 저는 언니하고 문제가 있잖아요. 그래서 전, 아 왜 우리는 이럴까 많이 생각을 해요. 오늘도 제가 있는 학교 선생님들하고 같이 점심을 먹었어요. 막상 사람들을 만나면서는 속에 있는 얘기는 하기 힘들잖아요. 그래서 아직도 마음을 연다는 건 쉽지 않구나 싶었는데. 지금은 듣다 보니까 '우리 집만 그러는 건 아니구나'(웃음이 수줍은 듯 터지다 좌중 같이 웃음) 하는 생각이 들고요. 항상 저는 '다른 집은 항상 행복해 보이고 뭔가 좋아 보이고 별 문제 없어 보이는데, 우리 언니는 왜 그러지?' 그런 생각을 많이 했거든요. 꼭 나한테만 이런 일이 있는 게 (웃음) 아니구나, 그런 생각이 들었어요.

집단 상담을 통한 치유적 요소 중 첫 번째는 보편성(universalization)이다. 쉽게 말하면 '나만 그런 게 아니었구나' 하는 깨달음이다.

집단 상담 중에 다른 사람들의 아픈 경험에 대해서 깊이 얘기를 주고받다 보면 그간 '나만 이런 고통을 겪는다'고 생각했던 것에서 '나만 그런 게 아니었구나' 하는 느낌을 갖게 된다. 이런 느낌은 사람을 무척 편안하게 해준다. 타인의 고통이 내 행복이라는 놀부식 마음보 때문이 아니다. 사람은 내가 지닌 문제적 감정이나 생각들, 행동들을 다른 사람 일반과 비교해볼 수가 없다. 다른 사람이 어떤 내면을 가지고 있는지 알 수 없기 때문이다. 그래서 자기 문제를 혼자서만 간직하고 있다 보면 대부분의 사람들이 자신은 '남과 다른 병적인 감정과 문제적 생각을 혼자서 하고 있는, 그래서 약간 정상이 아닌 인간'이라는 느낌을 갖게 된다. 나만 예외적인 존재라는 느낌이 사람을 더 힘들게 한다. 그런데 집단 상담에서 발견하게 되는 '나만 그런 게 아니었구나' 하는 느낌은 자신에 대한 안도감을 갖게 한다. '그래도 괜찮은 거구나, 나만 그런 게 아니었구나, 나만 이상하게 동떨어진 인간이 아니었구나' 하며 안심한다. 그 느낌은 사람에게 치유에 대한 희망을 갖게 한다. 치유적인 깨달음이다.

정혜신 _ 여러분들이 자기 얘기를 자세히 해주셨어요. 쉽지 않은 얘긴데 해주셔서, 어, 무척 참 좋네요. 여러분들이 그 얘기를 수용해주는 느낌이 있어서 이렇게 얘기를 길게 죽 할 수 있었을 거예요. 애 많이 쓰셨어요.

황지혜 _ 저는 미수 씨한테 궁금한 게 있어요. 이건 음, 좀 기분이 나쁠 얘길 수도 있어요. 첫 시간에 얘기할 때 아버지에 대해서 문제라고 생각했는데, 오늘 얘길 들어보면, 아버지는 끊임없이 미수 씨한테 뭔가 소통을 해요. 감정을 표현하고, 미안하다고도 하고.

신미수 _ 그건 최근이에요. 소식도 모르고 살다가. 제 기억에는 아빠랑 친근한 적이 없었어요. 칭찬을 해준 적도 없어요. 아예 기억 자체가 없거든요. 어, 잘했어, 우리 딸 최고, 이런 거 한 번도. 전 기억이 없어요.

황지혜 _ 그런 아빠는 영화에서만 나오는 거 아니에요? (좌중 웃음)

신미수 _ 제가 뭘 하고 있으면, 야 책을 봐라, 그거 해서 뭐하냐? (동시에 다들 '나도 나도' 하는 반응) 아빠랑 이렇게 깊게 얘기한 기억은 거의 없어요.

황지혜 _ 근데 아빠가 지금 그렇게 미안하다, 딴 집은 자식이 말썽인데 우리 집은 부모가 말썽이어서, 이건 엄마 얘긴가? 하여튼 아빠가 뭔가 미안하다, 라는 표현을 하셨잖아요. 그런 가부장적인 아버지가 미안하다는 표현을 한 것 자체로 된 것이 아닌가 싶어요.

신미수 _ 미안하다는 한마디로 괜찮아지기엔 서운했던 일이 너무 많아요. 예를 들면 아버지가 주말마다 고아원 같은 데 봉사활동을 했어요. 아버지가 원래 그런 걸 좀 많이 하시는 편이긴 한데, 제가 중학생이 되니까 저도 같이 가는 경우가 있었거든요. 솔직히 저는 한창 예민할 때잖아요. 그런데 제 의견하고는 상관없이 계속 주말이면 가야 되는 거예요. 어느 날은 인천인가? 무슨 쉼터에서 봉사를 했어요. 그 쉼터가 노숙자들이 와서 밥을 먹고 좀 쉬었다가 가는 곳이거든요. 저는 거기서 아빠하고 무료 급식 봉사를 하다가 노숙자 아저씨들하고 밥을 먹었어요. 그런데 어떤 아저씨랑 밥을 먹는데 계속 눈이 마주쳤어요. 근데 그렇게 거부감이 느껴지는 인상은 아니었거든요. 조금 젊은 아저씨인데 좀 깔끔해 보이는. 저는 그냥 눈이 마주치는 게 불편한 정도, 그 정도였는데, 그 아저씨가 밥을 먹다가 그냥 가는 거예요. 저 때문에 가는 것 같았어요. 아빠한테 물었더니 맞대요.

정혜신 _ 그게 어떤 마음이었을까요?

신미수 _ 되게 충격이었죠. 저 때문에 나갔다니까요. 그다음부터 아저씨들이랑 아예 눈을 안 마주쳤었어요. 마주쳐도 인사도 안 했어요.

정혜신 _ 그래서 어떤 일이 벌어졌나요?

신미수 _ 솔직히 잘 모르겠어요. 아빠가 다른 학교로 전근을 가셔서 저희도 이사를 했거든요. 사실 세세한 것은 잘 기억이 안 나요. 특별한 건 없었고, 아빠가 고향 후배가 이혼하고 일자리를 구하러 왔는데, 불쌍하다고 저희 집에 한두 달 재웠어요. 그 삼촌이 제일 작은 방에서 자다가 겨울에 외풍도 심하고 추우니까 아빠가 거실에서 자라고 했어요. 엄마가 너무 화를 냈죠.

정혜신 _ 아빠가 가족들에게 사전 설명도 없이 그렇게 하시는 건가요?

신미수 _ 네. 아빠가 이제 그런 일을 다 해놓고 나서 나중에 말하면서 '고향 동생인데 뭐 어떠냐' 뭐 그렇게 표현을 하시더라고요.

황지혜 _ 저도 몇 가지 비슷한 상황이 있었거든요. 하나는 뭐였냐면요, 아버지가 충북 옥천인가 어디에 혼자 살고 있다고 해서 제가 한번 찾아간 적이 있어요. 아빠하고 그때 9년 만에 재회를 했었어요. 그냥 내가 잘 자라서 나타나면 아빠가 좀 고마워하거나 미안해할 거라고 생각했나 봐요. 근데 우리 아빠가 딱 한마디 했었거든요. (목소리 미세하게 떨림) "뭐하러 왔냐?" 듣고 나니까 너무 화가 났어요. 그날 서울로 올라오면서 차 안에서 계속 울었어요.

정혜신 _ 어떤 맘이었던 거예요?

황지혜 _ 앞으로 해줄 것도 없고 과거에 해준 것도 없지만, 정말 듣고 싶은 얘기는 '미안하다' (목소리 미세하게 떨림) 한마디였어요. '뭐하러 왔나?' 이러니까 끝이구나. 아니, 거의 10년 만에 자식이 찾아갔잖아요. 사실 나는 정말 그때 아빠가 미안하다고만 이야기하면 내가 하고 싶은 얘기를 다 할 수 있을 거라 생각을 했어요. 그래서 미수 씨 얘길 쭉 들으면서, 아빠가 어쨌든 미수 씨한테 손을 내밀잖아요. 그런데 왜 하고 싶었던 얘기를 못했을까, 그게 얘기를 들으면서 계속 답답한 거예요, 저는. 아빠가 미안한 감정을 가지고 있을 때 그때가 어쩌면 절호의 찬스인데.

신미수 _ 아빠가 나한테는 미안해하지만, 엄마한테는 계속 뭐라 그럴 거다, 라는 공포 같은 게 있었던 것 같아요.

황지혜 _ 미수 씨는요? (안타깝다는 듯이 애절하게) 엄마도 중요하지만, 중요한 건 나도 중요하잖아요.

신미수 _ 말하고 싶지는 않지만, 아빠는 엄마랑 같이 있는 것 자체를 불편해해요.

황지혜 _ 그러니까 나는 그게 궁금한 거예요. 그런 것들 있잖아요. 아빠한테 쌓였던 감정들, 아빠한테 더 이상 설교를 듣고 싶지 않았고, 그런 아빠가 이렇게 행동했고 이런 것들이 어떻게 보면 나한테 상처로 남은 거잖아요. 근데 아빠가 손 내밀었을 때 왜 얘기를 못했는지. 하지 그랬어요. 그게 궁금한 거예요. 그런 감정들에 대해서 물론 무뎌졌을 수도 있어서 더 이상 얘기를 안 해도 될 수도 있지만, 어쨌든 엄마 아빠는 남남이라서, 이혼하고 나면 남남이라서 그렇지만 부모자식은 끊을 수 없는 거잖아요. 그렇다고 하면 아빠와의 그런 대화들을 정말 진솔하게 해볼 수도 있을 텐데.

지혜는 자신이 아빠에게 바라고 있는 것을 미수의 상황에 투영해서 피 토하듯 말하고 있다. 지혜는 아빠의 그 한마디를 그렇게도, 끝까지, 원하고 있었구나. 지혜 마음이 전해지면서 옆 사람의 가슴도 아려온다.

아빠에게 듣고 싶었던 한마디

정혜신 _ 억울했던 거 화났던 거 그거 조금이라도 얘기를 하고 싶었을 텐데, 지혜 씨 맘은 그게 너무 안타깝나 보네.

황지혜 _ 왜 나는 미수 씨가 무뎌지고 지쳐서라고 얘기하는 건지, 그게 궁금한 거예요. 내가 하고 싶은데 못해서 그런가 봐.

지혜가 바라는, 지혜 상상 속의 아빠와의 관계는 어떤 건지, 지혜 마음속으로 더 들어가보자.

정혜신 _ 그런가 보네요. 지혜 씨는 그때 아빠가 미안하다고 했다면 아빠와 어떤 얘기를 하고 싶었던 건가요?

황지혜 _ (속사포처럼 말한다. 오랫동안 준비해온 사람처럼) 내가 정말 아빠 때문에 힘들었다. 나는 아빠를 가족으로 받아들일 생각은 없다. 그렇지만 아빠가 지금이라도 나한테 미안하다고 말을 하면, 아빠는 그만큼 장족의 발전을 한 거라고 생각한다. 그래서 나는 아빠랑 살 생각은 없지만 아빠가 나중에 힘이 없어지고 도움이 필요할 때 내가 경제적으로는 도움을 주겠다. 대충 이 정도?

정혜신 _ 그 얘기를 하고 나면 마음이 좀 어떨 것 같은데요?

황지혜 _ 딱 한마디 미안하다는 말을 들으면 무슨 상처든 치료될 것 같아요.

정혜신 _ 어떤 상처들이 해결이 되었을까? 어떤 마음들이?

황지혜 _ 원론이 해결되지 않았을까요? 아빠가 우리한테 미안하다고 할 정도로 우리를 생각한다면, 우리를 위해서 결코 그런 일을 벌이지 않았을 거고. 그럼 나도, 내 미래도 좀 편하고. 아빠에 대해서 더는 불안해하지 않을 거 같아요.

정혜신 _ 음. 불안감이 줄어들 거 같다.

황지혜 _ 네. 그런 불안감이 줄어든다는 것만으로도 저한테는 큰 위안이 될 거 같았거든요. 아빠는 항상 시한폭탄이었으니까. 지금이라도 과거가 미안하면 앞으로는 안 그럴 거고.

정혜신 _ 그 미안하다는 말은 '내가 앞으로 불안하지 않고 편안하게 살 수 있게 해주는' 일종의 보증서 같은 거로군요. 지혜 씨 마음속에는. 그래서 그 말을 그토록 바랐던 거고. 흠.

황지혜 _ 네. 그럴 것 같았어요. 아빠가 앞으로 나한테 아무것도 안 해준다 해도. 이전에 안 해준 거, 못 해준 거는 이미 방법이 없는 거잖아요. 시간을 돌릴 수도 없는 거고. 그렇다면 아빠가 해줄 수 있는 최선이 그거라고 생각했어요. 정말 가족들한테 미안해하는 거. 근데 그게 아니어서 저는 완전히 정리를 해야겠다 생각을 했거든요.

정혜신 _ 지혜 씨는 자식이 아빠에게 바랄 수 있는 최소한의 것을 원한 것 뿐인데. 그게 현실적으로 지혜 씨 아빠에게는 자식에게 해줄 수 있는 최대치였던 건가.

황지혜 _ 네. 그래서 내가 걸리는 거예요. 내가 듣고 싶은 말은 정말 하나뿐이었는데, 엄마 아빠 남남이니까 못 사는 거 어쩔 수 없지만, 나는 내 안의 얘길 다 털어내고 좀 풀어졌을 텐데, 하면서 그 생각에 사로잡혀서. 그래서 내 질문이 사실 앞뒤 맥락이 안 맞았을 수도 있어요.

신미수 _ 그런 거 같아요. 미안하다는 소리는 나도 되게 목말랐으니까. 그런데 이젠 그 말이 의미가 없어진 거 같아요. 내가 이러했고 저랬고 이런 얘기들을 아빠랑 얘기했을 때, 조금 했어요. 내가 봉사 활동을 따라다니면서 나도 힘들게 지냈고 어쩌고저쩌고 얘기를 하니까 아빠도 얘길 하고, 그러니까 이해가 좀 가더라고요. 근데 아빠가 결국은 미안하다 하니까, 내가 더 이상 내 얘기는 안 하게 되고 못하게 되고 결국 아빠 얘기를 더 많이 들어줬거든요.

황지혜 _ (점점 목소리가 커지며) 그러니까 내가 저게 싫은 거야. 나는 일단 해대고 싶은데, 나도 저렇게 되면 어떻게 하지?

정혜신 _ 저렇게 되면 어떨 것 같은데요?

황지혜 _ 언젠가 또 터질 거 같은 거 있잖아요. 왜, 속 안 좋으면 토하고 나면 속 시원해지는 것처럼 내가 한번은 제대로 해야 하는데, 나도 저렇게 아빠 얘길 들어주다가 그냥 꿀꺽 삼키면 어떡하지? 그냥 넘어가게 되면 어떡하지? 충분히 얘길 하지 못하면 어떡하지? 이런 생각이 들어서 계속 걸리네.

애기를 충분히 하지 못하면 안 한 것만 못한 경우가 있다. 미수의 경우가 그렇다. 미수가 오랫동안 꾹꾹 눌러놓은 얘기, 그 감정을 충분히 드러냈을 때 그걸 아빠가 들어주고 그 감정을 공감받는 '과정'이 없이 '결론'적인 입장(그것이 아무리 인정, 사과, 사죄의 말이어도)만 들으면 미수는 더 허탈하고 억울하고 답답해질 수밖에 없다. 치유란, 맺히고 억울한 감정을 가진 사람이 자기 감정을 내놓고 이해받고 공감받는 '과정' 그 자체다. 그 과정이 없으면 치유는 일어나지 않는다.

신미수 _ 엄마랑 아빠랑 얘기를 하고 나서 미안하단 소리를 들었는데, 그건 과거에 대한 미안함이잖아요. 문제는요, 그 뒤로 시간은 계속 흐르고 상처는 또 계속 주고받는단 말이에요.
미안함은 미안한 거예요. 부모님은 다들 그래요. 미안하다. 그럼 지금부터 다른 국면으로 가야 되잖아요? 그런데 그게 없어요. 그냥 과거에 대한 것이지 현재랑은 연관이 없어요.
황지혜 _ 그것과는 별개인 거죠. 변한 게 전혀 없다는 거.
신미수 _ 맞아요. 누군가는 저한테 상처를 주는데, 본인은 그런 생각을 못하는 것 같아요.

정혜신 _ 그러니 또 어떤 마음이 들던가요?

신미수 _ 미안하다는 말을 들은 게 더 억울해요.

정혜신 _ 화도 더 이상 못 내겠고.

신미수 _ 서서히 모아서 한 번에 터뜨리면 효과가 있었을까 싶어요.

황지혜 _ 근데 미안하다 그러면 아빠는 마이너스 일이 된 거고 나는 플러스 일이 된 거잖아요. 아빠는 잘못한 게 있으니까 (웃음) 상황이 마이너스가 난 거고 나는 사과를 받았으니까 플러스가 된 거잖아요. 그다음에 나는 그렇게 생각했거든요. 사람이 버릇이 있는데 그게 그렇게 한꺼번에, 나도 안 바뀌는데 아버지가 살아온 세월이 더 긴데 그렇게 바뀌겠어요. 근데 그런 일들이 또 반복해서 일어나면 내가 플러스 상황이니까 내가 얘기하기가 더 편해질 거라고, 편할 거라고 생각했거든요. 음.

신미수 _ 나는 오히려 더 조심스러워졌어요. 내가 살면서 부모하고 나누는 감정에 많이 목 말랐나 봐요. 미안하다는 말 한마디 듣고 그대로인 거잖아요. 과거는 그냥 그렇다 치고 지금부터, 이런 생각이 들었던 거 같아요.

황지혜 _ (곱씹듯이) 지금부터…….

신미수 _ 다시…….

황지혜 _ 듣다 보니 어떻게 보면 우리 아빠가 나한테 미안하다 그러는 건 아빠 인생을 굉장히 뒤흔드는 거라는 생각이 드네요. 받아들이는 게 다 다른 건가 보다. 나는 우리 아빠가 나한테 미안하다 하는 건 개과천선하고 똑같은 의미로 생각했던 거였어요.

정혜신 _ 미수 씨 얘길 들으면서는 또 어떤 느낌을 받으셨나요?

황지혜 _ 나는 진짜 작은 걸 바랐나 봐요. 좀 억울해요. 그러니까 누구는 제로라고 생각하는 걸, 나는 플러스 일이라고 생각했어요. 그 부분이 억울한 거 같아요. 내가 아빠의 미안하다는 말에 굉장히 가치를 두고 그랬다는 거에 대해서.

아이들에게 5백 원짜리 동전 그림을 그리라고 하면 가난한 집 아이들은 부잣집 아이들보다 동전을 더 크게 그린다는 심리학 실험이 있다. 결핍이 클수록 그것의 실체에 대한 인식이 과장되어 나타난다는 뜻이다. 지혜도 그랬나 보다.

남편에게 맞고 사는 여자들 중에는 맞으면서도 남편을 계속 챙겨주거나 남들에게 남편의 그런 행위를 적극적으로 변명해주는 경우가 있다. 사정을 모르는 사람들은 여자의 이런 이해되지 않는 모습에 혀를 찰 수 있지만 내면의 결핍 동기를 생각하면 앞서의 동전 그리기와 비슷한 심리적 메커니즘이다.

남편에 대한 정서적 욕구(애정 욕구)가 큰데 남편에게 계속 매를 맞으며 산다. 여자의 정서적 욕구는 점점 더 결핍된다. 결핍이 커지므로 애정을 받고자 하는 욕구도 비례해서 더 증폭된다. 그래서 남편에게 더 매달리게 된다. 옆에서 보기엔 때리는 남자에게 왜 저렇게 정성을 기울일까 싶지만 마조히스트여서가 아니라 애정 결핍으로 인해 정서적 허기가 크기 때문이다. 심하게 허기지면 음식 맛이 어떤지 가리지 않고 먹을 만한 것이라 싶으면 허겁지겁 입으로 가져가듯, 정서적 결핍이 심해지면 상대가 어떤 사람인지 가리지 않고 허겁지겁 매달리게 될 수 있다.

성장 중인 아이에게는 반드시 제공되어야 하는 애정과 관심의 절대량이 존재한다. 그것이 채워지지 못하면 아이 입장에서는 부모가 그것을 줄 수 있는지, 줄 마음이 있기는 한지, 줄 여건이 되는지 등등은 모두 뒷전일 수밖에 없다. 상대를 살필 겨를이 없다. 자신의 결핍된 욕구를 채우는 것에만 꽂혀 있을 수밖에 없기 때문이다. 내 부모, 내 아빠가 어떤 사람인지 오랜 세월에 걸쳐 반복적으로 알고 깨달을 수 있었음에도 정서적으로는 아빠에게 다시 매달리게 된다. 지혜처럼.

만약, 아버지의 모습을, 아빠의 현실적인 실체를 순순히 받아들이게 된다면, 아빠에게 자신의 욕구 충족을 더 이상 바라지 않고 포기할 수 있게 된다면, '내가 그동안 나에게 줄 수 없는 사람에게 계속 바라고 있었구나' 하는 것을 인정하게 된다면 어떻게 될까.

그 현실적 실체를 인정하는 바탕 위에서 자신이 원하는 욕구를 뚜렷이 인식할 수 있게 된다면, 지혜는 그 욕구를 충족할 수 있는 아빠가 아닌, 다른 현실적 대상을 찾아서 길을 나서게 될 것이다. 현실적 한계를 인정하면서 말이다.

정혜신 _ 왜 미안하다는 그 말에 그렇게 큰 가치를 두어온 것 같은데요?

황지혜 _ 우리 아빠가 한 번도 저한테 그런 얘기를 한 적이 없으니까요. 긍정의 반응이 없었으니까요. 저희 아빠는 남들이 다 긍정하면 혼자만 부정해요. 초등학교 5학년 때일 거예요. 학교 체육시간에 오래 달리기 시합이 있었어요. 저는 그것도 잘하고 싶어서 매일 하루에 네다섯 시간은 뛴 것 같아요. 되게 추운 날이었거든요. 옷이 무거워서 기록이 잘 안 나올까 봐 반팔만 입고 뛰었어요. 동네 아줌마가 한겨울에 반팔로 뛰니까 왜 그러느냐고 물어서 체육시간에 잘하고 싶어서 그런다니까 기특하다고 따뜻한 거 사 먹으라고 돈을 주더라고요. 남들은 그러는데 우리 아빠는 저를 보더니 왜 그러냐고 물어요. 제가 대답했더니 딱 한마디 했어요. '독한 년'이라고요. (양미란 웃음) 왜 웃어? 이건 되게 가슴 아픈 얘기야. 그런 사람이 저한테 미안하다 그런다면 당연히, 너무나 기특한 거 아니에요, 진짜? 저한테 독한 년이라고 한마디 했던 사람이거든요. 아직도 생각난다.

정혜신 _ 어린 마음에 참 어땠을까 싶네요. 아빠와 살 때 그런 일이 일상적으로 있었을 거 같은데.

황지혜 _ 평생 못 잊죠. (한숨) 그런데 제 마음도 모르고 아빤 아빠 나름대로 피해 의식을 가지고 있는 거죠.

정혜신 _ 그게 무슨 말이에요?

황지혜 _ 예전에 아빠가 어물쩍 집으로 와서 버텼어요. 엄마도 그냥 받아주는 것 같고, 그래서 제가 엄마한테 그랬어요. 아빠랑 같이 사느니 머리 깎고 출가한다고. 엄마가 난리가 났죠. 저는 진짜 할 수도 있겠다는 생각을 했거든요. 그래서 아빠가 다시 나갔거든요. 다신 안 오셨어요. 그래서 아빠는 저 때문에 같이 살 수 없었다고 얘기하는 거죠.

정혜신 _ 같이 못 사는 건 지혜 탓이다?

황지혜 _ 그런 거예요. 전 혼나도 절대 안 울었어요.

정혜신 _ 왜 참았어요?

황지혜 _ 지기 싫어서. 오기였어요.

정혜신 _ 어떤 오기요?

황지혜 _ 절대 아빠한테는 안 진다.

정혜신 _ 아빠한테 진다는 건 어떤 거예요? 그 당시에.

황지혜 _ 힘으로 할 수 없으니까 절대 정신적으로 지지 말아야 하는 생각이요.

정혜신 _ 어린 마음에 아빠에 대한 화를 그런 식으로 표시했던 건가? 벌 받을 때 고통스러워하지 않는 모습으로?

황지혜 _ 굴하지 않겠다는 마음. 그러니까 그런 생각들이 떠오르면서 내가 그 미안하다는 말에 굉장히 크게 의미 부여를 했고, 크게 의미 부여를 한 게 맞는 건지 아닌지 모르겠지만, 그런 생각이 들어요. 당연히 해야 되는 걸, 나는 늘 그 얘기를 기다리고 늘 준비한 거 같아요. 그리고 미안하다고 하면, 이렇게 얘길 해야지. 꼭 이렇게 얘길 해야지.

정혜신 _ 지금 얘기하면서 어떤 느낌이 드나요, 지금?

황지혜 _ 저는 아빠에게 분노했다고 생각했는데, 지금 생각하니 공포였던 것 같아요.

정혜신 _ 좀 더 구체적으로 표현해본다면?

아빠에 대한 감정이 화가 아니라 공포였다. 아빠에 대한 더 깊은 근원적 감정이 나온다. 지혜가 가진 아빠에 대한 감정의 끝으로 가보자.

황지혜 _ 그러니까 터뜨려야 된다, 터뜨려야 된다, 그런 거. 이제는 제가 더 힘이 있는 나이잖아요. 그러니까 꼭 한 번은 그걸 해보고 싶은 거죠.

정혜신 _ 잠깐 공포가 있었던 거 같다고 했는데 그게 어떤 건가요? 좀 자세히 얘기해볼까요?

황지혜 _ 저희 아빤 제가 맞을 이유가 없는데도 때리곤 했어요. 저는 학교 다닐 때 선생님한테도 안 맞아봤어요. 엄마한테도 안 맞아보고. 근데 유일하게 저를 때린 사람이 아빠였어요.

정혜신 _ 무서웠겠구나.

황지혜 _ 뭔가 거짓말을 하고 잘못을 했다고 해봐요. 그러면 부모에게 맞을 수 있지요. 아이니까. 근데 저는 아빠가 기분이 나쁘면 맞는 거였어요. 그러니까 그런 거. 예전에 누가 최초 기억이 뭐냐 그러는 거예요. 근데 딱 떠오르는 최초 기억이 뭐냐면, 엄마가 없어서 아빠가 밥을 해준 일이 있어요. 마침 동네 아주머니가 집에 뭘 전하러 왔다가 "뭘 그렇게 맛있게 먹니?" 했는데 제가 어리니까 아무 생각 없이, "아빠가 해줬어요" 그랬어요. 그날 죽도록 맞았어요, 진짜.

정혜신 _ 몇 살이었어요?

황지혜 _ 유치원 다니는 아이를요……. 정말 이해가 안 갔어요.

정혜신 _ 그랬겠네. 음.

황지혜 _ 그죠? 어른이 나한테 '어 너 이쁘게 하고 왔네' 그러니까 당연히 '이거 우리 엄마가 사줬어요, 아빠가 사줬어요' 이런 경우처럼, 뭐 그런 거잖아요. 그다음에도 그런 일들이 좀 있었죠. 하나하나 이야기하긴 그렇지만 가족들도 황당해했어요. 저도 이유를 모르겠고.

정혜신 _ 어린 마음에 늘 긴장하고 눈치 보고 그랬겠네. 언제 맞을지 모르니까. 아까 그걸 공포라고 말한 거군요.

황지혜 _ 예측이 안 되는 거.

정혜신 _ 아이 입장에선 공포스런 상황이네.

황지혜 _ 그러면서 그랬어요. '내가 크기만 해봐라. 아빠가 나이가 들고, 내가 성인이 되면, 똑같이 해주리라.' 그때 그런 생각을 했었어요.

정혜신 _ 굶어죽게 만들겠다. 그런 생각까지 했구나.

황지혜 _ (눈물을 글썽이며) 네, 그랬어요. 그런 생각도 했었어요. 내 앞에서 무릎 꿇고 빌지 않는 이상 나는 절대 받아들이지 않겠다.

아빠에게 미안하단 말을 그토록 듣고 싶어 했던 이유가 아빠에 대한 오랜 공포 때문이었구나. 그 말을 듣고 나면 아빠를 더 이상 공포의 대상으로 느끼게 되지 않을 것 같아서. 지혜 생각 속에서는 아빠의 '미안하다'는 말은 '아빠가 앞으로 예측 불허의 폭력을 휘두

르지 않겠다'는 선언으로 규정하고 있었던 거구나. 그래서 그렇게 그 말에 매달렸던 거구나. 안전하게 꼭 안아주고 싶다, 지혜를.

정혜신 _ 어린 맘에 정말 무서웠겠네요. 화도 많이 났었고.

황지혜 _ 근데, 그때 화는 정말 뜨거운 화였던 거 같아요. 용암같이 펄펄 끓는 거요. 근데 이제는 화가 오히려 차가워진 거 같아요. 그런 거. 아빠는 당연히 내 결혼식에 오면 안 되고. 저는 항상 그게 화두였거든요. 나한테 해준 거 없으면서 왜 내 결혼식에 손을 잡고 들어가야 되는지, 그런 거.

정혜신 _ 그랬겠네. 정말 싫었겠네.

황지혜 _ 제 모든 계획에 아빠는 없어요.

아빠에 대한 감정의 끝으로 가보자, 더.

정혜신 _ 계획에 없다?

황지혜 _ 예, 절대 없어요. 제 인생에는 아무런 일도 없어요. 미래에 자리가 없다는 말이에요. 제 아이가 만나고 싶대도 싫어요.

정혜신 _ 아빠가 어떻게 할 것 같은 거예요?

황지혜 _ 그 감정을, 저한테 느꼈던 감정을 내 아이한테 똑같이 느끼게 할 거 같아요.

정혜신 _ 똑같이? 내가 느꼈던 그 감정을?

황지혜 _ 걔도 제 자식이니까 저를 닮겠죠. 그러면 저같이 공포를 느낄 거 아니에요. 절대 같이 있게 할 수 없어요. 제 아이는 반드시 엄마가 길러줄 거예요.

정혜신 _ 지금 말하면서 화를 느끼나요?

자신이 하는 말의 내용보다 그 말을 하면서 느껴지는 자신의 감정을 생생하게 감지할 때 지혜는 아빠에 대한 자기 마음을 더 분명하게 알 수 있다.

자기 삶의 가장 절박한 이슈에 대한 자기 감정의 바닥까지 '있는 그대로' 느낄 수 있는 것, 그런 감정을 느끼는 자신을 '있는 그대로' 만나볼 수 있는 것, 그래서 종래에는 자신의 그 경험, 그 처지, 그 감정을 측은함과 안쓰러움으로 어루만져줄 수 있는 것. 그럴 때 사람은 치유되고 그 뜨거운 감정에 의해 더 이상 삶이 휘둘리지 않게 된다.

나는 지금 지혜가 내놓은 그 이상의 감정도 얼마든지 있을 수 있다는 담담한 태도로 그의 얘기를 들으며 공감하고 다시 질문하고 다시 끄덕이며 또 듣는다. 그래야만 지혜가 자기 감정의 바닥까지 갈 수 있을 것이다. 펄펄 끓는 감정을 가진 '나'의 감정 상태를 정면으로 보고도 그런 '나'를 이해해주는 '나'를 확인하면 사람은 비로소 가장 편안하고 홀가분한 상태가 된다. 그것이 치유다.

황지혜 _ 화가 난다기보다는 일부러 묻고 잊었던 불편한 기억을 다시 꺼내서 복기하는 느낌이에요. 정의가 안 되는 감정들 있잖아요. 분노라고 하기도 뭐하고 그런 복잡한 감정들이에요. 좀 많이 불편해요.

정혜신 _ 그 분노 말고, 복잡하다 표현했는데, 다른 감정도 더 있어요?

황지혜 _ 분노도 있고, 무서운 것도 있어요. 또 안타까움도 있고요.

정혜신 _ 좀 더 구체적으로 어떤 거예요?

황지혜 _ 그런 거. 아빠에 대해 딱 한 번 좋았던 기억은, 유치원 때 가는 소풍에 엄마가 못 가서 하는 수 없이 같이 간 적이 있었어요. 그때 놀이공원에서 저한테 추로스를 사줬어요. 근데 그게 그렇게 맛있었어요. 지금도 그만큼 맛있는 걸 먹어본 적이 없으니까. 그때 조금만 조금만 더 노력했다면 당신이 길거리 청소를 해도 나는 절대 부끄러워하지 않았을 거고, 뭘 해도, 사기 치거나 도박하거나 마약 하는 게 아니라면 정말, 세상에서 제일 손가락질을 받는 직업을 가졌더라도 당신을 하나도 부끄럽게 생각하지 않았을 텐데. 그런 안타까움.

정혜신 _ 아빠를 끝까지 기다렸던 거네, 사실은. 지혜 씨가 그랬던 거네요. 조금의 어떤 징후라도 있으면 나는 마음을 열겠다는 준비를 늘 하고 있었던 거네.

황지혜 _ 그 전엔 그랬어요. 아빠가 뭐 그 나잇대 되시면 하실 수 있는 일이 제한적이잖아요. 그래서 아빠가 택시 일도 좋고 경비 일도 좋고 시설 청소하는 일도 좋고, 어떤 걸 해도 좋으니까 한 달에 50만 원 자기 용돈을 벌어서 뭐 술값, 담뱃값 정도를 벌어서 생활할 수 있을 정도면 난 받아들인다 그랬었어요. 그러다가 찾아가서 얼굴 보고 그 사건이 터지고 끝! 깔끔하게 끝!

정혜신 _ 흠 그랬구나. 끝까지 기대하고 끝까지 마음 다잡고 있었구나. 지혜 씨, 지금 아빠에게 드는 생각이 있다면 혹시 뭐예요?

황지혜 _ 아빠는 과연 나를 자식으로 생각할까? 그런 생각요. 날 정말 자식으로 생각할까.

정혜신 _ 아직 기대하는 게 있군요.

자식 사랑은 본능이라고들 쉽게 말한다. 우리 사회의 신화 같은 명제다. 정말 그런가?

사실 현실에서는 어린 자식을 (심지어 젖먹이도) 버리는 부모가 적지 않다. 그러나 부모를 버리는 어린아이는 존재하기 어렵다. 부모로부터 심한 학대를 당한 아이도 물리적으로, 심리적으로 부모를 부정하지 못한다. 오히려 더 갈구하고 매달린다. 부모의 애정에 대한 아이의 욕구는 그것이 없다면 죽을 수밖에 없는 절박한, 본능적 욕구이기 때문이다.

아빠에 대한 지혜의 복잡한 마음을 보면 부모의 사랑을 갈구하는 '아이의 욕구'가 '부모의 자식 사랑'보다 더 원초적이고 강렬할 수 있단 사실을 다시 느낀다.

황지혜 _ 아까 미수 씨 아버지가 그러셨다잖아요? 춥지 않니? 괜찮니? 전 다 필요 없이 딱 한마디. 밥은 먹고 다니냐? 한 번만 물어봐줬으면 좋겠어요. 지금은 꼭 아닌데요.

정혜신 _ 아. 그 한마디가 듣고 싶었구나.

지혜는 아빠를 용서할 준비, 그 예행연습을 상상 속에서 수도 없이 해왔구나. 아빠를 용서할 수 있어야, 최소한 그 정도까지는 아빠가 따라와줘야만, 자신의 존재 자체가 안전하다는 느낌을 가질 수 있었으니. 정말 절박했구나, 지혜.

황지혜 _ 그러면 다 되는데, 근데 이제는 안 되는 거죠. 늦었어요. 내가 기대했던 건 이제는 그런 건데. 밥은 먹고 다니니, 왜 시집은 안 가니 이런 거.

정혜신 _ 그 소리 들으면 마음이 어떻게 될 것 같아요?

황지혜 _ 내 아빠구나 하는 생각이 들 것 같아요. (울먹) 왜 어미가 자식한테 제일 궁금한 건, 밥 잘 먹느냐 그런 거 아니에요? 못 먹으면 죽으니까. 근데 그런 것조차 없는 거 같아요, 우리 아빠는. 참, 내가 기대한 건 별거 아니었는데 그런 것도 못 받고, 미안하다는 말 들으면 갑자기 억울해지고.

정혜신 _ 음, 그러시군요. 지금 마음이 어때요?

황지혜 _ 지금 마음 같아서는 한바탕 해댔으면 좋겠어요.

정혜신 _ 확?

황지혜 _ 꼭 한 번은 할 거예요.

정혜신 _ 예. 꼭 그렇게 하세요.

황지혜 _ 진짜요? 한 번은 할 거예요. 정말 진짜 한바탕 할 거예요.

정혜신 _ 하세요. 정말 최소한의 요구인 거잖아요. 백번 천번 해도 시원하지 않을 거 같은데, 한 번만 해보겠다, 그러는 거잖아요. 하세요, 꼭 하세요.

네가 그러고 싶은 마음, 백번 천번 옳다. 충분히 이해할 만하다. 그런 생각이 드는 네가 잘못된 거 아니다. 그래도 괜찮다는 근원적인 지지를 전하고 싶은 것이다. 지혜를 선동하는 게 아니다. 아빠를 만나서 엉뚱한 감정 폭발을 하라고 부추기는 게 아니다.

이런 얘길 해주면 지혜가 '나 이래도 된다고 했으니까 가서 한판 하자!' 그렇게 되지 않는다. 사람이 그렇게 단순한 존재가 아니다. 사람 마음은 그런 식으로 작동하지 않는다. 자신의 감정이 충분히 이해받고 지지받으면 직접 그렇게 하고 싶은 생각이나 충동이 오히려 줄어든다. 아무도 몰라주면 언젠가 꼭 감행할 행동도 충분한 지지와 이해를 받으면 안 하게 될 가능성이 더 높아진다. 하더라도 이성을 잃지 않고 합리적으로 하게 된다. 충동적, 우발적인 행동은 오랫동안 내 감정이 공감받지 못하고 이해받지 못하는 등 결핍이 있을 때 나타나기 때문이다. 정서적 공감과 지지는 충동적, 돌발적 행동을 포기하게 하는 가장 강력한 수단이다.

황지혜 _ 이럴 때는 여자로 태어난 게 억울해요. 나한테 해준 것도 없는데 왜 결혼식장에 아버지 손을 잡고 들어가야 하는지.

정혜신 _ 그렇게 안 하는 사람도 많아요. (웃음)

황지혜 _ 그래서 저는 엄마 손을 잡고 들어가기로.

정혜신 _ 신랑이랑 둘이 손잡고 같이 들어가기도 하잖아요. 지혜 씨 되게 보수적이네. (웃음)

황지혜 _ 그래도 왠지 이렇게 나를 세상에서 가장 사랑했던 사람이 좀 이렇게 해줘야, 뭔가 이렇게, 제대로 이렇게, 뭔가 아귀가 맞는 것 같아서. (같이 웃음)

정혜신 _ 지혜 씨 말, 아까 밥은 먹고 다니니 이러듯이 그런 따뜻한 것을 느껴보고 싶은 마음인 거네요.

황지혜 _ 결혼식은 다시 태어나는 거라고 생각해요. 정말 세상에서 가장 사랑하는 사람의 품에 있다가 더 사랑하는 사람의 품으로 가는 느낌?

사랑에 대한 욕구를 끝까지 포기하지 않은 지혜.

정혜신 _ 해인 씨는 왜 자꾸 인상을 쓰고 계신 거예요? 들으면서 어떠세요?

김해인 _ 음. 질문을 받으면 머리가 하애지는 거 같아요. (좌중 웃음)

정혜신 _ 왜 하애지는 거 같아요? 제 질문이 어때서? (웃음)

김해인 _ 아니 그게 아니라, 항상 질문을 받으면.

정혜신 _ 학교에서도?

김해인 _ 예, 좀 그래요.

정혜신 _ 어떤 마음이 들어서 그러세요?

김해인 _ 항상 뭐든 자신이 없어요. 저 스스로.

정혜신 _ 제대로 답을 할 수 있을까 하는?

김해인 _ 결혼식을 생각하면요. (얼굴 가리고 웃음) 좀 복잡해요. 언니 손을 잡고 들어갈 수도 없고, 친척들은 아무도 교류가 없으니까요. 저도 이렇게 가족의 문제가 있다 보니까 결혼 같은 걸 생각할 때도 남자가 저의 이런 가족사를 이해해줄 수 있을까, 그런 생각도 되게 많이 들어요.

황지혜 _ 알고 보면 그 집도 문제가 있을 수 있는 건데. 아 참 최대의 고민이지, 최대의 고민.

김해인 _ 그런 생각도 했어요.

황지혜 _ 알고 보면 그 집도 문제 있을 수 있는데, 그 생각?

김해인 _ 그런 남자를 만나야 될 텐데 그런 생각도. (다들 웃음)

신미수 _ 나는 곤란한 게 (웃으며) 애기, 내가 애기를 낳았을 때 할머니 따로 보여주고 할아버지 따로 보여줘야 하는데 애기한테 뭐라고 설명해야 하나.

황지혜 _ 그래서 더 머리가 복잡해지는 거야, 그냥.

김해인 _ 맞아, 맞아.

황지혜 _ 나 혼자 살면 우리 엄마 아빠 그러든 말든 상관이 없는데, 점점 결혼해야 될 나이가 다가오니까 이게 단지 저만의 문제가 아닌 거예요. 그래서 더 복잡해지고 이해할 수 없어.

정혜신 _ 그런 것 때문에 남자를 만나거나 결혼을 하거나 이런 것들에 상당히 신경이 쓰이고 어려움이 많겠네요.

황지혜 _ 전 만약에 결혼을 한다면 좀 편안한 집안이었으면 좋겠어요. 저 같은 조건도 편하게 받아들여주는 그런 조건의 사람. 그냥 나만 보고 아무것도 따지지 않는 집안. (다들 웃음)

정혜신 _ 미란 씨는 중간중간 불편해하기도 하지만 천천히 잘 듣고 계신 것 같은데요. 지금 무슨 생각 하세요?

양미란 _ 이 말 하면 언니한테 혼날 수도 있는데. (좌중 웃음)

황지혜 _ (웃으면서) 안 혼낼게, 약속.

양미란 _ 저는 들으면서 미수 씨하고 지혜 언니가 오히려 되게 아빠, 아빠를 미워한다고 추측하고 있지만, 실제로는 되게 사랑한다고, 가슴 깊은 곳에서는 자기도 모르게 아빠에 대한 갈증, 이런 게 있지 않나 생각이 들었어요. 차라리 아빠가 되게 싫으면 결혼식에 못 오게 하면 되지, 그런 생각을 하면 되는데. 이 언니(황지혜)는 되게 강박관념이 있는 거예요. 사실 언니 아빠는 언니 결혼식 온다고 한 적 없는 거잖아요. 언니가 못 오게 한다는데 기어코 거길 오겠다고 한 적이 없는 거잖아요.

황지혜 _ 어, 아빠가 그 말 한 적 없어.

양미란 _ 아빠는 내가 안 부르면, 못 오게 하면 그만인데, 계속 자기가 뭔데 내 손 잡고 입장을 하나, 그 말을 엄청 강조를 하시는 거예요. 그래서 아, 오히려 마음속에서 아빠랑 같이 입장하는 것, 그러니까 여느 가정처럼 아빠랑 같이 입장을 하는 게 되게 좋아 보이고 나도 그러고 싶다, 아빠한테 미안하다는 말 한마디만 듣고 싶다. 그러면 내 가슴속 얘기 다 할 수 있을 텐데. 그런 생각을 하고 있구나 싶었어요. 실제로는 아빠, 아까도 뭐, 수위라도 좋으니 50만 원만 벌어오면 같이 살고 싶다. 오히려 되게, 오히려 저보다도 아빠에게 더 매달리는 거 같아요. 오히려 저는 아빠랑 큰 문제는 없어요. 아빠가 잔소리하면 좀 귀찮기도 하고, 그냥, 잔소리 들으면, 미수 씨 같은 경우에는 신발장 정리하면 그게 스트레스였잖아요, 그리고 막 잘 보이고 싶어 하고, 그런데 저는 막 네네 하고 하기 싫으면 안 하는 거고, 그냥 별로 신경을 안 썼거든요. 아빠가 잔소리를 하든 말든 내가 하고 싶은 대로 하고. 오히려 떨어져 사는 아빠에 대해, 미운 아빠지만 그래서 더 되게 사랑하는 거 같아요.

황지혜 _ 이게 늘 부작용이에요. 내가 이런 이야기 하면 늘 그래요. 넌 사실 아빠를 사랑하는 거란다. 근데 진짜 화나거든요? 근데 다른 한마디는 되게 큰 위로가 됐어요. '아빠는 내 결혼식에 온다고 한 적 없다는 말'. (좌중 터지듯 웃음) 오늘부터 두 발 뻗고 자겠구나.

양미란 _ 싫으면 그냥 인연 끊고 생각도 안 하고, 미워할 것도 없고, 아예 신경 안 써버리면 진짜 편하거든요.

정혜신 _ 근데 지혜 씨는 왜 그 생각을 계속 하고 있었던 것 같아요?

황지혜 _ 차라리 딱 돌아가신 거면 상관이 없는데, 계시잖아요.

정혜신 _ 그것 말고 또 어떤 측면이 더 있을 수 있을까?

황지혜 _ 솔직히 그날, 결혼식 날 뭔가 문제 있어 보이기 싫었던 거죠.

정혜신 _ 또 어떤 다른 마음이 있을까요?

황지혜 _ 음, 그냥 오늘 미란 씨 말 듣다 보니까, 나 혼자 스스로의 강박이 었던 것 같아요. 남들처럼 아빠 손잡고 들어가야 한다는 강박. 뭔가 좀 모순이라는 생각이 드네요. 나를 자식으로 생각 안 한다고 생각한 게 제일 큰 감정인 줄 알았는데, 그런 결혼식 문제에는 당연히 그 속에 아빠 문제를 집어넣고. 근데 가장 큰 문제는 그거예요. 남들한테 보였을 때 뭔가 비어 보이기 싫은 거예요. 축가로 채우면 되긴 하는데, 그 정도 구멍이면 좀 많이 비쌀 것 같아서. (양미란 소리 내어 웃음)

우울에 잠시 머물기

정혜신 _ 벌써 끝날 시간이네. 오늘 얘기하면서 어떠셨어요?

황지혜 _ 딱 뭐라고 말할 수 없는데, 어떻게 보면 아빠의 사랑을 더 바랐던 것도 같아요. 그런데 그런 얘길 들으면 불편해요. 이 얘기를 저 굉장히 여러 번 들었는데, 들을 때마다 저 사람(아빠)한테 또 억울해져요. 내 상황이 돼봐, 그렇게 되나, 억울해지면서 억울한 게 다가 아닌 것 같고, 또 뭔가가 불편해져요. 근데 그게 무슨 감정인지 모르겠어요. 아빠에 대한 그 감정이 다는 아닌 거 같은데.

정혜신 _ 그래요. 그게 다는 아닌 것 같아요.

황지혜 _ 불편해요. 생각할수록 불편해요.

정혜신 _ 그게 다는 아닌 것 같다고 했죠? 근데 혹시 뭔 것 같아요? 아빠 사랑을 아직 원하는 거다. 옆에서 보면 쉽게 그렇게 얘기할 수 있을 것 같은데.

황지혜 _ 백이면 백 그래요.

정혜신 _ 네. 그럴 것도 같아요. 근데 혹시 여러분들은 어떻게 느끼셨나요? 여러분들의 느낌을 바탕으로 지혜 씨에게 도움을 드릴 수 있을 것 같은데요. 그래볼까요?

김해인 _ 그냥 언니가 원하는 건 그게 아니라 좀 더 이렇게 행복한 모습이라든가, 가족 간의 그런 모습인데 그게 안 되니까 속상해서 그런 거 같아요. 원하는 건 행복한, 어쩌면 바람직한 가정인데, 그렇지 않아서 싫은 거. (점점 목소리 작아지며) 싫으니까 그런 것 같다는 생각이 들었어요.

황지혜 _ 선천적 결함.

정혜신 _ 좀 더 구체적으로 얘기해본다면.

황지혜 _ 노력으로도 안 되는 결함을 덮으려고 참 노력하면서 사는구나.

정혜신 _ 아. 마음이 아프다.

황지혜 _ 그런 생각도 들어요. 어차피 그럴 거면, 그냥 나 이거 없다고 그러고 살까, 속 편하게. 더 이상 제 노력으로만 되는 게 아니잖아요. 돈 벌어서 아빠를 사올 수 있는 것도 아니고.

정혜신 _ 현실은 그런 건데. 내가 끊임없이 내 현실을 그렇게 놔두지 않으려고 무진 애를 썼다. 흠.

황지혜 _ 음. 내가 그렇게 아니라고 생각하면, 아빠와의 관계는 더 이상 개

선할 게 없다고 생각하면, 그냥 드러내놓고 살아도 되지 않을까 싶기도 한데 그게 좀 두렵네요.

'두렵네요'라는 지혜의 말이 사무친다. 아마 지혜 자신에겐 뼈가 시리도록 사무쳤을 것이다. 지혜는 자신이 원하는 것이 결코 채워질 수 없는 것임을 알게 되었다. 그래서 정말 두려울 것이다. 지금까지 불가능한 것을 계속 바라고 있었던 자신의 모습을 정면에서 또렷이 목격한 셈이다. 지혜에게 지금 이 순간은 매우 중요한 깨달음의 순간이다.

어쩔 수 없는 한계에 대한 자각과 인정 이후에 따라오는 것은 '우울'이다. 오랫동안 갈망하던 것을 포기해야 한다는 걸 받아들이면 맥이 풀리고 무력감이 들고 우울해진다. 당연하다. 이때의 우울은 치유의 과정에서 매우 중요하다. 이때의 우울은 환영할 만한 과정이다. 성찰과 치유의 과정을 제대로 밟고 있다는 증거이기 때문이다.

이런 순간에 무기력해지고 멍해지는 자신을 보면서 '내가 뭐 잘못된 거 아냐? 이러면 안 되는데' 하며 자신의 상태에 대해 잘못된 해석을 하게 되면 문제가 더 꼬인다. 이때 '마음껏' 우울할 수 있어야 한다. 포기할 수밖에 없는 내 상황을 그대로 허용하는 과정이니 당연히 우울하다. 사랑하는 사람과 영영 이별하게 될 경우, 실컷 울고 애도해야만 그다음의 내 일상이 제대로 영위될 수 있듯이, 그동안 간절하게 소망했던 아빠에 대한 욕망과 영영 이별하는 과정에서 생기는 상실과 우울감은 정당한 것이다. 마음껏 우울하고 마음껏 무력해도 된다. 충분히 그러고 나면 간절했던 그 욕구로부터 심리적 거리를 갖게 된다. 포기할 부분은 포기하고 받아들일 부분은 받아들이고 나면 그 욕망과 욕구에 더 이상 휘둘리지 않게 된다. 그에 대한 집착이 저절로 줄어든다.

그 후에는 아빠가 아닌 다른 사람에게, 현실적으로 자신의 욕구 충족이 가능할 것 같은 다른 이와의 관계로 관심이 이동하게 된다. 예전과 다른 점은 무리하지 않는 방법으로 하게 된다는 것이다. 다른 사람에게도 무리하게 '욕구'하지 않게 된다. 한계를 인정하며 관계를 맺으려 하게 된다는 것이다. 왜냐하면 자신이 오랫동안 갈구했던 그 욕구는 결핍이 오랜 세월 눈덩이처럼 불어나서 매우 원초적이고 강렬해진 상태라는 것을 알기 때문이다. 좋은 의미로 그 욕구에 대해 김이 좀 빠진 상태가 되는 것이다. 그래서 전처럼 자기 욕구에 대해 병적으로 집착하거나 추구하지 않는다. 무리하게 집착하지 않으므로 부작용도 훨씬 줄어든다.

정혜신 _ 그래, 아빠에 대한 맘을 접어버리고 살면 더 속 편하지 않을까 하는 그 마음도 이해가 되지만, 나는 지혜 씨가 두려워하는 그 마음도 너무 절절히 와 닿네요.

황지혜 _ (침묵, 눈물)

정혜신 _ 마칠 시간이 거의 되었지요? 오늘 어떠셨어요?

신미수 _ 처음 하는 경험인데, 되게 힘이 많이 되는 거 같아요. 제 얘기들을 풀어내는 게 속이 편하면서도 어느 정도 걱정도 되고 그랬는데, 내가 지금의 지인들한테 이런 얘기를 하면 이런 분위기로 잘 받아서 이것을 소화해줄 수 있었을까, 이런 생각도 하게 돼요. 그렇게는 안 되지 않을까. 이 모임이 끝나면 이런 경험이 다시 단절되니까 또 답답해지지 않을까, 이런 생각도 들고.

정혜신 _ 그렇게 당겨서 걱정할 만큼 지금 좋은 느낌이 있었나 보네요. 어떤 게 구체적으로 그랬어요?

한 사람이 경험한 치유적 요소를 함께 공유하는 것은 다른 이에게도 치유적이다.

신미수 _ 그때 선생님이, 저희 아빠 얘기, 신발장 얘기 했을 때, 그때 어린 미수 마음이 어땠을까, 그렇게 물으셨거든요. 어렸을 때 저의 느낌으로 얘기한 게, 저는 되게 신선했어요. 아, 내가 내 감정을 얘기했구나 그런 느낌이요. 항상 머리로 판단을 다 하고 정리를 다 해서 표현하는 것만 해봤는데, 진짜 내 마음, 내 생각, 내 마음에서 나오는 내 생각, 여기서는 계속 그렇게 얘길 하는 거 같아요. 내 마음에서 나오는 생각. 내가 이렇게 느꼈고, 이런 상황이고 이런 거. 예. 전에는 내가 사람 같은 모형을 하고 있는 로봇 같았는데, 이제 좀 온기가 느껴지는 사람 같았어요. 그런 게 참 좋았어요.

정혜신 _ 음, 그랬군요. 아 좋다. 그 말을 듣는 순간 우리 몸에도 온기가 죽 퍼지는 것 같네.

신미수 _ 제가 제 생각들을, 이렇게 솔직한 내 얘기들을 주위 사람들한테도 잘 안 하니까, 듣는 입장이 더 많은 편이거든요. 그러니까 뭐, 어떻게 해서 힘들다 뭐 때문에 짜증이 났다 어쩌고저쩌고 남의 얘기들을 다 듣다 보면, 결국은 내가 제일 편하게 살고 있는 거 같은 거예요. 그런 착각이 드는 거예요. 그래서 저는 웬만하면 제가 힘들다 안 그러고 살았거든요.

정혜신 _ 내가 힘들었던 얘기를 내가 들어본 적이 없으니까. 그랬으니까.

신미수 _ 그럴 수도 있는 거 같네요. 어 근데, 언니들 얘기를 들어보면 내가 또 엄살떨면 안 되겠구나 그런 생각도 한편으론 들었어요. 그래도 저는 어떻게 보면 부모님하고는 희망이 보이는 거잖아요. 두 분 사이는 어떨지 모르겠지만 부모의 입장으로서는 손을 내민 상황이니까.

정혜신 _ 숨통은 조금 트였다?

신미수 _ 예.

정혜신 _ 여러분들에게 떠오르는 '사소한 것들', 스스로는 지금까지 사소하다고 생각했기 때문에 그렇게 구석에 쟁여놨던 거 같아요. 전혀 사소하지 않았어요. 지금 얘기도 그렇고요. 여러분에게 자꾸 떠오르는 것은 어떤 기억이더라도 다 이유가 있는 겁니다. 그걸 아는 건 매우 중요해요. 어쨌든 지난번보다 오늘은 상대적으로 더 편안하게 얘기했던 거 같아요. 다음 시간에는 더 편안하면 좋겠네요. 기대할게요.

황지혜 _ 사실 저는 그 앞 얘기 싹 지나갔고요. '누가 대체 아빠가 내 결혼식에 온다고 했냐' 그 얘기만 머리에 남아 있어요. (좌중 터지듯 웃음) 좀 뭔가 뒤통수 맞은 느낌. 약간 그런 느낌. (양미란 씨를 바라보며) 잘못되었단 얘기 아니에요. 되게 간단한 문제를 나 혼자 평생의 짐인 양, 그러고 살았을까 그런 생각도 들고요. 음 그러네요.

정혜신 _ 어린 딸의 입장이었으니까요.

황지혜 _ 네. 참, 미수 씨한테 하고 싶은 말이 하나 있어요. 꼭 아빠한테 가서 진짜 얘기 좀 해. (웃음 섞어) 얘기 만약에 하게 되면 꼭 나한테 얘기해줘요. 내가 대리 만족이라도 하려는 건가? (웃음) 퍼부으라는 얘기는 아니에요. 무엇이든. 그냥 미수 씨라도 아빠랑 얘기했으면 좋겠다는 생각이 들어요.

정혜신의 힐링톡

어쩔 수 없는 한계에 대한 자각과 인정 이후에 따라오는 것은 '우울'이다. 오랫동안 갈망하던 것을 포기해야 한다는 걸 받아들이면 맥이 풀리고 무력감이 들고 우울해진다. 당연하다. 이때의 우울은 치유의 과정에서 매우 중요하다. 성찰과 치유의 과정을 제대로 밟고 있다는 증거이기 때문이다.

이런 순간에 무기력해지고 멍해지는 자신을 보면서 '내가 뭐 잘못된 거 아냐? 이러면 안 되는데' 하며 자신의 상태에 대해 잘못된 해석을 하게 되면 문제가 더 꼬인다. 마음껏 우울하고 마음껏 무력해도 된다. 충분히 그러고 나면 간절했던 그 욕구로부터 심리적 거리를 갖게 된다. 포기할 부분은 포기하고 받아들일 부분은 받아들이고 나면 그 욕망과 욕구에 더 이상 휘둘리지 않게 된다.

정혜신_

미란의 방어적인 태도는
미란의 상처는 가려주지만
결국 미란을 더 외롭게 하고 있다.
아, 안타까워라.

황지혜_

단 한 사람만 저 사람이
저렇게 약한 사람이라는 거 알아줬다면
저렇게 지금 이 자리에서
철철 눈물을 흘리고 얘기를 했을까.
그런 생각을 했어요. 단 한 사람만.
누군가 단 한 사람만 있었으면.
정말 세상에 단 한 사람만 있었으면.

네 번째 세션

내 마음을 알아주는
누군가와 함께 존재하는 순간

상처 대신 웃음

정혜신 _ 한 주간 어떻게 지내셨어요?

황지혜 _ 저는 그 마지막에 미란 씨가 한 얘기가 계속 생각이 나는 거예요. 저는 정말. 그거 물어봤느냐고. 그거 왜, 그냥 왜, 그게 계속 떠오르면서 괜히 피식피식 웃는 거 있잖아요. 엄마한테도 그랬어요. 엄마 오늘 상담 가서 이런 얘기를 했는데 한 친구가 그랬다 그러니까, 엄마도 피식 웃으면서 "그러게 왜 고민했을까, 우리가. 아하하." 그러는 거예요. 뭐라 그럴까, 그 말이 언젠가 내가 고민해야 될 문제지만, 지금은 안 해도 돼, 라는 그런 의미도 되고, 그다음에 나한텐 되게 무거운 짐이었는데 다른 사람의 시각으로 그게 아니라는 생각이 드니까 뭔가 이렇게 훅 뚫리는 느낌 있잖아요. 며칠 시도 때도 없이 그 생각이 나 피식피식 웃으면서 지냈어요.

정혜신 _ 좋은 느낌이네요. 가볍고.

황지혜 _ 네. 그냥 그 얘기가 문득 생각나면 피식 웃고.

정혜신 _ 그러면서 미란 씨 얼굴이 몇 번 떠올랐겠다.

황지혜 _ 그 표정이 너무 생생해요. (와하하)

정혜신 _ 어땠어요, 그때?

황지혜 _ 본인은 진지한데, 표정이 너무 엉뚱한 거 있잖아요. 우리가 보통 얘기하는 사차원적인 표정까지 같이 떠올리니까 너무 웃긴 거예요. 미란 씨 덕분에 잘 지냈어요.

양미란 _ 다행이에요. 상처가 아니고 웃음으로 승화되어서. (와하하)

정혜신 _ 말할 때는 상처가 될지도 모른다고 생각했던 거죠?

양미란 _ 그때도 말할 때 머리로는 맞을 것 같다고 생각하면서 얘기를 하긴 했지만, 제 생각에는 그렇게 오랫동안 진지하게 막 고민하지 않아도 될 거 같아서요. 그래서 말하자 싶었죠.

황지혜 _ (끄덕끄덕) 나는 왜 그랬을까. 보통 시나리오를 A, B, C, D를 써 가면서.

정혜신 _ 지금 생각해보니 A, B, C 시나리오들에 대해서 어떤 생각이 들어요?

황지혜 _ 그런 것들이 나한테는 큰 문제였는데, 그때 가서 고민을 해도 되는 일이잖아요. 그게 내일이 될지 1년 후가 될지 몇 년이 될지 결혼은 아무것도 모르는 거잖아요. 그리고 그때 배우자가 이해를 해줘서 그런 문제들이 아무렇지 않게 넘어갈 수도 있고.

정혜신 _ 네, 그럴 수 있죠.

황지혜 _ 뭐 여러 가능성은 있는데, 혼자 모든 시나리오를 끌어와서 만들고는, 뭐하러 그랬을까. 허무하기도 하고. 부질없다는 표현이 맞는 거 같아요.

집요하게 잡고 있던 무언가를 놓은 사람이 느끼는 경쾌한 허무. 당연히 그럴 거야, 지혜.

정혜신 _ 한발 빼고 이렇게 보니까 피식할 정도로 부질없다는데. 또 그 당시에는 어떤 마음 때문에 그랬을까요?

황지혜 _ 일단은 그런 아빠와의 문제가 나에게 굉장히 큰일이었으니까 제가 다 대비를 하고 있어야 한다고 생각을 했죠. 제가 할 수 있는 선에서는. 근데 또 다시 돌려서 생각하면 그 상황을 대비한다는 자체가 말이 안 되죠. 세 가지 상황을 세 가지로 나누면 아홉 가지나 나올 수 있는데. 근데 그때는 그래야만 하고, 그렇게 대비를 하고 있어야만 내가 내 마음을 다잡고 각오를 하고 문제없이 지낼 수 있다고 생각을 했죠.

강박의 근원은 불안이다. 어린 지혜가 그 당시 어떻게 불안하지 않을 수 있었을까. 어린 지혜의 불안을 생각하면 지금 지혜의 강박, 백번도 더 이해할 수 있다.

황지혜 _ 에너지도 아깝고.

정혜신 _ 되게 아까운 모양이다. 어떻게 느꼈어요, 해인 씨는?

김해인 _ 저도 그렇게 부정적인 생각을 하다 보면 더 스트레스가 되고 일을 안 해도 생각만으로도 에너지가 빠져나가는 그런 느낌이 많은 거 같아요. 이런 생각을 하다 보면 이게 확산이 돼서 점점 부정적으로 빠져들어요. 마치 늪에 빠지는 것처럼요.

정혜신 _ 근데 지금 지혜 씨, 그 피식피식 있잖아. 그 일에 대해서 완전히 한 발 빼고 이렇게 볼 수 있게 돼서 지금 얘기를 하는 거지요? 예전에는 시간이 아깝다, 억울하다, 그런 느낌이 들 겨를도 없었죠?

황지혜 _ 시나리오를 세우면요, 한번 A라는 시나리오를 세우고 끝나는 게 아니고, 그걸 계속 리바이벌을 해야 하니까요.

정혜신 _ 머릿속에서.

황지혜 _ 그죠. 계속 생각하고 거기서 다시 가지 치고, 거기서 다시 한 번 모이면 다시 또 다른 시나리오 A를 만들고. 또 이런 상황이 벌어지면, 거기에서 또 하나 가지 치고. 그게 얼마나 아까운 시간들이에요.

지혜가 자신의 상황에서 거리를 가지고 여유롭게 바라본다.

우리는 자신의 상황을 바라볼 때 감정 이입 용도의 현미경도 필요하고, 동시에 나와 거리를 두고 바라보는 망원경도 필요하다. 망원경적 시각이 치유적으로 작동하는 이유는 아주 간단하다. 20층 빌딩 위에서 땅 위로 지나가는 사람과 차들을 보면, '뭐가 바쁘다고 저리 움직이나' 하는 조감력(鳥瞰力, bird's eye view)이 생긴다. 절로 사람과 삶에 대한 연민이 생긴다. 지상에서 함께 길을 걷고 있을 때는 함께 종종걸음을 하게 되지만 위에서 아래를 내려다보면 나 자신을 종종걸음 치는 군상의 일부로 또렷이 인식할 수 있게 된다. 자신을 객관화하고 일반화할 수 있게 되는 것이다. 나를 (하나의 개별적 존재로 바라보는 시각이 가장 중요하다는 사실이 대전제된 상태에서) '사람' 일반의 존재로 객관화해서 보는 또 다른 시각을 가질 수 있다면, 그래서 나와 내 상황에 대해 일정한 거리를 가지고 볼 수 있다면. 그 거리가 주는 핵심 미덕은 '연민'이다. 나란 존재에 대해 여유로운 거리를 확보한 채 연민할 수 있다. 연민('저런저런, 이 사람(자기) 참.' 이런 마음)은 자신을 따뜻하게 응시할 수 있는 중요한 시각이다.

신미수 _ 저는 혼자 되게 웃겼던 게요. 집에 가는 도중에 그 '임금님 귀는 당나귀 귀' 이야기가 생각나는 거예요. (와하하하) 제가 임금님 귀는 당나귀 귀라고 말을 하고 돌아가는 그런 느낌? 그게 이제 딱 해결이 되니까 그냥 사람들 만나고 되게 편안하고요. 저는 제가 무슨 말 하고 무슨 행동 했을 때 이 사람이 어떻게 생각할까 이런 걸로 되게 신경을 썼는데, 많이 편해진 거 같아요. 나는 이래라고, 뭐 그냥, 내 안의 틀을 정해놓고 내가 이렇게 해야 된다고 했던 틀이 많이 완화가 된 것 같아요. 이렇게도 한번 해볼까? 괜찮네?
정혜신 _ 아 그랬구나. 미란 씨는 들으면서 무슨 생각 하세요?

양미란 _ 미수 씨 말고 다른 분들 중에 이렇게 큰 변화가 생긴 분들이 또 계실까, 라는 생각이. 저는 그냥 늘 똑같거든요. (웃음) 언니는 약간 마음의 짐을 더신 거 같고. 다른 사람들은 어떨까 그런 생각이.

정혜신 _ 그게 왜 궁금해졌어요?

양미란 _ 왜냐하면 다른 분들은 이렇게 변화가 있는데, (에헤헤) 저는 되게 변화가 없고. 근데 뭐 변화, 제가 생각해봤는데, 사실 되게 솔직히 말하면요. 저는 이직을 끝내놓고 성공적으로 새로운 프로젝트가 끝나서 좀 여유가 생겼어요. 새로운 거 도전하는 거 되게 좋아하거든요. 여기 신청하게 된 것도 되게 엄청나게 큰 문제가 있고 힘들어서 그렇다기보다는 여기 한 번 참여해보면 좋겠다, 재미있겠다, 한 번도 안 해봤으니까, 그런 생각으로 일단 왔거든요. 사실 저한테 문제가 있는지 없는지는 잘 모르겠는데요. (멋쩍은 웃음) 솔직히 마음에 짐이랄 게 없어서.

미란은 아직 자신이 하고 싶은 말이 무엇인지 명료하게 알지 못한 채 막연한 불편함만 느끼고 있는 것 같다. 미란의 무의식이 감지하는 불안과 고통이 미란을 이 자리까지 오게 했지만 미란은 아직 상담실 문 밖에서 서성이며 문 안으로 들어오지 못하는 것처럼 느껴진다.

정혜신 _ 또 어떤 가능성도 있을 수 있을까?

양미란 _ 제가 원래 어떤 면에서는 되게 둔하고 무디거든요. 혹시 내가 변화를 모르고 있나? 그런 생각을 하면서 들었어요.

정혜신 _ 여기 계신 분들한테 한번 물어볼까요?

양미란 _ 예.

정혜신 _ 어떤 게 제일 궁금하세요?

양미란 _ 다른 분들은 변화 같은 게 있었는지 궁금해요.

김해인 _ (웃으며) 솔직히 말하면요. 전 사람이 많아지면 이야기하기가 힘들어져요. 위축된다고 해야 하나? 오히려 일대일일 때는 말하기가 쉬운데, 이렇게 보는 눈이 많으면 말하기가 쉽지 않아져요. 한 명은 이렇게 바라보면서 이야기를 할 수 있으니까, 눈을 본다든가 행동을 보면, 내가 말을 해도 이해하겠다라든지, 더 편안한 느낌이 드는데, 많은 사람을 보면 눈에 다 들어오지도 않고 그러니까 뭔가 작은 반응에도 더 신경이 쓰이기도 하고, 그래서 때로는 긴장이 돼요. 내가 잘하는 걸까 하는 생각이 들기도 하고요. 이 모임에 참여하면서 변화라기보다 저 같은 경우에는 여기 오고 나서 하루 정도는 참 좋아요. 이제부터 사람들에게 나를 꺼내놔야지 하다가 한 이틀 삼 일 흐르면 다시 원래대로 꽁꽁 잠갔다가 여기 와서 또 좀 풀어졌다가 또 돌아가면 또 하루 괜찮았다가 다시 그래요.

정혜신 _ 괜찮은 그 하루에는 어떤 마음들이 드나요?

김해인 _ 내가 조금 더 마음을 열고 표현을 해야겠다. 요즘 언니가 좀 더 예민해요. 언니가 지금 간호사로 일하는데, 수간호사로 승진하는 데에 문제가 있는 것 같아요. 그래서 저한테 더 많이 이야기를 해요.

정혜신 _ 무슨 얘기를 하세요?

김해인 _ 병원 일의 안 좋은 점. 싫은 환자들. 또 이번에 과장님이 바뀌면서 수간호사 승진이 힘들어졌다는 이야기. 하여간 언니가 받고 있는 스트레스를 저한테 죄다 얘기해요. 지금 같이 일하는 다른 간호사를 수간호사 시키려 하는 거 같다고 막 짜증을 내요. 병원에서는 티를 못 내잖아요. (활짝 웃음) 내가 너무 자세하게 이야기 하나? (활짝 웃음) 언니가 잘해야 된다는 부담감은 있는데 또 말도 하고 싶은 대로 못하고, (활짝 웃음) 투정도 못 부리고 하니까 그걸 저한테 와서 이게 안 좋다 안 좋다, 얘길 하니까. 언니가 처리할 건 언니가 하면 좋은데 그게 안 되니까 쌓이고 쌓이고, 그런 언니의 부정적인 기운이 계속 저한테 넘어오는 게 힘들어요. 그래도 전보다는 조금 더 표현하는 쪽으로 되는 것 같아요.

양미란 _ 정도의 차이는 있지만 다들 조금씩 변화해가는 거 같아요.

정혜신 _ 그런 느낌을 받으면서 미란 씨 마음이 어떤데요?

양미란 _ 솔직히 말하면, 조급함이나 부러움이나 그런 건 없는 것 같아요.

정혜신 _ 갑자기 뭐 확 부러워지거나 그럴 것까지야 뭐 있겠어요? 뭐 그런 적극적인 감정은 아니더라도 우리 똑같이 시작했는데 나만 좀 그렇네 그러니까 마음이 어떤지 해서요.

양미란 _ 진짜, 정말로 생각이 없어요. 솔직히 거기에 대해서 아무런 생각도 안 들어요.

정혜신 _ 처음엔 호기심으로 시작을 하셨다고 했는데, 이렇게 한 번 한 번 더 나올 때는 어떤 마음으로 오시는 거예요.

미란에게 자신을 조금이라도 직면하도록 해보자. 호기심으로만 나왔을 리 없으므로.

양미란 _ 첫 번째는 호기심이었고, 두 번째는 내가 고쳐야 될 부분이 있나 그런 생각을 했죠.

정혜신 _ 어떨 때 그런 생각이 들었어요?

양미란 _ 저번에 책 이야기 했을 때, 갑자기 말이 막혔을 때. 선생님한테 첫 번째 지적을 당했을 때. 그때 뭔가 뜨끔하면서 (웃음) 움츠러들기도 하고, 그리고 얘기를 할 때 저는 원래 일단 뱉어놓고 생각하는 게 있는데, 요즘은 좀 신중해진 느낌이에요. 이 말이 맞을까? 살면서 그런 적이 많이 없었는데, 사실 아직 제 일상에 변화가 있는지는 잘 모르겠지만, 여기 와서 세션 하는 그 시간만큼은 어떻게 보면 그것이 변화라고 할 수 있는 거 같아요. 하고 싶은 말 다 하는 게 아니라.

정혜신 _ 보통 때 같아선 쭉쭉 했는데 무엇 때문에 그걸 그렇게 조심했던 걸까 궁금하네요.

양미란 _ 일단은 듣는 연습을 해야겠다는 생각도 들었고요.

정혜신 _ 그런 생각은 왜 했는데요?

양미란 _ 계속 이렇게 의기소침한 기분일 때, 선생님이 많은 이야기를 하시는 건 아니지만, 가끔씩 하시는 말이 마음에 박히거든요. 또 많이 하시는 말이 '그런 느낌이었겠구나' 그런 말을 많이 하시더라고요. 정말 공감해주는 거 같았어요. 선생님과 이야기를 하면서 나중에 다른 사람들하고 상담 같은 걸 할 때 선생님 하시는 것도 좀 잘 보고 그래야겠다, 그런 생각도 하기도 하고, 또.

정혜신 _ 또?

양미란 _ 지혜 언니가 말을 되게 재미있게 하시잖아요? 그래서 괜히 끼어들었다가 재미없어지면 민망해질 거 같은 거예요.

정혜신 _ 그런 소심함도 있었네.

양미란 _ 그런 것도 있고 복합적으로요. 왠지 평소보다는 말을 거침없이 하지는 않는 거 같아요. 좀 말을 듣자. 그런 게 많은 거 같아요.

정혜신 _ 그런 자기의 모습이 좀 어때 보여요? 양미란이 이런 모습도 있네 그러면서 그런 모습이 어떻게 느껴지나요?

양미란 _ 많이 낯설죠. (웃음) 변화를 전혀 못 느꼈었는데, 요즘 선생님이랑 이야기하다 보니까 최소한 내가 이 시간만큼은 평소의 나랑 달라진 게 있다는 걸 지금 처음 깨달았어요.

정혜신 _ 그렇구나. 그 모습이 지금 낯설다, 그런 느낌도 들었고. 또 어떤 느낌이 있었을까?

양미란 _ 상담하고 나서 좀 달라지는 면이 있으면 회사도 좀 편하겠구나 싶어요.

정혜신 _ 마음 같아선 상담 후에 어땠으면 좋겠는데요?

양미란 _ 제가 항상 하루 종일 켜놓고 있는 메신저에 대화명을 그때그때 기분에 따라서 해놓아요. '물렁하게', 일기에도 '올해는 좀 물렁하게' 그런 말을 많이 써놓거든요. '좀 참고 얘기하자. 내 얘기만 하는 게 아니라 좀 듣고 하자.' 솔직하다는 핑계 아래 남한테 상처 주는 말을 한 적이 많은데 좀 자제해야겠다는 생각도 했었거든요. 그렇게 보면 이런 경험이 좀 도움이 되겠다는 생각도 해요.

아직 미란은 자신의 의지적인 결심, 다짐 등의 얘기는 하지만 깊은 감정은 내놓지 못한다. 미란의 방어벽을 조금 더 두드려 보자.

지혜를 도와 미란을 도울 수 있다면

정혜신 _ 솔직하다는 것 때문에 상처 줬다 그랬는데, 혹시 그런 것과 관련해서 떠오르는 거 있어요?

양미란 _ 아까 해인 씨 이야기가 좀 인상적이었어요. 언니가 계속 투정하시는 걸 들어야 되잖아요. 진짜 스트레스예요. 대학 친구가 있어요. 사실 그 친구는 전문직이거든요. 저도 연봉이 좀 되는 편이지만 그 친구는 정말 돈 걱정 없이 살아도 돼요. 집도 부자예요. 자기 시간도 많고 경제적으로 여유 있고, 걱정이 하나도 없을 것 같은데, 그 친구는 항상 저한테 전화를 해서 모든 걸 부정적으로, 그 주위 사람들 뭐 친구들, 형제들 얘기를 항상 부정적으로 하는 거예요. 근데 저는 거기에 대해서 '니가 잘못한 거다'라는 충고를 항상 하는 식이었어요. 그러다가 어느 날 약간 폭발해서.

정혜신 _ 누가 폭발한 거지?

양미란 _ 제가요. '니가 잘못된 거 같다'라고 말을 하면서 '내 생각에는 나한테 이럴 게 아니라 정신과 같은 곳에서 상담을 받아보는 게 좋을 거 같다'라고 말했더니, 그 친구가 사실은 상담을 받고 있었다는 거예요. 약도 먹고 있고. 그 말을 듣고 있으니까 되게 후회가 되는 거예요. 얘가 병원 갈 정도로 되게 힘든 애였는데, 내가 그걸 너무 직설적으로, 얘가 필요한 거는 자기 입장에서 공감해주고 자기표현을, 그냥 자기표현이 필요했던 건데, 나는 만날 이성적으로 누가 잘못했고 누군 잘했고 그랬구나, 깨달았죠. 상담은 공감을 바탕으로 해야 되는구나 하고.

정혜신 _ 친구랑 '얘기를 한다'고 안 하고 '상담을 해준다'고 표현을 하네요?

양미란 _ 왜냐하면, 항상 전화를 하면 한 한 시간 정도 계속 저한테 불평불만을 쏟아놓거든요. 저는 따로 대응할 게 없어서, 그냥 추임새만 넣어요. 그걸 듣다듣다 너무 짜증이 나면 '니가 잘못한 거다' 이런 식으로 얘기를 하는, 저는 그걸 상담이라고 생각했어요. 아니면 친구가 뭔가 문젯거리를 안고 있는 걸 저한테 얘기를 하는 경우도.

정혜신 _ 여자들은 친구끼리 그렇게 많이 하지 않나요?

황지혜 _ 그런 경우 많잖아요.

양미란 _ 네.

황지혜 _ 저도 그런 경우 많아요.

양미란 _ 네.

황지혜 _ 그건 맞고, 이건 틀리다. 이래라 저래라 조언을 하고 나면 미란 씨 본인은 어떤 생각이 들어요? 나는 그렇게 말하면 좀 찝찝하거든요. 친구에게 조언을 하긴 했지만 친구한테 했다는 기분보다는 그냥 일방적으로 말한 기분 때문에요. 정말 찝찝해요.

정혜신 _ 어떤 마음 때문에 찝찝한 거예요?

황지혜 _ 대화는 서로 눈을 쳐다보고 탁구 치듯이 말이 왔다 갔다 해야 되잖아요. 그런데 그것보다는 그냥 이렇게 스매싱 한 번 치고 그냥 끝내버린 듯한 그런 느낌. 저는 그런 느낌이 드는데 혹시 미란 씨는 어떤 느낌이 드는지, 미란 씨 얘기 들으면서 궁금했어요.

지혜가 미란에게 '어떻게 느끼냐'고 묻는다. 햐, 좋아라.

양미란 _ 저는 최대한 이성적이고 객관적인 상태에서 바른 말을 해주고 싶어요. 평소엔 그렇게 말을 하고 나서 말하는 나나 듣는 개나 서로 흡족하게 보통 끝을 내요.

정말 그랬을까? 미란만 그렇게 생각했던 건 아닐까. 그렇지만 이런 내 느낌을 지금 얘기하는 것은 적절치 않다. 미란이 더 강하게 방어하게 될 것이므로.

황지혜 _ 저도 처음에는 그랬어요. 얼마 전까지만 해도 이게, '너랑 얘기하면 속이 시원해' 약간 우쭐한 느낌도 있고.

양미란 _ 예에.

황지혜 _ 어느 순간부턴가 스매싱하고 딱 돌아서버린 듯한 느낌이 들었어요. 마음속에 자꾸 남아요. 그 친구는 나름 흡족하게 돌아갔을 수도 있는데 왜 나는 계속 이런 느낌이 남을까.

양미란 _ 왜 그럴까요? 계속 쳐내고 끝낸 것 같아서?

황지혜 _ 약간 우쭐한 느낌도 있지만. 솔직히 대화를 했다기보다는 일방적인 느낌이 드는 게 마음에 남아요.

양미란 _ 그 친구가 흡족해했는데도 일방향이에요?

황지혜 _ 그 친구의 감정보다는 내 감정이죠. 시시콜콜한 이야기를 해도 재미있는 대화를 한 기억이 있어야 하는데, 충고로 끝내고 나면 그런 즐거움은 확연히 덜한 듯한 느낌이 남는 거죠.

정혜신 _ 그렇죠. 그럼요.

　　　　　　크게 끄덕끄덕 깊이 공감하며 지혜 애기를 지지하고 있는 내 입장을 적극 전달한다. 지혜의 건강한 성찰 기능을 소리 나게 격려하면 지혜의 그 힘이 미란을 조금 흔들어볼 수도 있으므로. 미란을 돕기 위해 지혜를 적극 돕는다.

　　　　　　내가 지혜 뒤에서 수동적으로 묻어가려는 건 물론 아니다. 지혜를 도와 미란을 도울 수 있다면 결과적으로는 둘을 모두 돕는 길이 되기 때문이다. 돕는 자는 자신이 누군가에게 도움을 주는 존재가 되었다는 느낌에서 오는 자기 가치감의 상승으로, 도움받은 사람은 정서적 보살핌과 지지를 바탕으로 자기 문제에 대한 깨달음도 얻게 되기 때문이다.

이런 식의 도움은 권위 있는 치료자에 의한 일방적인, 소위 전문적인 도움을 받을 때보다 훨씬 더 치유적이다.

김해인 _ 그런데 해결책을 주려고 대화를 하면 그 해결법이 떠오르지 않아서 듣는 사람이 더 찝찝한 느낌이 들 때도 있어요. 때로는 들어주다 보면 내가 꼭 해결법을 제시해줘야 하나? 이렇게 생각을 할 때가 많은 거 같아요. 그게 부담스러워서 얘기가 끝나도 좀 그렇고. 그런데 상대방은 그게 다를 때가 있는 거 같아요. 그러니까 그냥 맞장구쳐주기만을 원할 때도 있고, 해결책을 원할 때도 있는 거니까. 그게 또 다른 거 같아요. 정말 화가 났거나 그럴 때는 맞장구쳐주고 같이 욱해주고 그런 게 좋은 것 같은데.

어떤 때 맞장구가 적당하고 어떤 때 해결책이 중요할까?

"남편이 지금 물건을 부수고 아이와 나를 때리려고 해. 나 어떡해?" 하는 다급한 전화를 받았다면 "남편 말리려고 하지 말고 당장 아이 데리고 집 밖으로 무조건 피해. 내가 지금 그쪽으로 갈게!"라고 나는 해결책을 말할 것이다. 응급 상황에서는 '너 얼마나 힘드니?'가 아니라 빠른 해결책이 우선이다. 이런 다급한 상황을 제외한 거의 대부분의 경우는 정서적 맞장구가 먼저다. 사람은 자기 감정이 충분히 공감받고 인정받는다고 느낄 때 가장 합리적이고 현실적으로 사고한다. 정서적 공감은 현실을 가장 담백하게 인정하게 하는 마술 같은 힘을 가지고 있다.

김해인 _ 저는 직설적으로 이야기를 못하니까 아마 듣고 있었을걸요? 이렇게 부정적인 얘기도 그냥 처음에 들을 때는 맞아, 진짜 그렇지, 하고 공감도 하는데, 길어지면 길어질수록 점점 지친다고 해야 하나? 저희 언니도 전화하면 그러거든요.

정혜신 _ 언니 같은 경우는 다른 경우지요.

공감을 해주는 것과 그냥 들어주는 것은 다르다.

김해인 _ 예, 언니랑 떨어져 살 때가 있었어요. 언니가 지방으로 취업한 적이 있었거든요. 지방에 있을 때도 한번 전화를 하면 한 1시간에서 1시간 반을 전화를 해요. 그 와중에 언니가 얘기를 다 하고, 저는 응응 대답만 하죠. (활짝 웃음) 이것밖에 없어요. 최근에 독서 모임에서 만난 친구랑 친해져서 가끔 만나는데, 그 애 말이 저랑 무슨 대화를 하는지 모르겠다고. (활짝 웃음) 응, 응, 아니, 하는 말만 하니까요. 언니 이야기는 주로 듣기만 하니까 가끔 그게 오래 지속되다 보면, (활짝 웃음) 한 30분, 이 정도는 주의 깊게 듣다가도, (활짝 웃음) 이제 슬슬 대화 내용이 귀 밖으로 바로 빠져나가요. 이야기 들으면서 다른 생각을 한 적도 많아요.

정혜신 _ 그럴 때는 어떻게 해요?

김해인 _ (활짝 웃음) 딴생각을 해요. 딴생각을 하고 일부러 집중하지 않으려고 노력을 해요. 언니가 얘기할 때.

정혜신 _ 화를 내면 어떻게 되는데요?

김해인 _ 너 나랑 이야기하는 게 싫어? (활짝 웃음) 그런 식으로 말해요.

정혜신 _ 그러면 그다음에는요?

김해인 _ 그러면 전 그냥 들어요. (활짝 웃음)

정혜신 _ 어떤 마음으로 들어요?

김해인 _ 언제 끝나나 하면서 조용히. (활짝 웃음)

정혜신 _ 안 들으면 어떻게 되는데요.

김해인 _ 그냥 들어요. (활짝 웃음) 때때로 대답을 안 하면 안 한다고 뭐라고 하고. (활짝 웃음) 제가 딴생각을 하면 이제는 말하는 사람이 알아채는 경우가 있어요. 가끔 언니가 알아채라고 일부러 그럴 때도 있거든요.

정혜신 _ 해인 씨 의견을 우회적으로 전달하는군요.

김해인 _ 방법이 없으니까요. 어렸을 때부터 그랬으니까, 언니한테는 그러면 안 된다는 생각을 했으니까요. 언니가 가끔 카페에 가서 커피를 마시자고 해요. 그럼 또 이야기를 시작하는 거죠. 솔직히 제가 들으면 또 따분한 병원 이야기예요. (활기차게) 언니가 말이 길어지면 언니가 보라고 핸드폰 시계를 봐요. 근데 언니는 누구랑 이야기를 할 사람이 별로 없으니까 계속 이야기를 해요. 그러다 보면 제가 잘 안 듣는다는 걸 느끼면 막 화를 내고요. 그나마 기분이 좀 괜찮으면 "가자!" 그래요. 근데 기분이 안 좋은 날은 막 따져요. 사실 제가 뭐라고 해도 신경질을 내니까 말을 하기 싫거든요. 이 말을 해도 화낼 거 같고, 저 말을 해도 화낼 거 같고, 아무 말도 안 하고 있으면 그럴 때는 또 대답을 강요해요.(활짝 웃음) 무슨 이야기를 하면 잘 듣지를 않는다고 화를 내고 또 딴청을 부린다고 화내고. 그래서 속상할 때가 많아요. 끝까지. (활짝 웃음)

양미란 _ 되게 괴로울 거 같아요. 정말 너무너무 괴로울 거 같아요. 전 그냥 그러면 그만하라고 해버려요. 그 친구가 항상 말도 안 되는 부정적인 얘기를 할 때는 저도 되게 힘들었거든요. 그 시간이 아깝고 억울하니까. 근데 그걸 나는 1년에 몇 번이지만, 해인 씨는 거의 어릴 때부터 계속이었으니.

해인의 언니는 동생과 대화를 하는 것이 아니라 언어적 배설을 하고 있다. 그렇게 될 수밖에 없었던 해인 언니의 사연도 길고 길겠지만 일방적인 배설을 들어주고 있는 것은 무의미한 일이다.

대화나 소통은 상대가 있는 게임이다. 소통의 전제는 '나도 있고 너도 있다'는 단순한 사실이다. 소통은 '나도 있지만 너도 있다는 것, 너도 있지만 나도 있다'는 사실을 인정하는 것에서 시작된다. 나만 있고 너가 없는 경우, 너만 있고 나가 없는 경우라면 무늬만 대화일 뿐 소통은 이미 끊어진 상태이다. 아무런 의미도 없고 도움도 안 된다.

만약 해인이 언니 애기를 듣다가 화를 내기 시작한다면 진짜 대화는 그때부터 시작이다. 해인이 언니의 부당함에 화를 내지 못한 채 참고 있는 단계에선 둘 사이 관계에 '언니'만 있고 '해인'이 없다. 대화가 아니다. 막혀 있다. 언니에게도 이건 대화가 아니다. 자기만 있고 타인의 존재를 전혀 인정하지 않았으므로 대화가 아닌 일방적인 언어 배설이다. 해인이 화를 내기 시작한다면 '언니'만 있던 둘 사이에 비로소 해인의 '나'가 등장하는 것이고 이 지점부터 대화의 기본 조건이 갖추어지는 셈이다. 해인이 언니에게 화를 내면 언니가 폭발하거나 대화가 끊길 거라 생각하지만 사실 그때부터 대화가 시작되는 것이다.

미란. 친구 얘길 무조건 참고 있다가(극단적으로 '나'가 없다) 마지막에 폭발하는 것('나' 없이 계속 존재할 수 있는 인간은 없으므로. 임계점을 넘으면 극단적으로 '나'만 있는 상태로 폭발한다)은 대화가 아니다. 어느 상황에도 '나와 너'의 존재가 함께 있지 않기 때문이다. 대화의 형태를 띠고 있지만 사실 두 가지 상황은 모두 자폐적이다. 너만 있거나 나만 있다. 상대와 내가 함께 존재하는 순간이 없다. 극단적으로 숨을 참고 있다가 더 이상 참기 어려울 때 갑자기 내뿜는 호흡처럼 편안한 숨결이 존재하지 않는다.

미란은 부모와의 관계에서는 '나'만 있고 '너(부모)'가 보이질 않는다. 친구와의 관계와 다르다. 미란의 관계는 극단을 오간다. 얼음물과 끓는 물만 있다. 따뜻하거나 시원한 영역이 없다. 어느 관계에서도 기분 좋게 몸을 담그거나 편안하기가 어려울 것 같다. 그런데 미란은 자신의 이런 극단적인 특성의 한 축을 '자신감, 당당함'으로 잘못 알고 있다.

의존적인 사람이 싫어요

신미수 _ 저는 제가 엄마랑 오밀조밀한 관계를 되게 요구하는데, 엄마가 오히려 얘기를 잘 안 들으세요. 어느 날은 제가 MBTI 검사를 했는데, 나는 내향적이라서 이런 성향이라서 이런 반응을 보이며 산다, 엄마랑 나는 이렇기 때문에 이런 부분에서 좀 안 맞고 그러니까 같이 이해해보자고 이런 얘기를 하려고, MBTI의 네 가지 성향에 대해서 진짜 열심히 설명하고 있었어요. (웃음) 근데 엄마가 갑자기 전화를 했어요. 나는 기분이 나빴는데, 엄마는 갑자기 생각났다고 전화를 하는 거예요. 나는 그게 너무 기분이 나빠서 말문이 딱 막히더라고요. 근데 엄마가 다시 "어 그래 계속 해봐" 그러는데 말을 하기가 싫더라고요. 그냥 들어가버렸거든요. 엄마는 말을 할 때도 엄마만의 순서가 있어요. 저는 엄마한테 무슨 얘기를 해도 그러니까 저는 1, 2, 3, 4, 5 문장을 이렇게 순서대로 얘기한다면 엄마는 막 3, 5, 1 이렇게 얘기를 하거든요. 그러니까 그런 게 항상 되게 답답했거든요. 어느 날은 엄마는 대체 한국말을 어떻게 배웠기에 어순이 다르냐고, 예를 들어서, 밥을 먹으러 간다고 엄마가 얘기를 하면, "나와" 그래요. "어디에?" "밖에 어디로 와" "왜? 거기 왜 가는데?" 그러면 "밥 먹으려고". 이렇게 계속 제가 질문해야 되는 거예요. 처음부터 몇 시에 뭐를 먹을 거니까 여기로 나와, 이렇게 얘기해주면 되는데 그게 안 되니까 서로 너무 답답한 거예요. 뭐 그런 거. 근데 오히려 해인 씨는 언니가 얘기를 너무 많이 하는데 동생은 너무 힘들고, 저는 서로 얘기하고 싶은데 엄마가 그걸 못해주고. 참, 양쪽 너무 극단적으로 서로 힘들구나.

정혜신 _ 잠깐, 이래도 저래도 다 힘든 거지 뭐, 그런 식으로 정리하고 넘어갈 건 아니에요. 아까 미수 씨도 얘기했지만, 미수 씨는 엄마한테 다가가는데 엄마가 안 다가오고, 해인 씨는 언니가 너무 많이 침범해 들어오고요. 근데 양적인 측면에서만 그런 게 아니라 해인 씨는 언니와의 관계에서 질적으로 더 힘든 무엇이 있는 것 같죠. 그러니까 이래도 저래도 다 힘든 거지 그렇게 정리하고 그냥 넘어갈 문제는 아니에요.

황지혜 _ 전 엄마랑 전화하면 기본 한 시간이에요. 기본이 한 시간. 오죽하면 제가 지정 번호 할인제를 신청했어요. (웃음) 전화기가 막 뜨거워져서 귀가 타는 느낌. 제 전화기는 전자파도 많은데.

김해인 _ (활짝 웃음) 휴대폰이 뜨거워질 정도로. 저는 배터리 갈고 다시 전화할 때도 있어요.

신미수 _ 전 미란 언니 이야기가 좀 궁금해요. 친구한테 얘기를 털어놓는다는 건 진짜 혼자 삭이지 못해서 털어놓는 거잖아요. 근데 그게 답을 구하려고 힘든 게 아니라 그냥 내 감정이 힘들어서 얘기를 하는 건데, 바로 답이 주어지면 그게 감정이 딱 정리가 되는지. 저 같은 경우에는 아니거든요.

양미란 _《화성에서 온 남자 금성에서 온 여자》에서 남자와 여자의 성향을 안 다음부터는 그래도 조금씩은 노력을 하고 있어요. 일단 어찌되었든 간에 편을 들어줄 수 있으면 편을 들어주자. 이런 생각을 가지고 있어도 갑자기 변하지는 않고. 이번 주에도 뭐 했느냐고 물어보셨는데, 새로 연애를 시작한 친구가 있어요. 또 가족 문제로 고민하는 친구도 있고요. 그 친구들 상담을 했어요. 자꾸 고민거리를 저한테 얘기를 하니까. 근데 상황이 때때로 달라요. 제가 객관적인 이야기를 하는 걸 좋아하는 사람이 있고, 이야기한 자체로 시원해하는 사람도 있고요. 물론 괴로운 사람도 있고 좋은 사람도 있어요. 그런데 저랑 이야기하면서 힘들었던 사람이 또 저한테 전화를 하는 거예요. 저도 그게 좀 이해가 안 가는데, 그 친구가 하는 말이, 힘들고 괴로울 때 가장 늦게 생각하는 게 저래요.

정혜신 _ 그게 무슨 말이에요?

양미란 _ 그러니까 힘든 일이 있을 때, 예를 들면 해인 씨 같은 상대가 있으면 이 친구한테 가장 먼저 전화를 하는데, 저는 마지막에 떠오르는 사람이라는 거죠. 그럼 (웃음) 저한테 전화를 왜 하는지. 그럼 왜 나한테 전화를 하는데, 그랬어요. 그 말을 듣고 되게 기분이 나빴어요.

정혜신 _ 서운하고 좀 쓸쓸하고 그랬겠다.

미란, 여전히 방어적이다. 친구 전화를 '끊자고 못해서' 몇 시간씩 듣고 있는 그것을 미란은 '상담'이라는 그럴듯한 이름을 붙여 놓은 거였다. 미란, 조금 더 기다려줘야 할 것 같다.

황지혜 _ 나는 다른 사람이 그런 이야기를 하면 스매싱을 날리고 진짜 우쭐하면서 찝찝했는데, 정작 나한테 그런 문제가 생기면, 상대방이 특별한 게 아니더라도 뭔가 이렇게 같이 느끼고 있다는 말이나 행동을 해주는 게 좋더라구요. 아! 그걸 공감이라고 하는구나! 직접적으로 느껴지는 충만한 느낌. 그런데 '그게 아니야. 이렇게 해봐'라고 말을 하면 불편해요. 딜레마 같은 게 좀 있어요. 남과 나의 차이에서 오는. 저는 사실 주변에 이런 친구들이 늘어가니까 정작 내가 힘들 때는 들어줄 친구가 없다고 느껴져서 허해요. 내가 무슨 해우소야? 지들 힘들 때 와서 다 쏟아붓고 휑 가버리고. 저도 사람이 그리울 때가 있어요. 아무 말 하고 싶지 않아도 들어주는 사람이 그리운 날, 정작 그런 날은 아무도 없어서 약간 서운해지는 게 있더라고요. 미란 씨도 혹시 그렇지 않을까 하는 생각이 계속 들더라고요.

양미란 _ 서운함이요?

황지혜 _ 그러니까 미란 씨 문제에 대해서 얘기를 할 때도 누군가가 미란 씨처럼 그렇게 막 하는 게 더 편한지, 아니면 정말 말 한마디 안 하고도 추임새 넣으면서 공감을 해주는 게 좋은지. 어때요? 왜 친구들이 계속 미란 씨가 그렇게 판단을 해주고 그러면 계속 미란 씨 주변에 모이잖아요. 그런 상황들이 닥칠 때마다. 근데 본인도 정작 그런 누군가한테 하소연하고 싶을 때가 있잖아요? 그러면 그런 사람이 많아지면 많아질수록 나 같은 경우에는 내가 정작 누군가 필요할 때 없으면 서운함이 더 커져요. 지들 힘들 때는 다 나한테 와서 기대놓고. 정작 아무도 들어줄 사람도 없고.

양미란 _ 그 힘는 고민 상담했던 친구한테 전화하면 안 돼요? 그 친구 만나거나? 저는 보통 그렇게 해요.

황지혜 _ 아, 네. 아, 근데 솔직히 상처받기 싫어요. 나는 시간을 내가면서까지 다 해줬는데 뭔가 사정들이 있어서 안 된다고 하면 그 서운함이 저한테 되게 커지더라고요.

양미란 _ 아, 그렇구나.

김해인 _ 서운하지.

양미란 _ 전 그래서 일기를 쓰면서 풀기도 해요. 만약에 마음속에 응어리진 게 있으면. 친구한테 말을 할 수도 있지만. 전, 보통 혼자 해결하는 것 같아요. 친구한테 말을 하는 것보다는, 글을 쓰다 보면은 정리가 되는 경우가 많거든요.

미란에게는 '친구라는 틀 속에서 만나는 친구 같은 이'가 있을지 모르지만 진짜 친구는 없는 것같이 보였는데. 미란, 이제 솔직한 속내를 살짝 보여준다. 반가워라.

황지혜 _ 그럼 뻥 뚫려요? 속이 풀려요?

양미란 _ 그냥 어느 정도요. 글 쓰거나 걸으면서 생각하기를 즐겨요. 제가 걷는 걸 되게 좋아하거든요. 사실 혼자서 뭐든 해결하려는 게 어렸을 때부터 강했어요. 예를 들면 공부를 할 때도 엄마 아빠가 도와줄 수 있는 환경이 못 되었거든요. 그러니까 숙제든 뭐든 간에 혼자. 그리고 제일 싫어하는 게 남한테 의존하는 사람. 의존적인 사람이 싫어요.

정혜신 _ 그랬군요. 어렸을 적부터도.

양미란 _ 네.

정혜신 _ 구체적으로 얘기해줄래요? 미란 씨가 말하는 '남한테 의존하는 사람'이라는 건 어떤 사람인 거예요?

양미란 _ 그냥 의존적인 사람이 싫어요. 혼자 할 수 있는데, 누가 도와주기를 계속 바라는 사람. (혼자 웃음) 학교 다닐 때도 그런 애들이 싫었어요.

정혜신 _ 본인이 할 수 있다 없다를 어떻게 판단하죠? 어떻게 판단하는 편이에요?

양미란 _ 지금 구체적인 상황이 딱히 생각은 안 나는데, 아마 순전히 제 판단이었겠죠? 그러니까 제 눈으로 봤을 때는 나는 할 수 있는데, 저걸 못해, 하는 생각이 들었던 거 같아요.

정혜신 _ 조금 더 구체적으로 얘기를.

양미란 _ 예를 들면 중학교 때 가정 숙제 같은 거 있잖아요. 불평을 하면서 엄마한테 시킬 생각만 하고 그랬어요, 애들은.

정혜신 _ 그런 애들 보면 마음이 어땠었어요? 어떤 마음이 들었어요?

양미란 _ 좀 억울했죠.

싫다가 아니라 억울하다고 한다. 이건 더 개별적이고 특별한 이유가 있는 감정이다.

성혜신 _ 억울하다는 거는 어떤 뜻이에요?

양미란 _ 나는 내가 다 하는데, 쟤는 저렇게 쉽게, 구렁이 담 넘어가듯 어물쩍 넘어가잖아요.

정혜신 _ 그런 애들이 얄미울 수 있지요. 그럴 것 같아요. 그렇긴 한데, 억울하다는 표현을 할 때는 좀 더 특별한 이유가 있었을 수 있을 것 같네요.
양미란 _ 아니요. 별로. 그냥 저는 늘 제가 혼자 하는 게 익숙하니까.

다시 문을 닫는다.

정혜신 _ 도와줄 수 있는 사람이 없는 편이었어요?
양미란 _ 엄마 아빠가 학교를 다니지 않으신 분이었기 때문에 공부는 제가 스스로 혼자 해결했고 그러다 보니까 다른 것도 다 제가 했죠. 여기도 다 아르바이트 하셨겠지만, 대학생인데 등록금은 못 벌어도 용돈까지 부모님한테 손 벌리고 그런 게 정말 안 좋아 보였어요.
정혜신 _ 그랬었군요.

무학인 부모. 사연이 많았겠구나, 미란.
어린 미란이 가졌을 상처의 근원, 무기력의 근원, 독립심(?)의 근원이 안개 속에서 조금 모습을 보인다.

양미란 _ 계속요. 연애를 할 때도 일할 생각도 없이 부모님한테 등록금을 바라는 남자 친구가 싫었어요. 좀 한심해 보였달까.
신미수 _ 저도 그러거든요. 친한 친구 동생이 배낭여행을 보내달라고 떼를 쓴대요. 사실 그 친구 집안이 형편은 좋은데, 그 친구는 정말 한 번도 집에 기댄 적이 없거든요. 그런데 동생이 너무 심하게 그러니까 친구도 힘들어했어요. 엄마 카드를 들고 나가서 유행하는 옷을 마음대로 사고. 동생은 스물다섯이 되는 동안 알바는커녕 어떻게 하면 집에 있는 돈을 쓸까 고민이래요. 그 친구 동생은 지금까지 단기 알바 딱 한 번 했어요. 계속 일을 구할 거야, 구할 거야 말하면서 매일 집에서 놀고, 매일 게임하고 있대요. 그러면서 배낭여행 가게 돈 달라고 조르고. 저는 그게 진짜 되게 한심해 보였거든요. 쟤는 왜 저렇게밖에 못 살까. 저는 스무 살 넘어서는 부모님한테 돈을 받는 것 자체가 너무 자존심이 상했어요. 제가 독립할 수 있는 나이가 됐으니까 그 정도는 내가 당연히 벌어 써야지, 이렇게 생각을 했고. 제가 궁하지 않은 이상 손은 안 벌렸거든요. 그런데 저는 친구 동생을 보면서 이해를 할 수가 없었고, 주위에 그런 친구들 있으면 왜 쟤는 저렇게밖에 못 살지, 그런 생각을 했거든요. 근데 이런 반응은 뭐지? 내가 많이 꼬였나?

정혜신 _ 어떤 점이 꼬였다는 건데요?

신미수 _ 부모님이 계속 용돈을 줄 수 있는 상황이면 그냥 쉽게 그렇게도 살 수 있는데 내가 그걸 너무 부정적으로 바라봤나, 그런 거? 저는 당연히 성인이 되면 각자의 길은 스스로 책임을 져야 한다고 생각했거든요. 제가 너무 억지로 생각했나 하는 생각이 들었어요.

정혜신 _ 그런 생각을 강하게 먹게 된 동기 같은 것들이 있었을 거 같아요. 그 자체가 옳다 그르다에 대한 판단은 뒤로 밀어두자고요. 어떤 계기가 있었을까.

신미수 _ 그냥 스무 살 넘어가면서 계속 저는 되게 강해야 된다는 생각을 많이 했던 거 같아요.

정혜신 _ 음. 그랬구나.

신미수 _ 그냥 주위에 있는 모든 사람들이 다 사라져도 나 혼자 살아가야 하니까. 그런 생각을 했던 것 같아요.

정혜신 _ 주위에 있는 사람들이 사라질 가능성을 상상했었나요?

신미수 _ 네. 가족들이 사라지거나 아니면 남자 친구랑 헤어지거나. 친구랑도 싸워서 헤어진다거나. 그래도 나는 혼자 살아야 되니까.

황지혜 _ 처절하다. 사실 스무 살도 애잖아요. 이제 주민등록증 식었겠구만. 주변 사람들이 사라지면 혼자 살아야 한다고 생각하다니, 처절해.

정혜신 _ 그것도 혼자 힘으로.

황지혜 _ 우리나라는 스무 살이 혼자 못 살아요. 최저임금도 못 받는데, 길이 없지. 길이 없어. 생각할수록 처절하네.

정혜신 _ 음, 그렇죠. 마음이 짠하네. 오죽하면 그 나이에 그런 생각을 했을까.

신미수 _ 이 생각에 이렇게까지 반응을 보인다는 게 저는 더 놀라운 것 같아요. 나한테 당연한 게 남한테는 놀랄 일이구나.

김해인 _ 저도 진짜 가난했거든요. 언니가 벌긴 했지만 둘이 살았으니까. (활짝 웃음)

정혜신 _ 슬픈데도 또 활짝 웃네.

김해인 _ (활짝 웃음) 헤헤.

황지혜 _ 진짜 활짝 웃네. (웃음)

김해인 _ (활짝 웃음) 전 거의 포기했거든요. 그 정도였기 때문에 저는 어렸을 때부터 두 가지가 겹쳤었어요. 저도 지금까지 제가 벌어서 먹고살고. 전 제가 벌어 제가 쓰면 좋겠다고 생각하면서 살고 있거든요. 저 같은 경우는 대학 때는 장학금을 받기도 했고, 웬만큼 알바를 하면 감당할 수 있는 정도의 등록금만 내도 되는 상황이라서 그래도 편히 대학을 다녔고, 중고등학교 때는 돈이 들지 않았고, (활짝 웃음) 그래도 학생 때는 넉넉하지 않고 언니랑 저랑 벌어도 힘들었으니까 항상 돈에 눌려서 살았어요. 그러니까 저는 언니한테 '내가 뭐 하고 싶어' 하고 편하게 말할 수도 없었고 그럴 상대도 아니었거든요. 뭘 하고 싶으면 (목소리 떨리며) 내가 돈을 벌어서 해야 한다는 그런 생각으로 살고 있는데. 대학생 때도 용돈 받아서 사는 아이들 보면 보통 하고 싶은 것들을 마음껏 하잖아요. 아 정말 부럽다. 저렇게 살면 좋겠다. 이런 생각이 되게 많이 들었거든요. 그랬는데 좀 생각이 다른 거 같아요. 같은 어려운 상황 속에서도, 미수 씨는 독립심이 강한 거 같아요. 어떻게 보면 저는 의지하고 싶은 마음이 있으면서도 나는 그래도 혼자 해야 돼, 그런 마음으로, 이제 나는 내가 내 걸 챙겨야 돼, 그러면서도 부러워하는 마음이 많이 있었던 거 같아요.

어려운 시절을 거치며 누구보다 독립적으로 살았고 그래서 그렇게 살지 못하는 사람을 비난하게 되는 미수, 어려운 시간을 보낸 만큼 누군가에게 더 많이 의지하고 싶은 속마음을 가진 해인. 사람마다 자신이 한 경험을 소화해나가는 방식이 다 다르다. 그게 사람이다.

그 사이, 미란은 다시 숨죽이고 있다. 말머리를 다시 속으로 삼키고 있다. 자신을 더 드러내 보이기 어려운가 보다.

정혜신 _ 그 어린 나이에 여러분이 가졌던 마음들, 그 마음을 먹게 되었던 그 배경들 때문에 마음이 많이 아프네요.

황지혜 _ 저도 사막에 갔다 놔도 꼭 혼자 살아남아야 한다는, 그러니까 비빌 언덕이 없으니까 나 혼자 잘 살아야 되는 거야, 라고 생각하며 살았어요. 사실 뭐 부모님이 돈 잘 벌고 그러면 내가 뭐 사고 치고 가서 돈 달라 그럴 수도 있는 건데, 비빌 언덕이 없으니까, 내가 그때 그 비빌 언덕이 없이 막 그렇게 정신없이 살면서 나는 무조건 살아내야 돼, 그랬는데 그 때 생각이 나서 한숨이 나고, 처절하다는 생각이 드는 거예요.

정혜신 _ 그 시절의 지혜도 참 처절했구나. 힘들었구나. 그걸 지금 우리가 같이 느끼게 되네요.

황지혜 _ (미수를 보고 고개를 숙이며 나직하게) 머리로가 아니라 정말 마음으로 너무 공감 간다.

정혜신 _ 지금 그 말은 어떤 의민가요. 좀 특별하게 들리네요.

황지혜 _ 갑자기 그런 느낌이 들었어요. 박카스 먹은 것처럼 쑥 내려가는 거 있잖아요. 화한 느낌처럼요. 처음 느껴봤어요. 이런 게 공감인가 봐요. '아무도 없어도, 내 옆에서 모두 다 사라져도' 뭔가 이런 얘기에 공감이 또 한 번 이뤄졌으니까. 지금 이런 베이스를 갖게 되었으니까 다음에는 지금보다 더 즐거울 거란 소망이 생겨요. 희한한 느낌이다. 하하.

공감이란 게 무엇인지 처음으로 경험한다는 지혜. 한 사람 삶의 역사적 순간이란 게 있다면 바로 이런 순간일 것이라고 나는 느낀다. 남들 보기엔 흔적도 보이지 않는 사소한 순간일 수 있지만, 지혜의 치유적 경험이 무척 진하다.

정혜신 _ 와! 의미 있는 실감이고 정말 반가운 얘기네. 미수 씨는 지금 무슨 생각 하고 있어요?

신미수 _ 으흐흐흐.

정혜신 _ 아까 사실은 그때 그 처절하다 이런 느낌, 참 안쓰러웠어요. 진심으로. 그러다가 아까 미란 씨가 얘기한 가정 시간 과제를 엄마나 누가 해주는 거 보면 화도 나고 억울하다는 말, 이것도 되게 와 닿았어요. 오늘 우리가 함께 얘기를 나누면서 내 마음속에 가시처럼 계속 걸려 있는 얘기에요. 어린 나이에 그런 생각이 들었을 땐 반드시 어떤 이유가 있었을 거예요.

황지혜 _ 전 아까 그런 느낌을 받았어요. 공부는 부모님이 도와주지 못했다고 그랬잖아요. 근데 보통 가사는 바느질 이런 거잖아요. 그건 엄마들이 어쨌든 나보다 낫잖아요. 근데 그거조차도 왜 그랬을까 싶었어요.

양미란 _ 저는 집안일 같은 건 솔직히 완전 꽝이거든요. 집에 있을 때는 엄마의 도움을 받는데, 어떻게 보면 그건 되게 의존적인 건데, 공부하고 밖에 나가서 하는 거, 일하는 거, 이런 것들, 학교생활 이런 거는 철저하게 남의 손 웬만하면 안 빌리고 내가 하자, 이런 주의였거든요. 그래서 '남한테 의존하지 말자' 그런 게 집안일 빼고 다른 모든 분야로 옮겨간 거 같아요.

황지혜 _ 혼자 하면 좋아요?

양미란 _ 그러니까, 저는 자식 낳으면 용돈을 안 줄 생각이거든요. 대학생이 되면. 그러니까 나도 혼자 했고. 부모님한테 달라고 하면 받을 수 있었을지도 모르죠. 그래도 그냥 나는 내가 할 수 있으니까 내가 돈 벌 수 있는데 남한테 손 벌리기 싫었던 거예요.

황지혜 _ (웃으며) 부모님이 남이야.

양미란 _ 저는 어릴 때부터 엄마 아빠한테 뭘 사달라고 한 적이 한 번도 없어요.

정혜신 _ 언제부터요?

양미란 _ 아주 어렸을 때부터도. 뭐 인형 사달라고 그런 거 졸라보지 않았어요. 다른 애들은 엄마 아빠 졸라서 인형도 막 사고, 좋은 신발도 신고 그랬는데, 저는 그걸 보면서도 단 한 번도 아빠 엄마한테 옷 사줘, 뭐 사줘, 그런 적이 없거든요. 그러니까 부모님한테도 물질적인 면은, 등록금은 받았지만, 그건 어쩔 수 없는 거였고, 뭐 사달라고, 뭐 돈 달라고, 준비물 말고는 뭐 돈 달라고도 안 하고. 그래서 내가 그랬기 때문에.

정혜신 _ 왜 그랬어요?

양미란 _ 그러게요. (웃음) 그냥 싫었어요. 엄마 아빠가 찢어지게 가난한 건 아닌데, 힘들게 육체노동 해서 돈 버시는 걸 알아서 그런 건지.

정혜신 _ 어떤 일을 하셨어요?

양미란 _ 아빠는 택시 하시고요, 엄마는 작은 분식집을 했어요. (웃음) 엄마 아빠 돈 힘들게 버는데, 그래서 항상 집에 불 켜져 있으면 제가 먼저 끄고 다니고, 다 잠그고 불 다 끄고 다녔거든요. 되게 가난한 건 아니었지만, 그냥 낭비라든가 이런 게 되게 싫었어요.

미란의 특성으로 미루어보건대 미란이 하기엔 무척 힘든 애기다. 그런 애기를 지금 하고 있다.

정혜신 _ 음. 그랬구나.

양미란 _ 그래서 이런 저의 기준을 자꾸 남한테도 적용을 시키는 거 같아요. 친구나 뭐.

정혜신 _ 그랬군요. 그래서 친구 사이에서 더 외로워질 수도 있었을까?

양미란 _ 제가 친구들한테 연락을 먼저 잘 안 하는 스타일이에요. 그쪽에서 연락 와서 만나자고 해야 만나고 남이 전화해야 전화하고. 집에서도 사실 저는 제 위주로 있어요. 집에 오면 혼자서 그냥 인터넷 하거나 혼자서 일기 쓰는 게 좋고. 그러다 보니까 옛날에는 다가오는 사람들이 있었는데 이제 직장 다니면서는 인간관계가 얕아지면서 외로움을 타는 거 같아요. 그렇다고 만날 사람이 아예 없다거나 그런 건 아니에요. 그래도 요즘은 제가 먼저 안부 문자나 전화나 만나자는 말을 좀 해요. 옛날에는 거의 안 했어요. 아니면 보통 남자 친구 많이 만나고. 근데 남자 친구 없이 지낸 지가 좀 됐으니까. 내가 말로만 듣던 노처녀가 됐구나. (웃음)

미란이 다시 본류에서 벗어난다. 힘든가 보다.

양미란 _ 그런 생각도 들고, 왠지 나는 크게 불편하지 않은데 진짜 좀 약간 루저 같기도 하고. 좀 그런 거랑 복합적으로.
정혜신 _ 루저? 어떤 때 그런 느낌을 받는데요?
양미란 _ 직장에서 동료들하고 회의를 하다 보면, 툭툭 던지는 말들이 있어요. 사실 그 사람들은 나름 이 분야에서 자신도 있는 사람들이고 어디 가서 꿇리는 사람들이 아니니까 좀 자신감이 있어요. 왜 애인이 없느냐부터, 저는 일을 잘 해보려고 회의 때 의견을 내면 욕심이 너무 많아서 문제다, 이런 식으로 얘기하면 거기서 또 상처받고, 남자 친구라도 있어서 그쪽에 마음을 두면 직장에서 벌어지는 일들이 크게 신경이 안 쓰일 텐데 그렇지도 못하니까 이런 데서 상처를 더 많이 받고 그러는 거 같아요. 그리고 이번 직장에 이직하고 나서는 저한테 맞춰주는 동료가 거의 없어요. 굴러온 돌 같은 느낌이 많이 들어요. 그래서 그거 때문에 많이.

미란이 다시 환부를 보이며 얘길 한다. 더 공감하고 지지하고 격려하고 싶어진다. 많이 힘들 테니까.

외로움, 두려움의 근원

정혜신 _ 그랬군요. 음. 남들은 잘 눈치채지 못할지 모르지만 나는 미란 씨가 강하다기보단 소심하고 여리다는 느낌이 더 많이 들어요. 그래서 맘이 더 짠하네요. 지금 얘기하면서 마음이 좀 어떤가요?

양미란 _ 마음이 좀 불편한 것 같아요. 헤헤.

정혜신 _ 뭣 때문에 불편한 것 같아요?

양미란 _ 정확한 이유는 잘 모르겠는데, 뭔가 잘못된 거 같기도 하고. 헤헤.

정혜신 _ 그간 우리가 만나면서 다른 분들의 이야기는 많이 들었는데 미란 씨 얘기는 많이 못 들었어요. 오늘 거의 처음 듣는 거죠. 오늘 이야기를 하다 보니 마음이 많이 불편한가 보네.

양미란 _ 기분이 나쁘거나 그런 건 아니고요. 하여튼 (웃으며) 왜 그런지는 모르겠어요.

정혜신 _ 어떤 부분이 마음에 걸려요? 얘기한 것 중에서?

양미란 _ 음. 사실 오늘 맨 처음에, 상담이라고 표현했을 때, 내가 또, 약간 위에서 내려다보는 식으로 사람들을 봤나, 그런 생각도 들고. 아까 미수 씨가 말한 거처럼, 나는 당연히 대학생이면 나 스스로 독립까지는 못해도 최소한 내 용돈 벌어 쓰는 건 너무 당연하게 여겼는데, 내가 배알이 꼬였던 건가, (웃음) 그런 생각도 들고.

미란이 친구들을 '상담해준다'고 한 데 대한 내 언급을 마음에 많이 담아두고 있다. 치료자의 반응에 무척 민감하다. 쉽게 데인다. 여린 사람, 미란.

정혜신 _ 미란 씨 맘에 그런 생각도 들었군요. 한번 찬찬히 짚어보죠. 마음이 어땠던 거 같은데요?

양미란 _ 그래도 생각이, 내 생각이 바뀔 것 같지는 않은데요. 남이 이렇게 생각하는 거에 대해서 '아 되게 이상하다, 틀렸다' 이런 건 아닌데, 예를 들면 내가 아기를 키우거나 할 때는 독립심 있고 자기가 스스로 하도록 키워야겠다는 생각은 맞는 것 같아요. 내가 여유 되면 용돈 줘야지 하는 게 아니라.

정혜신 _ 그거야 뭐 나중에 생각하면 되고.

김해인 _ 부러운 건 부러운 거지, 뭐. (웃음)

양미란 _ 불편함의 정체를 잘 모르겠어요.

정혜신 _ 음. 아직은 그런 것 같네요.

황지혜 _ 미란 씨한테 궁금한 게 있어요. 일단 첫 번째 이유는 내가 외로움이란 걸 잘 몰라요. 느끼긴 하겠는데 그게 무엇이라고 이렇게 안 잡혀서 물어보는 거고. 두 번째는 미란 씨 같은 사람은 참 외로움을 안 느낄 거 같은데. 외로움이라는 게 뭐예요?

미란은 뼛속 깊이 외로운 사람인데 미란 주위에 있는 타인은 미란을 접하다 보면 오히려 정반대로 미란을 인식한다. 이것이 미란의 외로움의 중요한 축일 수 있다. 미란의 방어적인 태도는 미란의 상처는 가려주지만 결국 미란을 더 외롭게 하고 있다.

양미란 _ 그러니까 저는 원래 뭐든 혼자서 잘해요. 밥도 잘 먹고 공연도 혼자 잘 보고 영화, 혼자서 여행도 가본 적도 있고, 그러니까 뭐 놀러, 좀 약간 먼 데로. 혼자서 되게 잘했고, 그렇게 살아왔는데, 그게 몇 년쯤 되니까, 익숙해진다기보다는 좀 이물이 나는 거예요. 그래서 아마 외로움의 가장 큰 이유는 제 생각에는 애인이 없어서인 것 같아요.

　　　　자기 외로움의 근원을 애인의 부재라는 외적이고 표피적인 현상 때문으로 진단한다. 아, 안타까워라.

양미란 _ 그게 제일 큰 것 같아요. 그 전까지 애인이 있었을 때는 되게 행복했거든요. 근데 그게 빠지니까, 다른 직장에 비해서 시간도 좀 많고 주말에는 거의 쉬니까 사람들도 좀 많이 만나면 좋을 것 같은데, 혼자니까 좀 아쉬워요. 물론 친구랑 해도 되지만, 친구랑은 시간 맞추기가 힘들어요. 그래서 그걸 맞추다 보면은 내가 스트레스를 받는 거예요. 공연은 보려면 시간 맞춰야 되고 그다음에 돈이 또 비싸면 그 친구는 못 보고. 그러니까 그런 경우. 근데 애인 같은 경우는 시간 맞추거나 그런 걸 할 필요가 없잖아요. 그냥 내가 하자 하면 같이 하면 되잖아요. 그래서 아마.

정혜신 _ 애인이면 진짜 다 그럴 수 있는 거예요?

양미란 _ 예!

김해인 _ 친구는 좀 이렇게 자신의 그걸 따지지만, 애인은 좀 헌신적으로, 하고 싶다고 조금 애교라도 더 부리면 그래 그러고 좀 많이 더 따라주잖아요. 친구보다는 그런 게 있는 거 같아요.

정혜신 _ 남자 친구와의 관계라는 것도 본질적으로는 사람 관계인 건데 그렇게 계속 하다 보면 시간이 흐르면 또 달라질 수 있지 않나?

양미란 _ 그럼 권태기 아니에요? 저는 그런 적이 거의 없어서.

미란, 다시 방어한다.

김해인 _ 그런데 애인하고는 왜 헤어졌을까. (웃음)

양미란 _ 뭐 예를 들면, 애인 같은 경우에는 당일 날 오늘 몇 시에 볼래 하면 나오지만, 친구 같은 경우에는, 보통 바쁜 친구 같은 경우에는 당일 약속 잡기도 힘들고, 또 여자들 중에 당일 약속을 잡으면 자신이 무시당했다고 느끼면서 되게 싫어하는 사람이 있대요. 진짜로. 그래서 그런 거 조심스럽기도 하고. 저는 당일 날 보자고 해도 좋다고 나가거든요. 근데 상대방은 다 그런 게 아니니까.

정혜신 _ 거절을 많이 당해봤군요.

양미란 _ 예, 당일 날이라서 안 된다고 하는 걸 들으면 거부당한 거니까, 기분이 안 좋죠. 그러면 그냥, 공연 같은 경우는.

미란 눈에 눈물이 글썽인다. 다른 사람의 눈물도 그렇지만 미란의 눈물은 너무 반갑다.

정혜신 _ 네, 잠깐만. 미란 씨 근데 지금 눈물이 나나 본데. 어떤 얘기에서 눈물이 났을까.

양미란 _ 뭐 공연 같은 경우에는 두 자리는 좋은 자리가 없고요.

정혜신 _ 잠깐만요, 얘기를 더 하려 하지 말고요. (잠시 모두 침묵) 내가 말을 끊어서 미란 씨가 당황할 수 있는데, (미란, 눈물을 닦으며) 좀처럼 만나 볼 수 없는 미란 씨 감정이어서요. 어떤 얘기에 눈물이 났는지 혹시 기억해요?

양미란 _ 거절당하고 그런 거. (계속 눈물 닦는다)

정혜신 _ 음 괜찮아요, 괜찮아. 천천히. 우리는 이보다 열 배는 더 함께 울었잖아요. 괜찮아요.

황지혜 _ 미란 씨가 우니까 가슴이 더 아프다. 내가 그런 건 아니지만.

양미란 _ 언니만 안 울었어요. 이제 한 번 남았는데 어떻게 해요. 한 번은 울어야지. (눈물을 닦는다)

정혜신 _ 자, 미란 씨 자신에게 집중해볼까요.

양미란 _ 자존심이 세고 그래서요. 좀 나름 가장 합리적인 방법으로 일을 끌고 나가고 싶은데 그걸 누가 안 따라주면 되게 힘들어요.

정혜신 _ 요즘 뭐가 힘들어요?

양미란 _ 저는 수만 가지 다 생각해서 생각해낸 가장 최상의 방법인데, 정말 이게 맞는데, 확실한데, 근데 그걸 좀 안 따라주면, 예를 들면 친구를 만나기로 하면, 저는 머릿속에 계획을 다 짜오는 거예요. 어딜 가고 뭘 먹고 이걸 해야지. 근데 이게 맘대로 안 되면, 만약에 친구가 뭘 하나 태클을 걸어서 안 되면 그런 게 너무 속상하고. 저는 좀 뭐 주도하고 싶은 성향이 강해서 그게 안 되면 되게 많이 힘들어하는 것 같아요.

정혜신 _ 주도하지 못하는 상황이 된다는 건 거절당하는 거다?

양미란 _ 날 무시했단 느낌에.

정혜신 _ 무시당하는 느낌이.

양미란 _ 예. 다른 사람의 이견을 들었을 때 기분 나쁜 영역이 있고, 또 별로 뭐 아무렇지 않은 영역이 있어요. 자존심과 결부될 때 기분이 나빠지는 것 같아요. 회사 이야기를 하자면 저희가 마케팅 팀인데, 총 4명이 한 팀이에요. 근데 저 말고 다른 사람들이 자기네들끼리 있을 때는 되게 재미있게 얘길 하는데, 제가 딱 끼면 뭔가 분위기가 갑자기, 말 되게 잘하던 사람인데 말이 없어지는 느낌? 그게 제가, 그냥 제 느낌이었는지 진짜 그들이 그랬는지는 모르겠는데, 왜 그럴까, 노는 문화가 달라서 그런가, 내가 싫은가? 그렇다면 내가 왜 싫지? 막 이런 느낌.

정혜신 _ 말한 대로 취향이 달라서 그럴 수도 있겠지요. 그런데 미란 씨의 두 번째 가정 '내가 싫어서 그런가'를 생각해보자면, 만약 그렇다고 한다면요. 내 어떤 점 때문에 그 사람들이 나를 꺼려할 수 있다고 생각하나요?

양미란 _ 그 사람들이 불편했는지 제가 그들이 불편했는지 모르겠는게요. 그 3명은 다 성격이 엄청 강한데요. 제가 성격 강한 사람들은 또 힘들어요. 자기주장 굉장히 강하고 할 말 다 하고 그런 사람들이거든요. 저보다 더 강해요. 그래서 어쩌면 그것 때문에 제가 그 사람들이 불편했었을 수도 있을 거 같아요.

그 사람이 나를 불편해할지도 모른다는 생각을 다시 뒤로 밀어넣는다. 자기가 그들을 불편해했다고 생각한다. 미란이 무언가를 다시 피하고 있다. 그들이 강해서 미란이 불편했던 것이 아니라 미란 자신이 불편하니까 그들을 강하다고 생각하는 것 같다.

양미란 _ 그러니까 그 사람들이 저를 만약에 싫어했다면 그 이유가 뭔지는 잘 모르겠는데요. 아니면 비슷한 이유로 제가 잘 안 따라가주니까 그런 것일 수도 있을 거 같은데.

정혜신 _ 미란 씨가 아까 그들이 강해서 불편하다고 했는데, 그들의 어떤 모습이 그렇게 느껴진 거예요?

양미란 _ 한마디 하면, 그냥 그러고 말면 되는데, 그걸 되게 신랄하게 비판을 해요.

정혜신 _ 구체적으로 얘기해본다면.

양미란 _ 예를 들면 제가 일을 좀 오해했어요. 4시까지 기획안을 내는 건데, 그걸 오해하고 다른 뜻으로 오해해서 이야기를 했더니, "제가 그렇게 말했잖아요!" 이런 식으로. 그랬을 때, 전 당황했거든요. 제가 나쁜 의도로 한 말이 아니었는데, 딱 그 말을 들었을 때.

정혜신 _ 그 사람이 자기 입장을 배려하지 않고 얘기했다고 느꼈나 보네요.

양미란 _ 예. 저는 그래서 그때 좀 상처를 받았어요. 그래서 나중에 제가 가서 얘기를 했죠. 그때 이게 그게 아니었는데, 나는 이런 의미로 듣고 그렇게 했었다. 그랬더니 '아니 뭐 괜찮다'고, 그 사람은 기억을 못하더라고요. 근데 그 당시의 그 사람 말투와 말의 내용이 좀 무서웠어요.

정혜신 _ 무서웠다.

양미란 _ 이 사람이 날 평소에 싫어해서 이런 조그만 일에 나한테 이렇게 반응하나? 그런 거. 제가 의외로 되게 소심한 것 같아요. (목소리가 떨리면서 울먹거리며) 남한테 할 말 다하면서도 남한테 비춰지는 내 모습에는 되게 예민한 거 같아요. 특히 저 같은 경우는 하루에 몇 번씩 회의를 해야 되거든요. 그런데 누가 절 싫어한다 그러면 되게 신경이 쓰여요. 그 사람들 기호를 내가 다 맞출 수가 없는데. 그게 또 동료면 괜찮은데, 남자 상사들은 정말 단순하고 사람 감정을 생각 안 해요. 어떻게 보면 저랑 비슷할 수도 있는데, 하고 싶은 말 다 그냥 하는 거예요. 상처받든 안 받든.

정혜신 _ 미란 씨가 그런 상사들의 특성을 자신과 비슷하다고 하네요.

양미란 _ 저도 좀 약간, 일단 말부터 하는 그런 것도 있으니까. 근데 저는 그들만큼 막 하는 건 아니죠. 그래도 약간의 거름은 있는데.

계속 자기 어려움의 근원을 외부적 요인에서 찾는다. 마치 그것들이 문제의 핵심인 것처럼 인식한다. 그럴수록 더 불안해진다. 남들은 내가 다 통제할 수 없으므로.

정혜신 _ 사람들이 나에 대해 어떻게 생각하는지가.

양미란 _ 그게 되게 중요해요. 자존심하고 결부되면, 평판이 안 좋으면 그냥 내가 꺾이는 것 같고.

정혜신 _ 그 순간의 그 느낌이 어느 정도로까지 느껴지나요.

양미란 _ 누가 저를 싫어하는 것 같으면 너무 괴로워요.

정혜신 _ 얼마나 괴로워요? 누구나 나를 싫어하면 괴롭지 않은 사람 없잖아요. 그런데 미란 씨가 말하는 맥락은 내 느낌에는 우리가 흔히 얘기하는 그런 정도를 훨씬 벗어나는 괴로움인 것 같아요. 아까 무섭다는 표현까지 할 정도로.

양미란 _ 글쎄, 괴로움을 어떻게 표현할까요. 그냥 너무 힘들어요. 그래서 힘들면 보통 문화생활을 하는 쪽으로 가는 거 같아요. 그래서 혼자 공연을 보러 가고 영화를 보고 아니면 혼자 걷고. 엄마한텐 그런 얘기 안 해요.

정혜신 _ 왜요?

양미란 _ 그걸 말로 풀어내기가 되게 어색하고, 보통 문제가 발생하면, (눈물을 닦으며) 구체적인 문제가 발생하면, 그때는 친구들한테 얘기를 하는데요. 근데 이런 외로움 같은 그런 감정은 딱히 답이 없잖아요.

정혜신 _ 답이 없으면 말할 수 없다고 생각하는구나.

양미란 _ 아, 약한 모습이잖아요, 그런 거는. 그냥 저 혼자 삭이거나 아니면 다른 활동 같은 걸 통해서 저 혼자 스스로.

정혜신 _ 오랫동안 그러느라고 참 외로웠겠네. 정말 힘들고 외로웠겠네.

양미란 _ (고객 숙인 채 한동안 눈물, 전원 침묵)

정혜신 _ 다른 사람들과의 관계에서 내 얘기 하면서 눈물 흘린 적이 혹시 있어요?

양미란 _ 없는 거 같아요.

정혜신 _ 예.

양미란 _ 지금 좀 낯설어요.

정혜신 _ 그렇겠네. 당연히 그럴 것 같다.

양미란 _ 낯서니까 불편하고.

정혜신 _ 뭔가 잘못된 것 같고 그렇지요?

양미란 _ 문제라고 생각 못했는데 갑자기 문제가 되어버린 것 같아요. 이맘때 되면 친구들도 시집 많이 가고. 그래서 다들 게시판 같은 데 또래 여자들 글을 읽어보면 외롭다는 말을 많이 봤거든요. 맘 터놓을 사람이 없다. 외롭다. 친구들 만날 사람도 없다. 그래서 그냥 다들 그런 거, 그런 건가 보다. 저도 뭐 친구 없는 건 아니니까. 예. 친구랑 약속 잡고 그러긴 그러는데 또 되게 깊은 곳에서는 그런 외로움이 있었나 봐요.

미란의 성찰적 발언. 정말로 반가워라.

정혜신 _ 미란 씨한테는 정말 이런 얘기가 힘들었겠다. 그런 느낌이 오늘 말하는 내내 전해져왔어요. 그럼에도 불구하고 이렇게 얘기한 거는 정말로 용기 있는 거예요. 정말로 힘든 일을 한 거 같아, 미란 씨가. 지금 내가 마음속으론 기립 박수를 치고 있었어요.

양미란 _ (웃음) 너무 음. 선생님이 계속 (웃음) 외롭겠다, 외롭겠다 그래서 그래서 그런 얘기를 자꾸 더 꺼내게 된 거 같아요.

정혜신 _ 왜 내 탓을 해. (웃음)

양미란 _ 그게 아니라. 일부러 이렇게 하신 거예요? 아니면 그런 제 맘을 처음부터 그렇게 느끼신 거예요. 다른 사람들도 그렇게 느꼈나?

정혜신 _ 궁금하면 다른 분들에게 물어보세요.

양미란 _ 제 얘기 들으시면서 이 얘기 전에도 그렇게 느끼셨어요?

황지혜 _ 미란 씨가 얘기를 좀 툭툭거리며 하는 편이잖아요. 오늘은 툭툭 하긴 하는데, 되게 감성적인 거 같고. 계속 들으면서 저는 드는 생각이 미란 씨한테 단 한 사람만 저 사람이 저렇게 약한 사람이라는 거 알아줬다면 저렇게 지금 이 자리에서 철철 눈물 흘리고 얘기를 했을까 그런 생각이 좀 들었어요. 오늘 계속 단 한 사람만 단 한 사람만. (양미란 웃으며 눈물 닦음) 그게 꼭 남자가 아니더라도 누군가 한 사람이 있었으면.

양미란 _ (갑자기 건조한 어조로) 언니한테는 그게 의미가 있을 것 같아요? 저번에도 언니가 '나 이렇게 소심한 사람이다, 근데 다른 사람은 그걸 모른다'고 하셨잖아요. 언니는 자기 약한 모습을 알아주는 게 중요한 거 같아요? 그게 필요해요?

황지혜 _ 그게 사실은 미란 씨한테 한 이 말은 나한테 해주는 말인 거죠. 내 마음인 거죠. 단 한 사람만. 세상에 내 부모도, 뭐 누군가도, 아무도 몰라도. 그거 아는 사람이 엄마가 될 수도 있기도 하지만 정말 세상에 단 한 사람만.

지혜의 말에 나는 전적으로 동의하고 공감한다. 그것이 치유의 핵심이다.

양미란 _ 언니는 그렇구나. 저는 약한 모습을 들키고 싶진 않거든요. 그래서 '아 누가 알아줬으면 좋겠다' 그런 마음은 없는 거 같아요.
황지혜 _ 그런 거 들키고 싶다는 게 아니라 한 사람만이라도 정말 나를 알아줬으면 좋겠다는 거거든요. 그런 생각이 계속 들었어요.
신미수 _ 저는 거절 그게 공감이 됐는데. 언니(양미란)도 그런 계기가 있었는지.
양미란 _ 나는, 특별한 계기가 있는 게 아니라, 나는 내가 너무 소중하기 때문에 그래서 내가 상처받고 싶지 않으니까 그러는 거예요. 거절을 바로 상처로 받아들이고 힘들었던 특별한 사건은 없었어요.

미란, 다시 피한다. 그렇지만 괜찮다. 그러려니 한다. 오늘 미란은 자신의 한계에서 한 뼘만큼 더 마음을 열었다.

정혜신 _ 미수 씨, 뭐가 궁금했는데요?
신미수 _ 저도 제가 뭔가 제안했을 때, 상대가 그냥 악의 없이 그냥, 어 오늘 시간이 안 돼, 그렇게 대답을 하면 되게 마음이 불편해지더라고요. 저는 친구가 술을 한잔 하고 싶다고 하면 아무리 늦어도 친구한테 보자고 하고, 늦어도 꼭 만나줘요. 그런데 친구가 확실하게 바쁘다고 하면 만날 마음만 있으면 만날 수 있을 텐데 하는 마음이 들어요. 최근에 저한테 식사권이 생겼어요. 생각보다 좋은 식사권인데, 기한이 있었어요. 친한 친구한테 전화를 해서 상황을 설명하니까 알겠다고 하더라고요. 그래서 제가 식당에 전화를 하고 예약을 하고 약속을 잡으려고 전화를 했더니 좀 애매하게 굴더라고요. 식당이 멀어서 나오기 귀찮다는 식으로 이야기를 해요. 그래서 '어, 알았어. 그럼 끊어' 그러고 바로 끊었거든요. 그랬더니 '어우 그렇게 매정하게 바로 얘기를 자르냐'고. '어, 너 바쁘다매. 내가 혼자 가지 뭐' 그래서 제가 혼자 진짜 그 식당에 가서 밥을 먹었어요. 그래서 제가 진짜 내 마음을 알아준다고 느끼지 않는다면 먼저 약속을 잡지 않아요. 친구가 먼저 '시간 괜찮아?' 그러면 최대한 내지만 제가 먼저 하지는 않게 되더라고요.

정혜신 _ 내 마음을 받아준다고 인정하는 기준이 뭐예요. 어떤 걸 기준으로 판단하나요?

신미수 _ 지금 생각해보면, 저는 다시는 그 친구한테 그런 제안을 하지 않을 거 같아요. 무서우니까.

정혜신 _ 무섭다.

    기분 나쁘다, 불쾌하다가 아니라 무섭다고 했다. '기분 나쁘다, 불쾌하다'는 상대에 대한 감정이지만, '무섭다'는 것은 상대에 의해 압도당한 '나'의 감정 상태다. '무섭다'는 감정은 내 존재 소멸에 대한 감정에 더 가깝다. 미수, 미란이 가지고 있는 '무서움'이라는 감

정은 그들의 내면에 매우 근원적인 상처 부위가 있음을 말해준다.

신미수 _ 또 싫다 그러면 어떡하지. 그래서 혼자 하는 게 많아지는 것 같아요. 혼자 영화 보고 여행 가고, 혼자 하는 취미 활동 그런 거.

정혜신 _ 무섭다는 말에 가슴이 쿵 내려앉네요.

양미란 _ 네. 그런 것 같아요.

김해인 _ 미란 언니 얘길 들으면서 언니 겉모습은 되게 강해 보이고, 그런데 언니도 되게 이렇게 약한 모습이 있는 것 같아 보여서 그런 게 좀. 근데 언니가 좀 그런 걸 드러내기 싫어하는 거 같아요. 언니 스스로 나는 강하고 자존심 세고 그렇다는 걸로 많이 가두고. 그런 모습을 딱 닫은 거 같아요. 근데 지금 어떻게 보면 그 모습을 열려고 하니까 더 불편하게 느끼고 힘들게 느끼는 거 같아요.

미란의 내면을 정확하게 느끼고 말해주고 있는 해인.

정혜신 _ 미란 씨가 많이 가두려고도 했지만 오늘 그 여린 속마음을 조금은 봤잖아요? 보니까 미란 씨에 대해서 어떤 생각이 드세요?

김해인 _ 오히려 더 가깝게. 그런 모습을 보게 되면 저 같은 경우는 더 가깝게 느껴지고 더 친근해진 느낌? 근데 저도 그걸 잘 못해요. 저도 마찬가지로 다른 사람이 그런 힘들다거나 예를 들면 꺼려하는 얘기를 하면 오히려 더 그런 얘기를 들어주고 더 친근해지고 가까워졌단 느낌이 들거든요. 근데 저 자신은 오히려 다른 사람한테 하지 못하고 이 얘길 하면 오히려, 내가 잘못됐다고 판단해서 나를 싫어하지 않을까 그런 마음이 들어서, 다른 사람한테는 말하기가 되게 꺼려지는데, 오히려 이런 얘기를 듣게 되면 더 가깝게 느껴지고 그런 거 같아요.

정혜신 _ 맞아요, 그렇지요. 해인 씨가 가까워졌단 느낌이 들었다면 다른 사람도 그런 상황에서 같은 느낌이 들 거예요. 벌써 정리할 시간이 됐네요. 오늘 미란 씨 얘기 진짜로 마음으로 기립 박수 치며 들었어요. 미란 씨가 힘든 얘기를 꺼내줘서 '아 우리를 믿어주나 보다' 이런 느낌도 들고, '어 우리를 좋아하나 보다' 그런 마음도 들었어요. 그래서 참 좋았어요. 미란 씨가 낯설다, 뭔가 잘못된 거 같다, 그런 말도 했지만 왜 안 그러겠어요? 그동안 한 번도 그런 적 없었는데. 당연히 그럴 거 같아요. 당연히. 오늘 여러분들 어떠셨어요?

황지혜 _ 아, 저는 일단 미란 씨가 자기 얘기를 해서 제 마음의 짐을 덜어줘서 좋았어요. (웃음) 저만 얘길 많이 했던 것 같아서 되게 신경 쓰였거든요. 오늘 참 좋았고요. 그다음에, 오늘이 네 번째 시간이잖아요. 오늘이 제가 가장 말을 적게 하고 말을 가장 많이 들었던 시간이었던 거 같아요. 그러면서 이제 늘 미란 씨, 얘기해요, 라고 하니까 내가 뭔가 준비할 게 없어졌잖아요. 그러니까 남의 얘기를 조금 더 듣게 되고, 그러면서 내가 머릿속으로 준비하지 않고 있으니까 '아 저 사람은 이렇구나, 이렇구나'라는 생각을 하게 된 거 같아요. 사람 감정을 느끼는 거. 일단 내가 어떤 뭘 해야겠다는 부담이 없으면 할 수 있구나, 그걸 느낀 시간이었던 것

같아요. 다음 주는 해인 씨가 해. (웃음)

> 지혜의 심리적 성장, 참 근사하다.

김해인 _ 저는 표현하면 될 수도 있는 일을 왜 표현하지 못할까 이런 생각을 많이 했거든요. 근데 그게 왜 힘들까 이런 생각도 들고, 그걸 깬다는 게 쉬운 일은 아닌 것 같고, 그렇다는 생각을 하면서, 언니가 조금 깬 것 같아서 축하드리고. 어떻게 보면 우리가 아무 관계가 없는 사람들이 만난 거잖아요. 그냥 듣고만 있을 때는 그냥 객관적으로 보면 '언니(양미란)는 여길 왜 올까?' 그런 생각도 좀 들었거든요. 언니가 항상 얘기할 때 '나는 고민이 없는데' 이렇게 얘기를 하잖아요. 예를 들면 우리는 고민이 있는데 말을 못해서 못할 때도 있고 그런데, 언니는 무슨 마음으로 여길 올까 이런 생각이 좀 많이 들었는데. 오늘은 언니가 좀 얘기를 해서 어쩌면 오늘 처음 얘길 해서 불편할 수도 있고, 어떻게 보면 진짜 아무렇지 않고 괜찮다고 생각했던 묻어놨던 걸 진짜 이렇게 오히려 문제처럼 생각하면 그게 또 고민이 되는 경우도 있잖아요. 그래서 언니가 이번 주가 힘들까, 오히려 편할까, 그게 궁금해요. 다음 주에 얘기할 게 좀 기대돼요.

> 해인은 미란에 대해 잘 보고 정확하게 느끼고 있다. 해인의 이런 언급이 미란 마음에 가서 닿길. 그래서 미란이 자신에 대해 한 번 더 짚어볼 수 있길.

양미란 _ 일단 아까는 불편했는데, 지금은 뭔가 이렇게 시원한 느낌이 들어요. 지금은 그냥 좋아요. 좋고. 근데 진짜 해인 씨 말이 백 프로 맞는데, (웃음) 저는 진짜 문제가 없다고 하고 왔는데, 왔다 갈 때마다 하나씩 문제가, 지금까지는 내가 느끼는 외로움도 그냥 남들 다 느끼는 만큼이라고 생각했고, 내가 특별히 남한테 꽁꽁 숨기고 얘기를 안 했다라고 생각을 해본 적이 단 한 번도 없는데, 나는 나 혼자서 나름대로 풀었다고 생각했으니까. 오늘 또 얘기를 하다 보니까 내가 일부러 숨긴 건가 그런 생각도 들었어요. 이런 게 아예 말할 건더기가 된다는 생각 자체를 못했거든요. 친구에게든, 이 세션에서든. 아무튼 한 번도 안 한 걸 해보겠다는 소기의 목적은 성취한 것 같아요. (웃음)

신미수 _ 저는 제가 당연하게 여겼던 것들을 말했을 때 다른 사람들의 전혀 다른 반응들을 접해서 되게 놀랐고요. 또 이렇게 다른 사람들 얘기 들으면서 거기에 조금조금 내 모습들이 들어 있어서 좀 위로가 되고. 제가 제 기준에 '딱 나는 10만큼 다 차야 돼'라는 기준에서 조금 풀어놓으니까 되게 편해지더라고요. 나는 그걸 조금 풀면 내가 완전히 무너질 줄 알았거든요. 나는 그게 되게 편했어요. 언니(양미란)도 이제 첫발을 디딘 거잖아요. 더 편해질 거예요. 허허. 이제 조금만 풀어놓으면 또 다음에는 새로운 얘깃거리가 생기지 않을까 그런 생각도 들고. 다음 시간이 마지막인 게 되게 아쉬워요. (웃음)

정혜신 _ 오늘 한 분 한 분 정말 수고했어요. 다음 시간이 빨리 돼서 만나고 싶다. 미란 씨, 특히 고생했어요. 다음 시간에 봐요.

정혜신의 힐링톡

우리는 자신의 상황을 바라볼 때 감정 이입 용도의 현미경도 필요하고, 동시에 나와 거리를 두고 바라보는 망원경도 필요하다. 20층 빌딩 위에서 땅 위로 지나가는 사람과 차들을 보면, '뭐가 바쁘다고 저리 움직이나' 하는 조감력이 생긴다. 절로 사람과 삶에 대한 연민이 생긴다. 지상에서 함께 길을 걷고 있을 때는 함께 종종걸음을 하게 되지만 위에서 아래를 내려다보면 나 자신을 종종걸음 치는 군상의 일부로 또렷이 인식할 수 있게 된다. 나와 내 상황에 대해 일정한 거리를 가지고 볼 수 있다면 그 거리가 주는 핵심 미덕은 '연민'이다. 나란 존재에 대해 여유로운 거리를 확보한 채 연민할 수 있다. 연민은 자신을 따뜻하게 응시할 수 있는 중요한 시각이다.

정혜신_

'울면 안 된다'와 '내가 좀 불쌍하다'가
몇 대 몇쯤 될까? 자기의 진짜 속마음이
어느 쪽으로 기울었는지 알아차리는 건
중요하다. 알아차리는 것만으로도
불필요한 에너지 소모를 줄일 수 있음으로.
내 마음에 한 번만 더 물어봐주면
내 마음이 조금 더 기운 쪽이
어딘지 알 수 있다.
이미 나는 알고 있기 때문이다.

김해인_

눈물이 나오려고 하면
저도 모르는 손이 저를
꾹 누르는 듯한 기분이요.
때로는 참고 살아야 하는데
어떤 때는 내가 왜 이러고 살까,
어떤 때는 불쌍하게 느껴지면
내가 왜 울지 이럴 때도 있고.

다섯 번째 세션

노력하지 않아도
'당신으로' 충분하다

그 순간 공감이 가능했던 건

정혜신 _ 잘 지내셨죠? 어떻게들 지냈어요?

황지혜 _ 저는 지난 시간에 그게 참 인상적이었어요. 내가 공감을 할 수 있다고 느낀 거요. 집에 가면서 생각을 해봤어요. 내가 그동안 왜 공감을 못했을까? 지난 시간에 제가 공감이 된다는 느낌을 두 번 받았는데, 미수 씨하고 미란 씨 얘기하는 동안에 받았어요. 근데 그때 생각을 하니까 제가 다른 생각을 안 하고 있더라고요. 그렇다면 결국 남의 얘기를 들으면서 생각을 많이 하기 때문에 공감을 못한다는 건데, 그럼 난 왜 생각을 하고 있었을까? 잘하고 싶었던 거죠. 그런 생각들이 꼬리를 물다가 이런 생각이 들어요. 굳이 여기서 나한테 잘하라고 하는 사람들이 없는데 왜 그랬을까. 생각을 멈추면 마음이 열리는 것 같아요. 오늘 오면서 그런 생각이 들면서 참 기분이 좋았어요. 그러고 나서 친구를 만났는데 그 친구랑 얘기할 때 조금 부담 없이 즐길 수 있고. 그냥 아무것도 안 하면 되더라고요. 어허허. (김해인 같이 웃고) 재미있게 시간 보내고 그랬던 것 같아요. 굉장히 큰 숙제였는데. 이제 하나 알게 된 것 같아요.

정혜신 _ 큰 하나네요. 굉장히 큰.

김해인 _ 그렇죠. 굉장히 큰 하나. (정혜신과 눈이 마주치자 활짝 혼자 웃는다)

양미란 _ 근데 머리를 멈추려고 하면 의도적으로 멈춰져요?

황지혜 _ 의도적인 건 잘 모르겠어요. 확실히 내가 알 수 있는 건 그 순간은 정말 정확히 멈췄다는 거예요. 내가 그다음에 무슨 말을 할지 저 사람이 저런 말을 하는데, 뭐 이런 생각이 전혀 없이, 그냥 정확히 아무 생각이 없었다는 그런 느낌. 아! 저 사람이 이렇구나, 저렇구나 하는 판단이 전혀 없어지더라고요.

    강력한 의지만으로 생각이 멈춰지진 않는다. '멈춰야 해'라는 생각은 또 다른 강박과 불안, 긴장감을 몰고 오기 때문에 더 많은 상념과 떨림을 부른다. 지혜는 그 순간 상대의 감정에 공감할 수 있었기 때문에 생각이 멈춰진 것이다. 생각이 멈춰서 공감한 것이 아니다.
    지혜에게 그 순간 공감이 가능했던 건 지혜가 마음을 열 수 있는 '관계' 안에 있었기 때문이다. 그래서 있는 그대로의 자기 마음과 감정을 유통시킬 수 있었고 그 결과가 '공감'이다. 공감을 하면 생각의 과열 작동은 자동적으로 멈춘다. 공감을 통해 서로의 감정, 마음이 오고 가다 보면 타인에 대해 머리로 추론할 때보다 더 풍부하고 입체적인 정보가 느껴지고 들어오게 된다. 당연히 생각이 작동할 필요가 없어진다. 그래서 더 많이 알고 파악하게 되었지만 생각이 줄고 머리는 가벼워진다.

자전거를 처음 배울 때 한참 넘어지다가 어느 한순간부터 더 이상 넘어지지 않고 앞으로 쭉 나아갈 수 있듯 지혜가 공감의 감각을 몸에 익힌 이 순간부터는 생각에 걸려 넘어지지 않고 계속 공감하고 몰입할 수 있을 것이다. 점점 더.

김해인 _ 저는 개학했어요. 어제부터 학교에 나갔는데, 웬일인지, 쌓인 먼지를 열심히 정리했어요. 아직 확실히 결정 난 거는 아닌데 잘하면 올라올 수도 있을 거 같다는 소문이 돌고 있더라고요.

정혜신 _ 서울?

김해인 _ 서울은 아니고요. 남양주. 소문이 돌고 있는데 벌써, 발령 발표도 나지 않았는데. 그래서 은근 기대를 하고 있지만 막상 1년 더 있어도 되는데 그런 생각이 드는 거예요. 이제 여러 가지 생각했을 때 시골로 들어가는 게 쉽지 않으니까요. 좀 아쉽기도 하면서 좋기도 한 그런 생각을 하면서 있었어요.

정혜신 _ 굉장히 큰일인가 보다.

김해인 _ 아니, 저는 통학 시간이 줄어들어서 좋아요. 제가 집에서 차를 몰고 오면 30분도 안 걸리는 곳이 남양주이거든요. 근데 지금은 가는 데만 최소 2시간 반이 걸리고 (활짝 웃음) 오는 데도 2시간 반이 걸리고 그래서 그동안 통학이 제일 걸리는 문제였거든요.

정혜신 _ 다 같이 기도해줘야겠네요.

신미수 _ 좀 창피한데, (웃으며) 저만 우울했나 봐요.

정혜신 _ 무슨 일 있었어요?

신미수 _ 그때 마지막 마무리 다 하고 끝나고 다음 세션 날짜를 정했잖아요. 근데 지혜 언니가 아직 우리가 연락처를 주고받지 않았는데 마지막이 아니어서 다행이다. 그랬는데 저도 그 생각 했거든요. 이 모임이 끝나면 우리가 계속 연락을 할 수 있을까? 사실 저는 우리가 분위기도 좋고 좋은 추억이라는 생각 하고 있었거든요. 그러면서도 제가 먼저 손을 내미는 게 무서웠나 봐요. 그래서 좀 기분이 묘했어요. 나만 그랬나 보다 그런 생각이 드는데 (일동 웃음) 언니가 카페를 만들자 그런 순간, 뭔가 뜨끔했어요. 그러고 다들 인사를 하고 나갔는데, 차를 빼서 나오는데, 셋이 다정하게 걸어가더라고요. (한숨) 해인 씨가 누구 팔짱을 끼고 있었어요. 저는 절대 그렇게 못해요. 마음을 열지 않으면 어쩔 수 없는 거리가 생기거든요. 아무렇게나 스킨십을 못하거든요. 동성이더라도. 근데 팔짱 끼고 가는 게 되게 부러워도 보이고, 저건 무슨 용기지, 나 빼고 다 친해졌나 하면서 소외감도 느껴지고. (일동 살짝 웃고) 갑자기 낯설어진 기분이 들었어요. 사람들 뒷모습이. 이건 또 무슨 기분이지 하는 생각에 조금 멍해지기도 했고. 근데 집에 가니까 머리가 너무 아프더라고요. 그래서 일찍 자고, 주말에도 친구들하고 약속이 있었는데 그냥 안 만나고 싶어서 계속 집에 있었어요. 혼자 시간을 가지면서 생각했죠. 나 혼자에 대해서는 좀 편해졌는데, 우리를 놓고 보니까 아직 아닌 것 같고. 일요일은 교회를 갔는데, 거의 뭐 수백 명을 만나야 되거든요. 피아노를 쳐야 되니까. 사람들한테 인사를 하면서 마음이 조금씩 무거워지는 게 투명인간이었으면 좋겠다고 생각했어요.

정혜신 _ 투명인간이라. 지금 어떤 의미로 말하는 건가요?

신미수 _ 내가 다른 사람을 보는 건 괜찮은데, 다른 사람이 나를 보는 게 부담스러웠어요.

정혜신 _ 좀 더 구체적으로.

신미수 _ 말 그대로 투명인간이요. 나는 편하게 지내지만 사람들이 나를 의식하지 못하는 상태요.

정혜신 _ 미수 씨한테 타인이 미수 씨를 아는 것과 모르는 것이 어떤 차이가 있나요?

신미수 _ 요즘은 그냥 인사 자체가 너무 부담스러워요. 안녕하세요, 하고 서로 눈을 맞추는 거죠. 나를 스치고 돌아서는 사람들을 볼 때 기분이 묘해요. 요즘은 새로운 일을 해요. 어린이집에서 애들에게 피아노를 가르치거든요. 나름 생각을 해보면 그 일도 아이들에게는 마음을 닫고 설정된 이미지들만 보여주면 돼요. 문제는 저는 애들 마음을 읽을 수 있다는 거예요. 나는 보고 애들은 나를 보지 못하는 거죠. 그것 때문인가?

정혜신 _ 지금도 이렇게 묻고 서로 이야기하고 그랬는데, 이러면서는 지금 어떤 느낌인가요?

신미수 _ 그 전에 만나던 사람들과 같은 관계죠. 익숙하지만 실은 낯선.

정혜신 _ 그때 그 뒷모습 본 이후에 느낌이 달라졌네요.

신미수 _ 내가 사람들이 아닌 이 공간에 익숙해진 것 같아 슬퍼요.

정혜신 _ 아직 사람들하고는 덜 섞인 것 같은 느낌. 여러분은 들으면서 어떤 생각이 드세요?

양미란 _ 카풀 해요. 카풀. (웃음) 네 명 탈 수 있는데. (다 같이 웃고, 일동 조용해지고)

김해인 _ 저도 비슷한 느낌 많아요. 어쩔 수 없이 사람들이 손 내밀어주길 기다릴 때, 저 없이 다들 잘하는 모습을 보면 나 빼고 뭐 하지? (활짝 웃음)

정혜신 _ 또 어떤 생각들이 드나요?

김해인 _ 내가 무슨 문제가 있나? 아니면 내가 불편한 사람인가? 가령 회의할 때, 평상시에 하던 교실 말고 다른 교실에서 저 빼고 모여 있을 때, 내가 불편해서 따로 모인 건가, 하는 생각도 들죠.

정혜신 _ 그 사람들이 만약 진짜로 불편하다면 내 어떤 점들이 불편해서 그럴 거라고 생각하나요, 해인 씨는?

김해인 _ 내가 잘 못 어울린다는 생각이 들 때도 있어요. 어울리는 데 내가 못 끼었다는 생각. 그러니까 저는 집이 멀다 보니까, 칼퇴근 해요. 퇴근 시간 되면 그냥 확 나와버리는데, 아무래도 대부분 여선생님이기 때문에 끝나고도 모이고 싶어 하고 처녀 선생님들은 모여서 수다도 많이 떨고 그러거든요. 저는 항상 이렇게 떨어져나가는 게 습관이 되다 보니까, 그러다 보니까 나는 좀 많이 빠지나 보다 어쩔 수 없지 뭐, 저는 그냥 지나

치는 게 많거든요.

정혜신 _ 미수 씨 애기 들으면서는 어떤 마음이 들었어요?

김해인 _ 그때 내가 괜히 팔짱을 꼈나, 하는 마음요.

아, 여리고 민감한 이 사람들. 잠시 손이라도 잡아주고 싶다.

김해인 _ 전요. 사실 스킨십을 좋아해요. 친해서 그런 게 아니라 사람한테 붙는 걸 좋아해요. 누군가 나를 예뻐하고, 또 안아줬으면 좋겠어서. 으흐흐 (신미수에게 조심스럽게) 제가 원래 이런 거라 너무 신경 쓰지 마세요.

정혜신 _ 지혜 씨는 미수 씨 애기 들으며 얼굴이 급속도로 어두워지네요.

황지혜 _ 들켰네.

정혜신 _ 무슨 생각 하셨어요?

황지혜 _ 감출 수가 없어, 참. (웃음) 아니 뭐 아까 교회 가는 애기했잖아요. 그 옆에 사람 스치는 것도 싫다고. 저도 가끔 그럴 때가 있거든요. 전 그냥 다 싫어요. 이유도 없어요. 인간이라는 종자가 다 싫은 느낌이 들 때도 있으니까. 지하철, 버스, 어딜 가도 사람이 있는 게 싫었어요. 그게 누구든. 그래서 비싼 돈 들여서 혼자 여행을 갔다니까? 왜 있잖아요. 마음 떠난 애인처럼, 행동 하나하나가 진저리 쳐지도록 싫은 그때 그 생각이 나서. 미수 씨, 지난주에 진짜 싫었겠다, 그죠?

'미수 씨, 지난주에 진짜 싫었겠다'는 그 말. 사무치는 공감이다. 지혜는 이제 주위 사람에게 '공감자'다. 미수에게 위로가 되었을 것이다.

정혜신 _ 아. 미수 씨가 '맞아 맞아' 하시는 거 같아요. 미수 씨가.

신미수 _ 네. 맞아요.

정혜신 _ 조금 자세히 얘기해주세요, 미수 씨.

신미수 _ 좀 다행이다. 나만 그렇게 이상한 것 같지도 않네요.

김해인 _ 아우, 언니도.

신미수 _ 친구가 운영하는 어린이집 재롱잔치 준비하는 데 도와주러 갔어요. 저는 반주하러 갔는데, 애들이 재롱잔치 준비를 하고 나서 쉬는 시간이었어요. 이렇게 동그랗게 앉아 있는데, 제가 애들하고 좀 놀고 싶어서 다 불러서 무릎뽀뽀 하자 그래서 무릎끼리 부딪혀서 앉았어요. 제 옆에 다섯 살짜리 여자애가 앉았는데, 제 발을 간지럽히는 거예요. 내가 봤더니, 애가 무표정이에요. 진짜 정색한 얼음 같은 얼굴. 너무 섬뜩해서, 하지 마, 간지러워 했는데, 애가 계속 그 표정으로 반응을 보고 또 하고 이래요. 솔직히 너무 충격적이었거든요.

정혜신 _ 무슨 생각이 들었는데요?

신미수 _ 참 애쓴다, 구석에 있는 화분처럼, 관심 받고 싶어서. 나 여기 있어, 사랑받고 싶어. 관심받고 싶어서 사인 보내는 것 같았어요. 다른 놀이를 하느라 애들하고 둥글게 앉아 있는데, 애가 내 옆에 앉으려고 시도하다가 다른 애가 옆에 끼니까 휙 가버리더라고요.

미수가 설명하는 이 아이의 모습은 지난 주 미수의 모습과 정확히 겹친다. 가슴이 아리다.

정혜신 _ 더 멀리?

신미수 _ 네. 근데 또 율동 준비를 해야 해서 설명할 수 있는 상황이 아니었고, 근데 계속 거기 있는 그 아이가 너무 마음에 걸리는 거예요. 근데 그 모습을 보면서도 참, 너 어쩌니, 너 나처럼 되면 어쩌니 하는 생각에 마음이 찡했어요.

정혜신 _ 나처럼이라……. 나처럼이라 함은 어떤 의민가요?

신미수 _ 그냥 밝게 티 없이 자랐으면 좋겠는데, 뭔가 메마른 상태. 그걸 말로 표현하지도 않고, 또 말로 표현했을 때, 사람들이 무심결에 하는 반응에 상처받겠구나. 그렇게 생각하니까 마음이 되게 아프더라고요.

정혜신 _ 미수 씨, 그런 생각을 했군요.

신미수 _ 네. 그랬어요.

정혜신 _ 그 아이를 보지는 못했지만 미수 씨가 지금 그 아이에 대해 한 말이 너무 인상적이네요. 그 아이의 어떤 점이 미수 씨와 겹쳐 보였던 것 같았나요? 내겐 좀 그렇게 들려서.

신미수 _ 그 아이가 왜 그러는지 조금만 신경을 써준다면……. 또, 답답했던 것이 선생님이 바뀐 지 얼마 안 됐대요. 선생님도 그냥 멍하니 있더라고요. 조금만 칭찬해주고 이렇게 안아주고 그러면 좋았을 텐데.

정혜신 _ 음. 그랬구나.

신미수 _ 음. (살짝 웃음)

정혜신 _ 지금 왜 웃었어요?

신미수 _ 에헤헤. 들켰네. 내 마음을 들켰네요.

정혜신 _ 어떤 마음을?

신미수 _ 아우, 기분이 이상하네. 걔가 나 같아서요.

정혜신 _ 어떻게 닮은 것 같은데?

신미수 _ (눈물이 고이며) 왜 이러지, 어우. 또 눈물이 터졌네. 자꾸 이러면 안 되는데. (화장지 뽑아 닦고)

정혜신 _ 눈물이 날 때는 날 만한 이유가 있는 거지요. 괜찮아요.

신미수 _ 음. (계속 눈물을 닦으며 생각에 잠김)

정혜신 _ 여러분들 지금까지 같이 얘기하면서 미수 씨를 우리가 많이 접했잖아요. 조금 도와주면 좋겠어요. 미수 씨가 지난주에 만난 그 아이하고 지금까지 우리가 봤던 미수 씨를 보면서 여러분은 어떤 느낌이 드나요. 여러분이 느껴지는 게 있으면 얘기해주세요. 그러면 미수 씨가 얘기를 꺼내는 데 도움이 될 거예요.

김해인 _ 제 생각에는요. 미수 씨가 그 아이를 누군가가 안아주고 보듬어 줬으면 좋겠다고 얘기했던 게, 누군가가 미수 씨를 이해해주고 안아줬으면 하는 그런 기대가 있는 것처럼 보였어요. 그런 게, 누군가 날 이해해주고 안아줬으면 좋겠다는 느낌이 들었어요.

정혜신 _ 그 말 들으면서 나는 그때 미수 씨가 사흘 동안 그 고향 마을에 갔던 얘기가 떠오르네요. 그때 사흘 동안의 그 느낌이요.

황지혜 _ 미수 씨가 되게 잘 웃는데, 저는 항상 받는 느낌이 뾰족하다고 해야 하나? 차가운 (신미수 웃음) 느낌이 들거든요. 그 아이의 무표정과 미수 씨의 모습이 갑자기 매치가 되는 거예요. 그 아이가 사실, 얼굴은 무표정인데 손으로 표현하고 있는 거잖아요.

정혜신 _ 마음을 손으로 표현하고 있다.

황지혜 _ 그렇죠. 그런 거잖아요. 그래서 그 어린아이가 자기 감정을 제대로 표현을 못하고 그렇게 손으로 할 수밖에 없었던 그게 미수 씨와 조금 닮아 있는 것 같은, 미수 씨의 그 눈빛하고 닮아 있다는 생각이 들었고. 그다음에 그 아이는 말도 못하잖아요. 자기 생각이 어떤지 자기 감정이 어떤지. 그 아이가 애써서 선택한 행동은 그거였다는 거죠. 그 아이가 선택할 수 있는, 자기가 할 수 있는 범위 내에서 최대한 노력하는 그 모습. 미수 씨도 분명 자기가 할 수 있는 범위 내에서 되게 노력했을 거예요. 그 모습이 많이 닮았다는 생각이, 말이 되는지 안 되는지 모르겠지만 언뜻 스쳤어요.

정혜신 _ 미수 씨, 지금 마음이 어떠세요?

신미수 _ 으흐.

정혜신 _ 마음이 좀 가라앉나 보다.

신미수 _ 네에.

정혜신 _ 다시 한 번 물어볼게요. 미수 씨, 지금 마음이 어때요?

신미수 _ 오늘 왜 이러지? 저만 벌거벗고 있는 기분이네. 너무 창피해요.

(김해인 같이 웃음)

정혜신 _ 뭐가 창피한데요?

신미수 _ 아후. 그냥 나만 알고 싶었던 모습이었는데.

정혜신 _ 어떤 모습이?

신미수 _ 어 아흐. 오늘 왜 이러지.

정혜신 _ 어떤 생각 때문에 말하기가 그렇게 힘들어요? 뭐가 의식이 돼요?

신미수 _ 그냥 제가, 그냥 로봇 같아요. 인조인간 같은 기분이에요. (울컥, 화장지 뽑아 눈물 닦는다)

정혜신 _ 음. 어떤 모습이?

신미수 _ 어허. 사람인 양 행동했다가 사실은 인조인간이라는 게 걸린 기분이에요. 그동안 편해졌다는 것들, 그건 맞아요. 근데 나에 대해서만 편해졌던 거였거든요, 나만.

정혜신 _ 내 안에서 나만.

신미수 _ 네. 근데 둘이서 이렇게 교류할 때는 아직 어떤 프로그램도 입력받지 못했다는 그런 느낌이 들어요.

정혜신 _ 지금 어떤 상황에서 그런 느낌을 받은 건데요?

신미수 _ 언니(황지혜)가 그 아이가, 그 아이의 선에서는 최선을 다한 표현이었을 거다. 나도 그랬을 거다 그랬는데.

정혜신 _ 으음.

신미수 _ 나는 내가 입력받은 프로그램 안에서는 최선을 다했었나 봐요. 로봇처럼. (신음하듯) 음. 그 아이가 저랑 너무 비슷하니까 그게 지금 얘기하기 싫은 건가 봐요. 그 주위 사람들한테도 화가 나고. 선생님, 부모님,

친구들 모두에게, 너무너무 화가 나요.

정혜신 _ 아. 그 주위 사람의 어떤 것들이 미수 씨를 그렇게 화나게 해요? 주위 사람들 어떤 것들이?

신미수 _ 관심이 없잖아요. 아이가 아무리 신호를 보내도 아무도 몰라줘요. 그 사람들은 그 아이가 그런 행동을 하고 있는지조차 모를 것 같아요. 모를 것 같고, 같은 행동을 그 선생님한테 다시 한다 해도 (말소리 점점 작아지며) 선생님은 반응도 하지 않을 거 같아요.

정혜신 _ 알아야 할, 알아차려야 할 책임이 있는 사람들인데 끝까지 모를 것 같은 느낌이구나. 미수 씨는 순식간에 알아챈 그걸 그 사람들은 모르고 있는 거였고, 그 아이는 그런 상황에서 계속 지내야 하는 거고. 그래서 어떤 마음이 드나요? 그걸 모르는 그 사람들한테 미수 씨는 지금 어떤 마음이 드는데요?

신미수 _ 제가 걔 개인 선생이라도 해주고 싶은 마음이.

정혜신 _ 불쌍해요?

신미수 _ 걔가, 고아 같아요.

정혜신 _ 버려진 아이 같았구나, 주위 사람들한테.

신미수 _ 음.

정혜신 _ 말하면서 불편해요, 미수 씨?

신미수 _ 네, 불편해요.

정혜신 _ 어떤 마음 때문에 불편해요?

신미수 _ 아. 지금까지는 그냥 되게 솔직하게 대답하고 싶었고 되게 오픈

하고 싶었는데. (웃으며) 지금 이 얘기는 안 그러고 싶어요. 최대한 포장해서 말하고 싶고. 어느 선까지만 얘기하고 싶어요. (눈물을 닦는다)

정혜신 _ '포장해서 말하고 싶다' 이런 말이 어느 얘기보다 솔직한 말이에요. 미수 씨는 지금 정말 솔직하게 말하고 있어요. (신미수 웃고) '나 지금 포장중이야.' 햐, 더 이상 어떻게 솔직해요?

신미수 _ (희미하게 웃으며 생각에 잠긴 듯 침묵)

황지혜 _ 참. 이렇게 애들한테 느끼는 감정이 참 쉬운 감정이 아닌 거 같아요. 얼마 전에 엄마하고 다큐를 봤는데, 어린애들한테 좀 안 좋은 어린이집을 고발하는 프로그램이었어요. 그 어린이집에서 선생님들이 애들을 어떻게 대하는지 보여주는 거예요. 근데 선생님 기분이 안 좋으면 애가 잘못하지 않았는데도 등짝을 냅다 후려친다는 거예요. 이제 36개월 미만 애들인데, 엄마는 그애들이 너무 불쌍하다고, 나는 니가 자식 낳아도 다섯 살 때까지 어린이집 안 보낸다고, 이런 얘기를 보는 동안 계속했어요. 프로그램에서는 애들이 밥을 안 먹어서 버렸다, 그리고 선생들이 아이들을 감정적으로 대한다, 그다음에 차가운 방바닥에서 그냥 자라고 그랬다, 자다가 나왔는데 또 혼을 내서 그냥 애가 그 자리에서 오줌을 쌌다, 이런 얘기들이 방송에 나오는데, 저는 보는 내내 너무너무 화가 나더라고요. 그 애들이 너무 불쌍하고, 듣기 싫어서. 자기들도 엄만데 어떻게 애들한테 저럴 수가 있지, 어떻게 저렇게 이기적일 수가 있지? 그런 생각이 들면서 정말, 엄마랑 그걸 보면서도 저도 되게 불편했던 거 같아요.

정혜신 _ 아이들한테 그런 감정을 느끼는 게 쉬운 일이 아니다, 라고 했는데, 지혜 씨 그게 어떤 뜻이에요?

황지혜 _ 솔직히 저도 그런 느낌이었거든요. 다른 것 없이 마음이 시키는 대로 했을 때, 아무것도 모르고 본능대로 하잖아요, 애들은. 나는 제삼자인데도 내 안에서 막 이렇게 그런 감정들이 올라오는 거예요.

    직업적 경험상, 내게 사람들의 가장 근원적인 고통을 하나만 꼽아보라면 그건 '사랑과 보살핌의 결핍'이다. 이들의 이야기 속에서도 다시 확인한다. 사람들이 가지고 있는 까닭 모를 불안과 두려움, 낮은 자존감의 밑바닥에는 대부분 '사랑과 보살핌의 결핍'이 뱀처럼 똬리를 틀고 있다. 인간 상처의 근원이기도 하다.

    어린 시절의 학대처럼 극단적인 경우만 여기에 해당되는 건 아니다. 엄마 아빠가 심각한 갈등이 있을 때 태어나고 자랐다면, 아빠가 해고를 당해 어려울 때 태어나고 자랐다면, 엄마가 고부간의 갈등으로 고통받고 있을 때나 엄마의 일이 극심한 감정 노동인데도 주위의 보살핌을 받지 못한 채 아이를 키워야 했다면, 부모가 심리적으로 미성숙한 어른이었다면, 그런 상황에서 태어나고 자란 아이가 경험하는 '사랑과 보살핌의 결핍'은 예측할 수 있는 일이다.

    사람 사는 세상의 불완전성을 고려한다면 직간접적으로 이런 환경에서 완벽하게 자유로운 인간은 없을지도 모른다. 평범한 부모의 일상적 조건 속에서도 아이에게 치명적인 결핍이 얼마든지 일어난다는 사실을 우리는 알고 있어야 한다. 그래야 내 아이가 이런 결핍의 징후를 보일 때 부모 입장에서 그것을 인정할 수 있기 때문이다. 그렇지 않으면 '내가 너한테 뭘 어떻게 했다고 이러느냐' 하며 답답하고 억울해할 수 있다. 어려움을 겪는 당사자(자녀)도 혼란스럽기는 마찬가지다. '우리 부모는 나름 최선을 다했는데 내가 왜 못나게 이럴까, 내가 문제야' 하고 스스로를 탓한다.

내 마음에 한 번만 더 물어봐준다면

정혜신 _ 해인 씨는 지금 무슨 생각 하세요?

김해인 _ 저도 두 가지 생각을 했는데. 하나는 저도 아이들을 많이 만나다 보니까요, 그래서 아이들 입장에서 좀 이해를 많이 해줘야지 하는 얘기 많이 듣거든요. 특히 교사가 되다 보면 선생님이 홧김에 때린다는 말을 많이 들어서, 나는 안 그래야지 하는 마음으로 아이들을 이해해주려고 노력을 많이 하긴 하는데, 사람 마음은 참 읽기 힘든 것 같아요. 그러니까 표현하지 않으면 힘들다는, 참 알 수 없다는 생각을 하면서, 또 저도, 언니하고 똑같이, 다른 사람한테 기대하지 않으려는 그런 마음이 있었던 거 같아요. 뭐든지 잘해야만 호응받을 수 있을 거 같고 칭찬받을 수 있을 것 같은. 잘못하면 비난받을 거 같은 느낌, 그런 것들이 있었고, 그러니까 예를 들면 나는 남을 이해해주려고 노력하지만 나는 다른 사람에게 기대하지 않으려는 그런 마음이 있었어요.

정혜신 _ 남은 나하고 다를 거라고 생각했던 거네요. 더 위험한 존재, 못 미더운 존재로 바라보고 있었던 셈이네요.

김해인 _ 예, 그런 마음이 있었던 것 같아요. 내가 괜히 기대했다가 상처받을까 봐 그런 것도 있었고, 또 하나는, 저희 언니를 빗대서, 저희 언니는 사람에 대한 기대가 좀 큰 편이에요. (점점 목소리가 떨리며) 언니는 모든 스트레스를 다 저한테 얘기하니까. 저는 언니의 그 불만이 너무 싫어서 아예 모든 사람들에게 기대 안 해야지 하는 게 있어요. 그런 와중에도 내가 많이 기댄다고 했잖아요. 사실 제 본심은 이 사람한테도 기대고 싶고 저 사람한테도 기대고 싶고 좀 이쁨받고 싶고 그런 게 있어요. 그래서 언니나 좀 어려운 사람들, 안 될 것 같은 사람들한테는 이렇게 표현을 안 하고요. 아까 그 아이처럼, 오히려 편한 사람한테는 웃으면서 (목소리 떨리며 활짝 웃음) 애교를 부리기도 해요. 어려운 사람한테는 애교가 나오지 않고 이렇게 굳어져요. 언니한테는 표시를 한다고 이렇게 살짝 표시를 하는데 언니는 눈치채지 못하고 '너 왜 그러냐' 이렇게 나오면 서운한 마음이. (점점 더 떨리며) 나는 나름대로 노력해서 표현을 한 건데 '언니는 내 맘을 아나' 그런 생각을 할 때가 많거든요. 그 사람이 표현해주면 내가 좀 더 이해하기가 좋을 텐데 하는 생각을 스스로 하면서도 내가 적극적으로 표현하는 건 (목소리 떨리며 활짝 웃음) 참 힘든 것 같아요. 특히 어려운 상대한테는 내가 그냥 조금만 살짝살짝 표시해도 내 마음을 알아줬으면 하는 생각을 할 때가 있는 거 같아요.

정혜신 _ 아하. 음 그랬군요. (잠시 후 신미수를 바라보며) 근데 미수 씨는 마음이 지금, 지금 좀 괜찮으세요? 어떠세요?

신미수 _ 으흠. 저는 그 아이가 어떻게 될지 답을 알고 있다고 자신해버렸나 봐요. 답을 알고 있는데 주위에서 그렇게 안 해주고 있다는 생각에 화가 났던 것 같아요.

정혜신 _ 네. 근데 아까는 스스로 내가 '로봇' 같다고 했는데 지금 마음은 어떤가요? 지금은 스스로에 대해서 어떻게 느껴요?

신미수 _ 그냥 자꾸 이렇게 다 같이 하나가 되어야 된다는 그런 부담감이 있는 거 같아요.

정혜신 _ 하나가 된다? 그게 무슨 뜻이에요? 어떻게 해야 하나가 된다는 거예요?

신미수 _ 제 생각에 이성은 되게 차갑고 마음은 되게 따뜻한 느낌인데, 여기는 다 따뜻하게 있어야 되는 것, 그런 분위긴데, 저는 차갑지도 않고 따뜻하지도 않고 그런 것 같아요.

정혜신 _ 어떤 생각들 때문에 지금 그런 느낌이 들었을까?

신미수 _ 음 얘기를 들으면서 같은, 같은 생각이었어요. 내가 경험했던 얘기에서는 금방 공감이 되는데, 그렇지 않은 얘기는 머리로 계산해서 가슴으로 내려보내는 것 같은.

정혜신 _ 뭐 정도의 차이는 있을지 몰라도 우리도 다 그런 것 아닌가. 유난히 내 가슴에 와 닿는 것도 있고, 좀 그렇게 이해해서 넘기는 것도 있고.

황지혜 _ 모든 게 다 공감되면 어떻게 살아. (웃음)

김해인 _ 가슴이 너무 아파서.

황지혜 _ 머리에 꽃 달고 있거나 만날 울고 있거나 둘 중에 하나지.

미수에 대한 지혜와 해인의 너그러운 공감과 맞장구가 참 따스하다.

신미수 _ 그런 사람이 부러운가 봐요.

황지혜 _ 잘 우는 사람도 부럽고 잘 웃는 사람도 부러워, 나도.

김해인 _ 근데 저는 좀 잘 웃는다고 많이 듣는 편인데요. 일부러 웃으려고 노력을 많이 하는 편인 것 같아요.

정혜신 _ 웃는 게 좀 힘들어요?

김해인 _ (활짝 웃음) 으흐 모르겠어요. 어허. 그러니까 제 웃음의 종류가 두 가지인 거 같아요. 어떤 때는 창피할 때 웃음으로 마무리, 그냥 얼버무리려고 하는 웃음이 있고요. 또 하나는 이렇게 웃으면 뭔가 가까워질 수 있을 것 같은 그런 마음에서 더 자주 웃을 때도 있고요. (눈물이 고이면서) 일부러 노력을 많이 하는 것 같아요.

정혜신 _ 근데 지금 그 얘기 하면서 왜 눈물이 나는 걸까? 어떤 점 때문에 그럴까?

김해인 _ 저도 미수 씨처럼 뭔가 내 속마음을 얘기한다거나 이런 게 쉽지 않거든요. 다들 알고 있는 표면적인 얘기는 쉽게 하는데, 뭔가 이렇게 속 얘기를 꺼내려고 하면, 특히 더 눈물이, 요즘 들어서는 눈물이 먼저 나오려고 하는 것 같아요. 그럼 눈물이 좀 나오려고 하면 예전에는, 눈물이 좀 나오려고 하면 뭔가 신호 같아서 좀 더 누르는, 이렇게. (한 손으로 가슴을 누르는 시늉) 눈물 나면 내가 왜 이러지 뭔가 꾹 누르는 그런 느낌이 있는 것 같아요. 저도 모르는 손이 저를 꾸욱 누르는 듯한 기분이요.

정혜신 _ 그런 자신이 어떻게 느껴지는데요?

김해인 _ 때로는 뭔가 참고 살아야 되겠다고 하는데 어떤 때는 저 자신이 내가 왜 이러고 살까, 막 이렇게 생각이 들 때도 있고, 어떤 때는 불쌍하게 느껴지면서 내가 왜 울지, 이럴 때도 있고, 울면 안 되는데 이렇게 생각할 때도 있어요. 좀 복잡해요.

정혜신 _ 해인 씨 마음속에 '울면 안 된다'와 '내가 좀 불쌍하다'가 비중으로 치면 몇 대 몇 쯤 될까?

김해인 _ (자신 없이) 그냥 반이요.

정혜신 _ 50 대 50만 빼고.

김해인 _ 솔직히…… 불쌍한 쪽이 많죠. 우는 건 겉으로 보이는 거니까. 사실 우는 건 누군가 보는 거잖아요. 40 대 60?

정혜신 _ 솔직한 본인의 속마음에 더 많은 점수를 주는 건 정말 반갑네. 그게 건강한 모습이고요. 참 좋다.

자기의 진짜 속마음이 어느 쪽으로 조금이라도 더 기울었는지, 스스로 알아차리는 건 중요하다. 알아차리는 것만으로도 불필요한 에너지 소모를 줄일 수 있으므로. 그리고 사실, 사람 마음이 정확히 반반인 경우, 거의 없다. 내 마음에 한 번만 더 물어봐주면 내 마음이 조금 더 기운 쪽이 어딘지 알 수 있다. 이미 나는 알고 있기 때문이다.

김해인 _ 나이가 들면서 변하기는 해요. 조금씩 자유로워지는 느낌? (활짝 웃음) 날개가 생기는 것 같아요. 예를 들면 언니는 약해지고 제가 강해지는 느낌이 있어요. 그래서 그런가? 스스로 좀 변하고 싶은데 하는 마음도 있어요. 요즘 들어 나를 감추면서까지 누군가 알아주는 건 좀 아닌 것 같아서. 좀 자신 있는 사람이 되고 싶어요. 내 단점까지 좀 더 자신 있게 꺼낼 수 있는.

정혜신 _ 해인 씨는 지금 이 순간에 그러고 있어요! '그러고 싶다'가 아니라 지금 그러고 있네요. (웃음) 자기 속마음을 있는 그대로 표현하고 있네요, 솔직하게.

김해인 _ (활짝) 지금은 그쪽으로 점점 높아지죠. 예전에는 솔직히 입이 있어도 말은 없이 그저 좋은 사람으로 포장을 했는데, 지금은 말을 하는 게 좋지 않을까, 그러면 내가 좀 편하지 않을까, 하는 생각이 많이 들어요.

정혜신 _ 그래요. 해인 씨 얘기 듣다 보니까 해인 씨의 변화는 현재진행형이네. 해인 씨는 지금 그냥 본래 자신의 것 그대로를 내놓고 있어요. 표현하고 있네요. 해인 씨는 지금 미수 씨 보면서 어떤 마음이 들어요?

김해인 _ 그런 사람을 보면.

정혜신 _ 그런 사람은 무슨 그런 사람이에요. (웃음)

신미수 _ 저, 욱했어요. (웃음)

김해인 _ 뭔가 이렇게 속 이야기를 하는 사람은, 제가 그렇게 못해서 그런지는 몰라도 좀 더 친해지고 싶어요. 편하고 아닌 것을 떠나서 나한테 마음을 열지 않으면 그런 이야기를 할 수 없잖아요. 그래서, 그런 사람에겐 좀 더 가까이, 한 발 더 가까이 가고 싶어요.

정혜신 _ 미수 씨 보면서 그런 느낌이 들었던 거예요?

김해인 _ 예. 오늘 저는 미수 씨 보면서 친해지고 싶어요. 안아주고 싶고 그래요. 아이들이 상담을 하면 전 안아주거든요. 그럼 아이들은 울다가 속에 있는 말을 꺼내놓아요. 편해지는 것 같아요. 전 그리고 안아주는 느낌이 너무 좋아요. (떨리며) 사실 제가 그런 걸 좀 하고 싶어요. 전 미수 씨를 보면서도 내가 옆에 더 가까이 가서 안아주고 싶다, 좀 더 표현할걸 하는 생각이 들어요. 이렇게 후회 같은 게 들었어요. (화장지로 눈물을 닦는다)

해인은 자기 욕구를 나무라지 않는다. 인정해준다. 밑줄 좌악 그어야 할 중요한 사실. '사랑과 보살핌의 욕구'는 생명체에게 산소 같은 것. 인간 생존을 위한 본능적인 욕구다. 산소 없이 생명체가 존재할 수 없듯이 '사랑과 보살핌의 욕구' 없이 심리적 존재로서 인간이란 결단코 없다.

이 욕구를 부정하지 않는 해인은 결국 자신의 정서적 욕구를 채우게 될 것이고 근원적 안정감을 갖게 될 것이다. 해인, 안심이 된다.

저는 그만 노력하고 싶어요

신미수 _ 제가 이것저것 배우는 걸 좋아한다고 했잖아요? 사실은 그런 마음 아래에 사랑을 받으려면 구체적인 이유가 있어야 한다고 생각했던 것 같아요. 능력이 있거나, 재주가 있거나, 아니면 아름답거나 친절하거나.

미수는 조건적 사랑을 무조건적 사랑이라 지칭한다. 때로 우리, 그런 식으로 거꾸로 알고 있다. 아이 안에 아이성만 있지 않고 어른성이 함께 존재하듯 어른도 어른성과 더불어 아이성을 지니고 있다. 어른 안의 아이성, 아이 안의 어른성이 적절하게 작동될 때 한 존재의 심리적 건강성이 유지된다. 아이 안에 아이성만 존재하면 유치함이 커지고(유치와 순수는 조금 다르다) 어른 안에 어른성만 있을 땐 경직성이 높아진다.
미수는 자기 안의 아이성을 어떻게든 떼어내려 한다. 어른 강박이다. 미수가 겪는 혼란의 큰 이유 중 하나다.

신미수 _ 성인의 경우에는요. 아이들은 당연히 그런 사랑을 받을 존재지만, 그래서 무조건적인 사랑을 받는다는 게 왠지 좀 (웃고) 거저먹는 것 같은 그런 생각이 좀 들어서.
정혜신 _ 그래선 안 될 거 같은?

신미수 _ 욕심인 것 같아요. 내가 아무것도 안 하면서 바라는 건, 표도 없이 기차에 타는 거잖아요. 그런데 제가 그걸 아이들을 보면서 생각하는 게 좀 이상했어요.

정혜신 _ 그렇게 생각을 하는구나.

신미수 _ 선배 아이가 있는데, 진짜 예쁘거든요. 눈도 크고, 잘 웃고. 그런데 그런 아이한테 그런 감정을 느끼면서 그래서 생각을 아예 말아버리자 했던 것 같네요. 내가 왜 이러지, 하면서.

정혜신 _ 그러면 안 되나요?

신미수 _ (웃고) 저는 그렇게 편하고 좋은 거라고 느끼지 않았던 감정이었는데, 같은 생각을 하는 사람이 있다는 것만으로도 '내가 이상한 게 아니구나' 안도하게 되잖아요.

황지혜 _ 아니 애들이 거저먹어야지, 사랑받으려고 계획적으로 행동하는 건 아니잖아요.

신미수 _ 제 이야기예요.

정혜신 _ 그랬구나. 미수 씨는 내가 그래선 안 된다고 생각이 들 때면 그 순간에 모두 멈춰버리죠. 그리고 억지로 다른 생각으로 돌리려 하지요?

신미수 _ 이제는 잘 멈추는 거 같아요. 그게 이렇게 습관이 된 것 같아요.

황지혜 _ (조금 흥분하며) 난, 좀 거슬려요. 미수 씨는 자꾸 해야 한다고 하잖아요.

정혜신 _ 어떤 느낌인가요. 좀 구체적으로.

황지혜 _ 아까도 내가 얘길 잘못 들었는지 모르겠지만, 그 아이는 거저먹는 게 당연한 거고, 우리는 뭘 자꾸 해야 돼?

신미수 _ 내가 해야 된다고요.

황지혜 _ 그러니까 뭘 자꾸 해야 하는데?

신미수 _ 나는 그런가 봐요.

황지혜 _ 왜 그런지 모르겠는데 나는 그 말이 너무 거슬려요.

신미수 _ 나는 내가 뭘 해야만 사랑받을 자격이 있다, 생각하나 봐요.

정혜신 _ 이유가 없이는 나는 사랑받을 수 없다?

신미수 _ 예 그런 것 같아요. 아 좋은 거 알았네. (웃음) 그래서 내가 뭘 자꾸 하나 봐요. (웃음) 뭘 자꾸 안 하면 불안한가 봐.

정혜신 _ 그래서 뭘 하는데요?

신미수 _ 호기심 있는 건 다 해요. 요리부터 시작해서 수제 비누, 옷도 만들고, 꽃꽂이에 액세서리 만들기도 배웠어요. 진짜 배울 수 있는 건 다 배우고요. 아는 언니가 언제 그걸 다 배웠느냐고 물어보는데, 사실 저는 그냥 제가 잡기에 능한가 했거든요. 그런데, 지금 얘기하다 보니까 다 잘하고 싶었던 것 같아요. 뭐든 남들 하는 건 다 할 수 있어야 되고. 그래서 주변 사람들이 그래요. (점점 애써 목소리 밝은 듯) '너는 좀 못하는 게 있어야 된다, 혼자서 뭐도 다 고칠 줄 알고 그러니까 혼자 사는 데 전혀 지장이 없는 아이라서 남자가 없는 거다.' 그래서 요즘엔 또 그런 게 걸리더라고요. 할 줄 아는 것도 걸리고. 괜히 배웠나 봐. 아하하.

정혜신 _ 그런 것을 못할 때 어떤 느낌이에요?

신미수 _ 정신을 못 차리죠. 불안하고. '아 그런 거 왜 못해, 잘해야지' 그런 생각이.

정혜신 _ 못하면 어떤데요?

신미수 _ 도움을 청하는 게 좀 힘들어요. 도움을 청할 누구를 생각하는 것도 부담스럽고 피곤하고.

정혜신 _ 누구한테 도움을 청하는 게 어려워요?

신미수 _ (조금씩 목소리 떨리며) 누군가에게 도움을 청하려고 찾는 거, 그게 참 어려운 것 같아요.

정혜신 _ 찾아본 적 있어요?

신미수 _ 잘 안 찾죠. 급하지 않으면 찾지 않는 거 같아요.

정혜신 _ 급할 땐 찾았나요?

신미수 _ 급할 때는 음.

정혜신 _ 급할 때는 누굴 찾아본 적 있어요?

신미수 _ 없었나 봐요. 생각해보면 뭘 줘야 받을 수 있다고 생각했던 것 같아요. 내가 이 사람한테 도움을 준 적이 있었나? 먼저 생각했죠.

정혜신 _ 음.

황지혜 _ 생각해보면, (약간 흥분하며) 노력하지 않아도 잘 받는 사람이 많은데. 운 좋은 사람들! 부모 잘 만나고 남편 잘 만나고 노력하지 않아도 잘도 받고 사는 사람들 많잖아요. 근데 나는 진짜 열심히 살았는데, 왜 또 무언가를 계속 노력해서 얻어야 되는지. 아, 사람 감정마저도. 생각할수록 너무 짜증스러워.

정혜신 _ 갑자기 화가 마구마구 나나 보다.

황지혜 _ 진짜 짜증 나. 내가 뭘 더 해야 해? 내가 뭘 더 줘야 돼? 뭘 그렇게 자기가 가진 게 많아서?

정혜신 _ (끄덕끄덕)

황지혜 _ 고기도 먹어본 사람이 먹는다고. (웃음) 미란 씨, 내가 지난 시간에 외로움이 뭐냐고 물어봤잖아요? 내가 진짜 모르는 감정이 사랑하고 외로움이에요. 저는 그게 나름대로 숙제거든요. 왜 난 외로움을 모를까? 고립은 알겠어요. 근데 외로움은 모르겠어. 그래서 진짜 궁금해서 물어본 거예요. 미란 씨처럼 당찬 사람도 외롭다고 얘길 하니까. 내가 왜 그 두 가지를 모르는지 이젠 알 것 같아요.

정혜신 _ 그 고기 얘기, 좀 풀어서 말해준다면 어떤 얘기를 하고 싶어요?

황지혜 _ 몰라서, 주는 것도 모르고 받을 줄도 모르고. 그건 나한테 하는 얘기기도 해요. 진짜 모르니까. 사람이 감정적으로 다가오는 게 되게 부담스럽다고 했잖아요. 저도 그랬거든요. 나는 누구 얘기에 리액션도 안 되고. 그냥 누군가한테 스스럼없이 털어놔본 적도 별로 없었고, 그러니까 그렇게 다가올 때 내가 어떻게 행동을 해야 되는지도 모르겠고.

정혜신 _ 겪어본 바가 없어서.

황지혜 _ 네, 모르니까, 몰랐으니까라는 생각이 계속 들었어요. 진짜 모르니까, 모르니까.

신미수 _ 만약에 저한테 누가 주스 한 병을 선물한다고 쳐요. 그럼 전 돌려주고 싶은데, 이것보다 더 큰 걸 내가 주면 부담스러워할 테고 작은 것은 성의 없다 할 테니까 이거랑 비슷한 다른 '신선한' 걸 찾아요. 남들이 모르는 걸. 되게 특별하다는 기분을 주고 싶어서. 그걸 언제쯤 주면 되겠다, 라는 계산까지 하고 그 타이밍에 주고 그 반응을 살펴요. 딱 정확한 타이밍을 생각하죠. 최근에 제가 혼자 남도에 간 적이 있었어요. 보성 차밭에 갔다가 거기 민박집 주인이 저랑 동향이더라고요. 그래서 이래저래 이야기를 해서 금방 친해졌어요. 차도 얻어 마시고 기분 좋게 서울에 올라왔는데, 그분이 또 저한테 차를 많이 보내셨더라고요. 저는 그게 고맙지만 너무 여러 가지 생각이 드는 거예요. 이걸 현금으로 주면 좀 모양이 아닌 거 같고, 선물하자니 남잔데 그것도 좀 이상한 거 같고. 계속 모르는 척하고 있다가 최근에 인사동에 들렀다가 다기 세트를 하나 사서 택배로 보내드렸어요. 근데 지금 드는 생각이, 그분이 그걸 받고서 '그냥 내가 기분 좋아서 한 건데 뭘 이런 걸 선물을 했냐' 그렇게 반응을 했던 것 같아요. 진짜 호의로 너무 기분이 좋아서 선물한 건데 너무 딱딱 떨어지게 반응을 했다면 상대방은 기분 나빴을 수도 있겠구나 하는 생각이 들었죠. 전 진심을 받는 방법도 모르고 진심을 주는 법도 모르는 것 같아요.

정혜신 _ 확실치는 않지만, 그 사람이 기분이 조금 상했을 수도 있었겠다는 걸 지금은 느낄 수 있다는 거네요?

신미수 _ 네. 그럴 것 같아요. 금액도 비슷하게 보냈거든요. 일이천 원 차이 났을 거예요.

황지혜 _ 일이천 원 쌌죠?

신미수 _ 비쌌어요. (웃음) 없어 보이긴 싫어서.

황지혜 _ 난 싸게 했을 텐데. 내가 더 많이 받은 것 같은 느낌으로.

정혜신 _ 둘의 머리가 거의 막상막하네. (웃음)

신미수 _ 둘 다 계산적이야.

정혜신 _ 음.

신미수 _ 그 사람은 자유분방해 보였어요. 내가 좀 심하게 농담을 하면 껄껄 웃어넘기고 말버릇처럼 그건 니 생각이고, 라고 했어요. 저랑 죽이 잘 맞았죠. 짧은 시간이지만 되게 많이 친해졌거든요. 뭐, 지금은 연락을 안 하지만 (침묵) 지금이라도 전화하면 진짜 반갑게 받아줄 사람인데. 우아. 또 제가 계산을 하네요. 지금 전화하면 무슨 생각으로 받아줄까, 무슨 말부터 하지, 그런 거. (침묵)

정혜신 _ 지금 미수 씨 얘기를 시작으로 해서 많은 얘기들을 나누고 있는데, 지금 마음속에 어떤 감정들이 왔다 갔다 하나요?

신미수 _ 화도 났다가.

정혜신 _ 뭐에 대해?

신미수 _ 주변 사람들이 사람 개개인에게 관심과 사랑을 쏟지 않는다는 것에.

정혜신 _ 주변 사람이라 함은.

신미수 _ 모든 사람이 서로에게요. 근데 당장 나에게도 누군가가 그 서로가 되는데, 그게 나한테 다가왔을 때는 두려운 거 같아요.

김해인 _ 나만 적응을 잘 못하는 건가 하는 생각. 사람 관계에도 그런 게 있었는데요. 이렇게 나누면서 생각이 드네요. 사랑은 주는 것보다 받는 게 더 어렵구나. 왜 난 이렇게 복잡할까. 남자 친구가 주는 사랑도 밀어내는 것 같아요. 지금은 그때보다 더 잘할 수 있을 것 같은데. 사랑은 원하지만 사랑을 받을 때 더 힘든 것 같아요. 받으려고 하는 것도 노력이 필요한 거 같아요. 그런 생각이 많이 들었어요.

정혜신 _ 음. 사랑을 받으려면 노력도 필요할 거 같다는 말은 내가 사랑을 받으려면 뭐도 해야 되고 뭐도 해야 되고 뭐도 줘야 되고, 이런 노력은 아니죠? 그저 받는 것, 그런 걸 용납하자, 그저 받자……. 뭐 그런 노력을 말하는 거겠죠?

무언가를 해야 한다는 생각이 아니라 '내가 노력할 것이 별로 없구나. 노력할 필요가 별로 없구나. 나 자체로도 괜찮구나'라는 걸 받아들일 수 있는 상태가 된다면 그건 치유의 마지막 단계에 가깝다.

김해인 _ 그동안 진짜 저는 '내가 잘할 수 있을까?'라고 다른 사람 위주로 생각해서 오히려 마음을 여는 게 쉽지 않았던 것 같아요. 다른 사람이 사랑을 표현하면, 좋으면서도 자신도 없고 하니까 거부했거든요. 밀어내고 그러면서도 가까이 오기를 원하는. 좀 이중적인 마음이 많은 것 같아요.

정혜신 _ 해인 씨는 이야기는 많이 하진 않았지만 마음속으로는 엄청나게 많은 정리를 하고 많은 느낌들을 가지고 있었네요. (양미란을 바라보며) 미란 씨는 오늘 거의 얘기를 안 했네?

양미란 _ 저는 좀 방식이 달랐던 거 같아요. 아까 선생님이 언니(신미수)한테 무조건적인 사랑을 받아봤냐고 물어봤는데, 저는 누구나 그런 경험이 있을 줄 알았거든요. 근데 한참을 생각하시더니 없는 것 같다고 대답하는 걸 듣고 '아, 그렇구나' 생각이 들었거든요. 저는 익숙하거든요. 저는 지금도 부모님이 제가 책임져야 할 대상이라기보다는 아직도 저를 좀 보살펴주시는 그런 것이 있고. 엄마가 계속해서 그런 무조건적인 사랑을 주셨어서 그게 되게 익숙했었나 봐요. 사랑은 받는 게 당연하고, 사랑을 못 받으면 의기소침한 게 아니고 화가 나요. 왜 나를 특별히 대하지 않지, 막, 에헤헤. 그런데, 그게 더 특이한 거구나. 나만 그런 건가라는 생각이 들었어요.

'조건적 사랑'이라는 것은 '이러이러해야만 너를 받아들이겠다'라는 어떤 주관적 조건을 잣대 삼아 사랑할 대상을 심판처럼 저울질하는 태도이고 '무조건적 사랑'은 상대를 존재 자체로 인정하고 싸안는 태도라고 했을 때, 미란이 받은 사랑은 무조건적 사랑이었을까?
아닐 수도 있다. 조금 다르게 느껴진다. 미란이 부모로부터 받은 사랑은 '무조건적인 사랑'이라기보다 '특별 대우'에 가까운 것은 아니었을까. 희생적인 부모로부터 받은 일방적이고 특별한 관심과 대우.
희생적인 부모는 아이와의 관계에서 '아이'만 존재하고 '부모 자신'의 존재성은 희미하다. 아이의 욕구, 감정, 선호는 빠르게 감지하고 인정하지만 부모 자신의 욕구나 감정 등은 아예 없는 것처럼 여긴다. 그런 관계에서 자란 아이는 '아이'도 '부모'도 인정되는 건강하고 성숙한 관계성 속에서 자란 아이와는 다르다. 사람 관계 맺기에서 어려움을 많이 겪게 된다.

사람 관계에서 느끼는 감정이 '극단적인 우월감' 아니면 '극단적인 두려움' 둘 중 하나일 가능성이 높다. 그 아이 내면에서 '타인'이란 매우 하찮거나, 매우 두려운 존재 둘 중 하나다.

'나'만 존재하는 듯이 살다가 '타인'의 존재를 대면할 수밖에 없을 때 공황 상태에 빠지게 되기 때문이다.

김해인 _ 저는 그만 노력하고 싶어요. 그냥 아무 노력 없이 주변 사람한테 사랑받고 싶어요. 그동안 나를 가두고 나는 잘해야 돼, 늘 그 생각이 강했던 것 같아요.

신미수 _ 아! 나랑 진짜 비슷하다. 그냥 저는 제가 없는 거 같아요. 제 생각과 감정을 되게 많이 모른 척하려고 애를 쓰는 거 같아요.

김해인 _ 언니도 저 같아요. 언니도 상처받고 싶지 않아서 언니 스스로를 단속하고 살지 않았나 그런 생각이 들어요. 언니도 좋은 감정도 있었을 거고, 상처받을 수 있는 감정들도 많았을 텐데, 상처받고 싶지 않으니까 오히려 기대치를 전반적으로 많이 낮춰서, '내가 이렇게 해야지' 하는 식의 생각으로 돌리려고 하지 않았을까. 그래서 언니가 감정을 많이 누르게 되었던 게 아닐까.

정혜신 _ 그래요. 맞아요. 그럴 수 있어요.

신미수 _ 저는 원래 오늘 세션이 끝나면 뭔가 다 정리가 돼서 문을 열고 탁 나가는 순간부터 시원할 줄 알았는데 그런 건 아니네.

황지혜 _ 나도 아까 드는 생각이 마음을 확 꺼내서 이렇게 집어넣었으면 좋겠는데……. 어떻게 표현해야 할지 답답하네. (일동 아아!) 다 꺼내서 펼쳐놓고, 이건 버리고, 이건 고치고 이런 식으로. 귀찮을 때는 감정의 센서를 껐으면 좋겠어요. 스위치처럼. 편할 것 같아. 이야기하다가 싫으면 끄고.

정혜신 _ 오늘 많이 피로하고 많이 힘들었군요. 격해지기도 했고요. 오늘 참 애썼어요.

김해인 _ 진짜 얘기를 꺼내놓을 수 있는 시간은 오늘이 마지막이라고 생각하니까 자꾸 더 그런 거 같아요, 왠지.

오랜 세월 굳혀온 자신의 생각과 행동 패턴이 차곡차곡 정리되기 위해서 거쳐야 하는 단계가 있다. 그 생각과 행동 패턴에 균열이 시작되는 과정이 있어야 한다. 균열이 오면 혼란스럽거나 불안해질 수 있다. 일시적으론 무기력해지기도 한다. 그렇지만 꼭 거쳐야 한다. 그 과정을 건강한 균열, 건강한 혼란이라고 부르는 것은 바로 그 때문이다. 신경증(노이로제)은 정당한 고통을 회피한 대가다.

정혜신의
힐링톡

 그 순간 공감이 가능했던 건 지혜가 마음을 열 수 있는 '관계' 안에 있었기 때문이다. 그래서 있는 그대로의 자기 마음과 감정을 유통시킬 수 있었고 그 결과가 '공감'이다. 공감을 하면 생각의 과열 작동은 자동적으로 멈춘다. 공감을 통해 서로의 감정, 마음이 오고 가다 보면 타인에 대해 머리로 추론할 때보다 더 풍부하고 입체적인 정보가 느껴지고 들어오게 된다. 그래서 더 많이 알고 파악하게 되었지만 생각이 줄고 머리는 가벼워진다.

 자전거를 처음 배울 때 한참 넘어지다가 어느 한 순간부터 더 이상 넘어지지 않고 앞으로 쭉 나아갈 수 있듯 지혜가 공감의 감각을 몸에 익힌 이 순간부터는 생각에 걸려 넘어지지 않고 계속 공감하고 몰입할 수 있을 것이다. 점점 더.

김해인_

그게 애쓰는 거였구나.
나는 그냥 할 수 있는 걸, 생각나는 걸
하는 거라고 생각했는데.
내가 그런 거였구나.

정혜신_

아, 그런 거였구나.
내가 그래서 그랬구나, 하는 실감이
일상에서 늘어날수록 사람은
반복되던 자기 패턴에서
조금씩 벗어나기 시작한다.

여섯 번째 세션

아, 내가 그런 거였구나

제가 좀 착해진 것 같아요. 솔직해지고

정혜신 _ 오늘이 마지막 시간이네요. 그동안 함께 얘기 나누면서 어떠셨어요? 어떤 변화들이 있었나요?

신미수 _ (정혜신, 두 손 모아 턱 괴고 신미수 응시) 저는 되게 많이 배운 거 같아요, 여러 가지 방법들을. 음, 제 생각을 얘기하는 것. 상대방이 내가 생각하는 만큼 그렇게 생각하지 않는다는 것. 그러니까 내가 이걸 얘기하고 나면 '이 사람이 이걸 이렇게 받아들이고, 이런 상황이 벌어질 거야'라고 확신하면서 걱정하곤 했는데 전혀 그렇지 않다는 걸 배운 것 같아요. 그래서, 대할 때도 좀 많이 가벼워졌어요. 오늘은 제가 교회에서 피아노를 치는데 다음 주가 설날인데 일요일이잖아요. 근데 이번만큼은 왠지 가족들하고 보내고 싶어서 미리 얘기했어요. 다른 반주자를 구해달라고,

한 주 정도 빠지겠다고 그렇게 얘길 했는데, 전달하는 집사님이 다른 사람들한테 얘기하면서 얘기가 와전된 거예요. 그냥 엄마랑 같이 있고 싶어서 빠진다더라, 그렇게 해달라. 그래서 오늘 예배가 끝났는데 어떤 집사님이 오셔서, "나한테까지 이 얘기가 흘러왔으면 진짜 반주자가 없는 선데, 그 자리는 정말 소중한 자리고 빠지면 안 된다. 왜 함부로 여기고 그렇게 빠지려 그러느냐, 너는 그러면 안 된다" 그러시더라고요. 한참 장문의 연설을 하시다가, 그러니까 저희 소속이 아니잖아요, 그 집사님은. 근데 "소속 집사님보다 더 심하게 얘기했나?" 그러시더라고요. "예, 이만큼 더 세게 심하게 하셨어요." 그랬어요. 웃으면서 한 얘기였는데 뼈가 있는 말이었어요. 결국은 제가 3부인데 2부 반주자랑 바꿔서 하기로 했거든요. 그런데 또 메시지가 왔더라고요. "얘기를 들었다, 그런데 자리를 지키는 것은 참 중요한 거 같다" 그렇게 메시지가 왔는데, 마음은 좋은 뜻일 수도 있겠지만 저는 되게 기분이 나빴어요. 계속, 제 입장에서는 그냥 착하게 있고 싶은데, 교회 안에서만큼은 말없이 착하게 있고 싶은데, 그게 싫은 거예요. 그래서 계속 참다 참다 어떻게 할까 하다가 여기 올라오기 전에 안 되겠어서 메시지를 장문으로 보냈어요. "생각한 것 이상으로 저는 소중하게 여기고 있지만 이번만큼은 특이한 케이스라 그렇게 됐다. 근데 오해한 상태로 서로 얘기해서 내가 좀 마음이 어려웠다" 그렇게. 예전 같으면 그걸로 제 이미지에 관해서 되게 스트레스를 받을 상황인데, 오히려 그렇게 메시지를 보내고 나니 또 어떤 일이 벌어질지 모르겠지만 되게 마음이 편하더라고요. 예전 같았으면 되게 조심스럽게, 차라리 전화를 했거나 아니면 더 포장해서 한 단어 한 단어를, 단어와 단어의 조합까지도 선택을 해서 보냈을 거예요. 근데 최대한 좋게 말은 하지만 제가 하고 싶은 말들은 되게 솔직하게 다 써서 장문으로 보냈는데 마음이 편하더라고요. 그래서 아까 해인 씨한테도 올라오면서 "에이 몰라, 나는 보냈어" 그러면서 올라왔거든요. 그만큼 변한 거 같아요. 많이 편하게.

만약에 이 주스를 제가 먹고 되게 맛있을 수도 있고 맛없을 수도 있잖아요. 그러면 예전에는 "어 괜찮다, 맛있네, 이거 어디서 났어" 이렇게 다 좋은 쪽으로 얘길 했는데. 요즘에는 그냥 "별론데" (일동 웃음) 그렇게 말할 수 있는. 저는 제가 좀 착해진 거 같아요. (웃음) 좀 솔직해지고, 좀 사람다워지고? 솔직하게 대답하면 상대방이 상처받을 것 같아서 되게 매사에 조심스러웠거든요. 근데 상대방이 내가 생각한 것만큼 상처를 안 받을 수 있다는 생각이 들었고, 상처를 받았더라도 그건 그것대로 대처를 해주면 되니까, 그런 생각이 들더라고요.

정혜신 _ (끄덕이며) 그렇죠! 응응. 근데, 되게 재미있는 말이 하나 있었는데. 착해진 것 같다 그랬잖아요. (일동 웃음) 누군 그런 걸 보면 좀 더 싸가지 없어졌다 그러는데. (웃음) 본인은 지금 조금 더 착해진 거 같다 그러잖아요. 어떤 뜻이에요?

신미수 _ (천천히) 전에는 이렇게 선을 두고 이만큼만 보여주고 그랬는데 그 선을 조금 흐릿하게 해놓는 거. 더 솔직해졌다는 면에서 내가 좀 더 착해진 것 같아요. 흐흐.

미수, 명쾌하다. 맞아, 이런 게 진짜 착한 거야. 우리가 서로 솔직할 수만 있으면 결국은 나에게도 남에게도 상처를 덜 주게 되잖아.

처음에 미수는 미세한 금이 많이 간 도자기 같았다. 빛이 환하게 비치는 창가에 있으면 미세한 금들이 더 선명하게 보이는 도자기처럼 작은 충격에도 금방 깨질 것만 같았다. 그런데 5주간의 여행을 마친 지금은 그의 상처 난 금들이 연결되어 미수만이 가진 독특한 무늬가 된 것 같다. 미수의 빗살무늬.

천 피스로 구성된 정교한 퍼즐 조각처럼 미세하게 분화된 미수의 자아는 상처를 더 깊게 만드는 예민함의 뿌리이기도 했지만 미수가 좋아지기 시작하면 그때부터 미수의 예민한 자아는 섬세한 분별력의 근원으로 작동할 것이다. 미수 앞에 남은 삶의 여정에 간절히 합장.

좀 이렇게 열고 싶다, 하는 마음이 생긴 것 같아요

김해인 _ 저도 이렇게 항상 무슨 얘기를 할 때 내 이야기는 여기까지만 하는 그런 선이 많이 있었는데 미수 씨처럼 선이 많이 흐려진 거 같아요. 제 이야기도, 이 얘기를 하면 나쁘게 생각하지 않을까? 좋은 쪽보다 이런 식으로 많이 생각했었거든요. 가족 얘기를 할 때도, 그냥 제 의견을 제시할 때도 조금 두려운 그런 마음이 있었던 거 같아요. 학교에서보다는 언니를 볼 때나 언니하고 얘기를 할 때, 보통은 업무 쪽이 아니라 개인적인 나에 대해서 물어볼 때 많이 그랬던 것 같아요. 친구들이랑 얘기하다 보면 업무적인 얘기가 아니라 이제 좀 더 자세하게 이야기를, 가족에 대해 이야기를 할 때도 있고 그런 때였던 거 같은데. 그냥 아예 저는 물어보기도 전에 말조차 꺼내지도 않아요. 대부분은 제가 제 말을 하기 힘드니까. 보통은 오히려 제 쪽에서 더 물어봐서 다른 사람의 이야기를 더 듣는 경우가 많았던 것 같아요.

정혜신 _ (웃으며) 공격이 최상의 수비다?

김해인 _ 그래요, 오호. 제가 질문을 던지면 오히려 제 얘기는 안 해도 되잖아요. 저는 그냥 그 얘기를 들어주면 되니까 그렇게 이야기하는 경우가 많았는데요. 요즘은 그렇게 두려워하지 않는 것 같아요. 조금 힘들어도 그 정도가 많이 낮아졌어요.

그리고 제 마음속에서 좀 이렇게 열고 싶다 하는 마음이 생긴 것 같아요. 예전에는 사실 어떻게 보면 다른 사람은 관심조차 없을 수 있는 저의 상황들을 저 혼자 '말하지 말아야지' 하고, '가족의 안 좋은 얘길 말하면 다른 사람이 나를 안 좋게 생각할 거야' 그랬는데. 지금은 '그럼 뭐 어때' 이렇게 생각하게 돼요. 편히 생각하게 되는 것 같아요. 그냥 좀 두려웠던 마음을, 좀 용기를 가질 수 있게 된 거 같아요. 사실 지도 일어나지 않는 일들을 가지고 고민하는 경우가 많거든요. 사실 언니한테 제일 불만인 게 그거예요. 저는 티를 안 내고 혼자 고민하는 편이지만 언니는 그걸 표현하는 편이거든요. 근데 그걸 싫어하면서도 저도 마음속으로는 이렇게, 겉으로는 못하면서 저도 일어나지 않은 일을 괜히 고민하고 그런 게 많아서, 이런 얘기를 들으면서, 오히려 더 좋은 쪽이 있을 수도 있고 앞으로는 알 수 없는 건데, 괜히 고민하고 그런 거보다는 지금 현재 더 재미있고 그렇게 사는 게 좋다고 느꼈어요.

정혜신 _ 지금 해인 씨가 얘기하는 게 우리가 책을 읽다 보면 뭐 우리가 생각하는 것들, 걱정의 몇 프로는 일어나지 않을 것이며 몇 프로는 뭐 할 것이며, 책에 보면 흔히들 굉장히 많이 하잖아요. 지금까지 그런 얘길 한 번도 안 들어봤거나 그 사실을 오늘 처음 들어서 '와, 이런 사실이 있었네!' 그런 건 아닐 거예요. 사실 친구한테도 들었을 거고, 많이 들었을 건데. 근데 그런 느낌을 왜 굳이 이 자리를 통해서 받아들였을까?

김해인 _ 저는 교사다 보니까, 항상 이렇게 우물에 빠져 있는 것 같은 그런 경우가 좀 많아요. 모든 인맥이 학교 교사 중심이에요. 딱 그것밖에 없어서요. 참 어떻게 보면 갇혀 있는 느낌도 들고 그런 게 많거든요. 근데 이런 자리에서 다른 사람들의 내면의 모습들을 보고 깊은 이야기도 나누고 여러 생각들도 해보면서, 그러면서 그냥, 아 뭐라 그래야 할까, 우물에서 빠져나온 거 같아요. 내 생각대로, 느낌대로, 나도 그렇게 살면 더 좋을 것 같다 그런 생각을 한 거 같아요.

황지혜 _ 저는 쭉 듣다 보니까, 왜 이렇게 책에서 보던 말들이 여기선 더 크게 다가왔을까 생각해봤는데, 여기서처럼 말을 그렇게 툭툭 던져준 사람이 없었던 거 같아요. 책은 읽고, 그리고 그 문제를 이렇게 심각하게 "그래. 어떡하니. 그래도 이래야지" 이렇게 얘길 하면 그 문제가 나한테 굉장히 무거운 문제라는 느낌이 들었는데, 여기선 대화 중에 서로가 굉장히 다른 시각에서 본 걸 그때그때 생생하게, 아무렇지도 않게 툭툭 던지게 돼요. 다른 시각에서 그렇게 툭 던졌을 때, '그게 그렇게 무거운 문제가 아닐지도 몰라' 그런 다른 시각을 경험했어요. 책에서 읽었을 때와 내가 여기 와서 그 문제를 고민하고 얘기하면서 해결책을 찾았을 때, 그 느낌의 강도가 그래서 달랐던 거 같아요.

김해인 _ 저는 한 2년 치를 다 울고 가는 거 같아요. 아하하하. 아, 그 얘기 하니까 떠올랐는데, 머릿속으로 막 고민을 할 때랑 말로 뱉어서 딱 풀어놓았을 때랑 그 무게가 달라지는 거 같아요. 관점도 좀 바뀌고, 내 마음을 객관화해서 볼 수 있는 거 같아요.

정혜신 _ 자기를 객관화해서.

김해인 _ 네. 자기를요. 남의 문제뿐만 아니라 말을 하면서 정리가 되기도 하고요.

신미수 _ 예 맞아요. 저는 제가 했던 말들이 안에서는 되게 무거웠는데 내 뱉고 나니까 별거 아니었거든요. 처음에는 되게 힘들었어요. 첫 시간이 끝나고 두 번째 만났을 때는 얼굴도 마주하기가 너무 창피한 거예요. 또 어떻게 바라볼까. 근데 별로 신경을 안 쓰더라고요. 아하하하. 다들 어땠는지 모르겠지만. 하여튼 겉으로는 신경 안 쓰길래 아, 신경 안 쓰는구나.

황지혜 _ 진짜 신경 안 썼어요.

신미수 _ (웃으며) 그렇게 얘기를 해줘야 된다니까, 정리를 해줘야 돼. 자꾸 마음에 넣어두면 그 문제에다 내 생각까지 더해져서 더 무겁게 눌러앉는 거 같아요. 따지고 보면 그게 별거 아니라는 걸 배운 것 같아요.

김해인 _ 저도 이렇게 말로 표현하기가 쉽지 않아서 마음속으로 생각하고 있으면, 하나씩 더 더해지는 것 같아요. 딱 말을 하고, 그냥 혼잣말하는 것도 아니라 말하기는 정말 힘들었는데, 그에 대해서 다른 사람이 지나치듯이 어떤 말을 하는데 마치 "그거, 별거 아니야" 하는 말 같았어요. 사실 그 말을 해주는 사람이 누구냐에 따라 다를 것 같긴 해요. 내가 싫어하는 사람이 그 말을 하면 '자기가 뭘 안다고' 그러게 되는데. 우리끼리는 서로 더 이해해주려는 바탕에서 얘기를 하고 있으니까, 그런 관계라서 더 쉽게 표현할 수 있었고, 이런 상황이니까 누군가 얘길 해줘도 오해로 빠지지 않고 있는 그대로 '진짜 그럴 수도 있는데, 내가 왜 그랬을까?' 이렇게 생각을 해볼 수 있는 기회였던 거 같아요.

　　　　해인의 말에 깊이 공감한다. 어떤 말을 해주는 게 중요한 게 아니라 그 말을 해준 사람이 자신을 이해해주려는 마음을 가진 사람이었기 때문에 그때 비로소 그 말을 내 안으로 받아들이게 된다는 것. 그것은 치유 과정 속에 숨어 있는 비밀 중 하나다.
　　　　내가 누군가에게 도움을 줄 수 있는 대상이 되려면 상대방이 나에 대해 '자신을 이해해주려는 사람'이라는 느낌을 먼저 가질 수 있어야만 한다. 그런 관계의 토대에서는 사소한 말, 스치듯 하는 말이나 행동, 심지어는 다른 사람이 했으면 상처가 되었을 말조차도 치유적 효과를 발휘한다.

신미수 _ 저도 느낀 게 있어요. 만약 지혜 언니가 무슨 얘기를 하면, '아 저 언니는 이렇게 살았겠고 저런 성격은 이런 것 때문에 그렇겠네' 예전에는 이런 걸 되게 분석하면서 봤는데, 여기 와서는 그런 게 많이 완화된 거 같아요. '응, 언니가 이런 일을 겪었구나' 그러면서 '아, 그랬구나, 많이 아팠겠구나, 되게 좋았겠구나' 그런 식으로 생각하게 돼요. 내가 좀 달라졌어요.

조금씩 내 마음에 솔직해진다는 것

황지혜 _ 나도 공감하는 게 예전에는 이런 얘기를 들으면 '이거는 왜 이렇게 된 건가?' 이런 생각을 많이 했는데, 이제는 여기서 다른 사람 말을 들을 때, 제가 무언가를 꼭 해야 되고 그런 거 아니잖아요. 그런 상황에서 좀 멈출 줄 아는 거, 생각을 자연스럽게 멈추는 걸 배운 것 같아요. 그래서 그냥 얘기할 때는 '그냥 얘기하는 거구나'. 어허허.
신미수 _ 어 맞아.

황지혜 _ 그러니까 꼭 공감해야 된다는 그런 부담도 버리게 되는 거예요. 그랬구나. 그래서 뭐 공감이 안 되면 안 되는 거고, 되면 되는 거고. 그런 걸 느끼게 된 거 같아요.

정혜신 _ 그거 알아요? 여러분들은 정신의학 교과서에 나오는 어려운 얘기들을 지금 쉬운 말로 서로에게 술술 풀어놓고 있어요. 공감에 대한 탁월한 체험이네요.

김해인 _ (웃으며) 그 생각이 갑자기 났어요. 그거요. 언니가 세 번째 시간에 '아! 이게 공감이구나!' 그런 얘기를 한 순간이요. 그때 내가 더 기뻤어요. 으흐흐.

황지혜 _ 왜? 피노키오를 사람 만든 거 같았어? (일동 폭소)

김해인 _ (또박또박) 아니 그러니까, 우리가 전에 얘기를 했었지만, 상담 공부를 많이 한 사람이 오히려 마음 열기도 힘들고 가족과도 관계가 더 안 좋다는 얘기를 들었다고 했잖아요. 들으면서, 언니가 맨 처음에 오자마자 '여기 오기 전에 상담해봤다' 이런 식으로 얘기했을 때, 언니에 대한 선입견이 좀 있었어요. 언니가 이 모임에 신뢰도 별로 없는 거 같고, 언니가 뭔가 변화되기가 힘들지 않을까. 언니 자체가 뭔가 닫고 있는 거 같은 느낌? 근데 지금은 달라졌어요. 이 말을 하니까 마음이 확 열리는 느낌이 더 드네, 흐흐.

황지혜 _ 자기 천재야. 앞으로 바보라 그러지 마. (일동 폭소) 사실 제가 첫 시간에 굉장히 불편했었거든요. '과연 여기서 뭐가 있을 수 있을까?' 하는 생각을 하면서 왔었어요. 그걸 감지했던 거네.

정혜신 _ 해인 씨가 지혜 씨를 깊이 주목하고 있었던 거네요.

황지혜 _ 아이. 뭘 그렇게 굳이 숨기고 살려고, 포커페이스처럼. 그렇게 살지 말아야 되겠다는 생각이 갑자기 또 들었어요. 사실 남들은 다 느끼더라고요. 와하하. 지금은 조금 더 솔직해진 거 같아요. 목요일 날 친구를 만났는데, 그 친구가 참 잘살아요. 그 친구들 모임에만 갔다 오면 되게 마음이 안 좋아요. 그 왜, 잘난 친구들과의 비교를 꼭 하게 되는 그런 것 때문에 되게 마음이 안 좋거든요. 친구가 무슨 얘기를 하다가 그러더라고요. 예전에 그 친구가 소개팅을 시켜줬거든요. 그때 일을 물으면서 너 그때 그 남자랑 만났으면 어떻게 됐을까, 라고 장난처럼 물어보더라고요. 그 친구가 다른 학교 법대에 다니던 친구인데, 저랑 소개팅하고 저를 좀 오래 따라다녔었어요. 그때는 매너도 별로고 좀 촌스러워서 제가 매몰차게 거절했거든요. 그리고 나서 그 친구가 사법고시 패스했다는 이야기를 그 친구한테 들었어요. 지금은 어느 지검인가에서 아주 잘나간다고 하더라고요. 예전 같았으면 그 친구가 물어보면 웃고 넘기고 나서 진짜 기분 나빴을 텐데. 이번에는 "결혼해서 검사 사모님 됐겠지" 하고 받아쳤어요. 예전에는 생각이 복잡해지면서 마음은 엄청 불편해지고 그랬었는데, 근데 그날은 그렇게 딱 받아칠 수가 있었어요. 그러고 나니까 '아 내가 할 수 있구나.' 그게 내 진심이었거든요. 아하하.

정혜신 _ 아하. 진심을 말했구나!

황지혜 _ 그 순간 진심이었어요. '그렇게 될 애였으면 내가 그렇게 무시하지 않는 거였는데' 그러면서 순간 내가 참, 내 마음에 조금 솔직해졌구나,

그런 생각이 들면서 되게 기특하더라고요. 공감을 할 수 있게 되면서 제가 저한테 조금씩 솔직해지는 거 같아요. 공감을 알고, 아버지 문제도 그렇게 가볍게 넘어갈 수 있고 그런 것도 참 중요하지만. 이번 상담 모임 끝나고, 항상 불편했던 그 친구들 모임 갔다 와서 내가 느낀 건, 내가 조금씩 내 마음에 솔직해졌다는 것. 그러니까 그때는 그 친구들 만나고 오면 왜 불편한지도 모르고 그냥 막 굉장히 뭐라 그럴까, 되게 비참한 느낌? 이런 거였거든요. 근데 이제는 '내가 샘나는구나, 샘이 나' 그런 정도로 생각하고 있더라고요.

지금 이들이 경험하고 생생하게 실감하는 얘기들은 바로, 정신분석학에서 수없이 반복하고 강조하는 치유의 핵심인 '공감'에 관한 것이다. 사람 마음을 움직이는 힘의 8할은 '공감'이다. 공감을 받으면 마음이 열리고 마음이 열리면 내 마음이 어땠는지 명료하게 느껴진다. 내 마음이 어떤지 분명해지면 사람 관계에서 편안해진다.
그런데 이들이 '공감'을 실제 어떻게 느끼고 있는지 한 번 더 떠본다.

정혜신 _ 어떻게 느끼세요? 말로 하면 그다지 특별한 건 없잖아요. 그렇죠? '나 좀 솔직해지려고 그래. 나 솔직해졌어' 이런 말, 되게 일상적으로 들리잖아요? 어떠세요?

황지혜 _ 일상적이라고만 볼 순 없는 것 같아요. 나한테 솔직해지니까 상대에게도 더 솔직해지는 거 같거든요. 그 모임에 온 친구 중 하나가 와이프랑 사이가 안 좋대요. 근데 저는 그 친구가 항상 부러웠거든요. 아버지 잘 만나서 그 좋은 회사에 (숨을 크게 들이쉬었다 뱉으며) 진짜 토익 점수 하나 없이 취직하고. 근데 뭐 와이프랑 사이가 안 좋대요. 예전 같으면 "왜 그래, 잘 지내지" 그렇게만 끝났을 거예요. 그런데 이번에는 그 친구한테 전화하면서 제가 그러더라고요. "야, 니가 뭐가 부족하다고 그래. 참, 니가 돈이 없어, 인물이 없어, 도대체 왜 그러는데!" 그러니까 그 친구 말이 "야 돈 있다고 다 편안한 거 아냐" 이렇게 얘기를 하더라고요. 내가 솔직하니까 걔도 그렇게 나오더라고요. 제가 그 친구에 대한 감정도 솔직하게 얘기하고 그 친구도 저한테 그렇게 솔직하게 얘기를 하니까, "맞아 그렇긴 해" 그렇게 얘기가 되면서 서로가 더 편안해지는 것 같았어요.

정혜신 _ 음. 그랬군요.

황지혜 _ 나중에 그 친구가 그러더라고요. 그 친구 동생이 좀 많이 아픈가 봐요. 그 친구가 동생하고 형제가 둘뿐이라 사이가 좀 각별하거든요. 건강검진에서 후두암이 발견돼서 많이 고생하고 있다고 하더라고요. 다행히 생명에는 지장이 없는데, 하나밖에 없는 동생이 목소리를 잃게 생겼으니까 마음이 너무 아프다고 막 울더라고요. 그걸 보니까 (애써 웃으며) 하나님은 정말 공평한 거 같아. 어떻게 다 그렇게.

김해인 _ 맞아.

황지혜 _ (답답한 듯) 다 가진 것처럼 보이는데 어떻게 그런 아픔을 주시는지. 그래서 참 기분이 뭐라 그럴까. 하나님은 공평하다 생각하면서도 그냥 아프면서도 그래도 부러우면서도. 여러 가지로 굉장히 복잡하더라고요.

정혜신 _ 그 친구에 대해서 느끼는 복잡한 감정 그 모두가 그 친구의 실체에 가장 근접한 것이겠지요.

황지혜 _ 네. 그런 것 같아요. 사람들이 저를 볼 때 왜 그렇게 불편하게 봤을까 생각을 해봤는데요, 지금까지 저는 어떤 한 부분에 관한, 그것도 그 부분에 대한 사실만 얘기하고 감정은 전혀 얘길 안 하더라고요.

정혜신 _ 으음. 그랬죠.

황지혜 _ 그러니까 사람들이 저를 불편하게 여기지 않았을까, 라는 생각이 들더라고요. 저 자신도 사람들한테 1센티쯤 열리고 다른 사람들도 저한테 다가올 수 있는 그런 계기가 되지 않았나 싶어요.

지혜는 '자기'를 내놓는 것에 처음부터 용감했다. 불편하거나 불안해도 일단 말을 꺼내놓고 보았다. 볕 아래 내다 널어놓은 고추처럼 지혜는 자기 모습을 투명하게 드러냈다. 지혜와 우리는 힘을 합쳐 지혜 삶의 구겨진 부분을 살펴보고 또 공감했다. 공감을 받으며 지혜는 구겨진 부분들을 더 활짝 펼쳐 보였고 그런 과정 중에 지혜는 그 부분이 왜 구겨져 있었는지도 깨달아갔다. 용감한 자가 미인을 얻는다고 했던가? 글쎄, 용감한 자는 '자기'를 얻고, '치유'를 얻는다고 나는 생각한다.

정혜신 _ 해인 씨 웃음소리가 첫 번째 상담 때보다 당당하고 굉장히 커졌어요. 그거 본인은 알아요?

황지혜 _ 처음엔 진짜 말도 안 하고 그랬는데. 해인 씨 3회 동안 할 얘기 오늘 한 시간에 다 했어요.

신미수 _ 말할 때 얼굴 가리는 것도 거의 없어졌어요.

김해인 _ 오호호호. 오늘 화장도 하고 왔잖아요.

황지혜 _ 아 예에. 아름다우십니다.

양미란 _ 제가 원래 눈이 별로 안 좋긴 하지만, 오늘 전지현 느낌이 나서 계속 보고 있었어요.

김해인 _ 나 오늘 너무 업돼서 가는 거 아냐. 아하하.

신미수 _ 집에 가지 마.

황지혜 _ 저녁 값 내면 돼. 아하하하.

아, 내가 그렇게 외로웠었나?

양미란 _ 저는 여기 네 분하고 다르게 오히려 반대예요. 저는 상담하면서 느낀 게, 제가 너무 솔직해서 탈인 것 같아요. 하고 싶은 말 다 하고 너무 숨김이 없어서, 그래서 오히려 언니(황지혜)가 지향하고 있는 포커페이스를 전 옛날부터 꼭 하고 싶었어요.

황지혜 _ 될까?

양미란 _ 안 되죠. (웃음) 남들이 제 표정만 봐도 다 아는데. 저는 솔직하게 한다고 얘기했는데, 언니가 말한 것처럼 한 3번밖에 안 만났는데 깊이 있는 얘기를 하면 상대가 부담스러워할 수 있겠구나 하는 걸 처음 알았어요. 아까 해인 씨가 말한 거처럼 나는 정말 나름 머릴 써서 충고한다고 해줬는데 '어? 나에 대해 뭘 안다고' 하는 식으로 받아들일 수 있다는 걸 정말 처음 깨달은 거 같아요. 이때까지는 남이 나한테 그렇게 했을 때는, 그러니까, 3번 만나서 나한테 왜 이런 얘길 하지 그런 생각 한 번도 한 적이 없었는데. 근데 내가 얘기했을 때 상대가 그럴 수 있다는 걸 미처 몰랐던 거 같아요. 오히려 저는 이 모임을 통해서 말이나 생각 같은 걸 가려서 해야 될 필요성을 느꼈지 않나. 지금 여러 차례 모였는데, 가장 저다운 건 첫 번째 모임에서의 모습이었던 거 같아요. 나머지에서는 좀 뭔가 약간 참으려고 한 것도 있었고 약간은 주눅이 든 것도 있었고.

정혜신 _ 왜 그랬던 것 같은데요?

양미란 _ 선생님은 의도적으로 그러신 게 아닐 것 같은데요. 저는 약간 저를 제재한다는 그런 느낌을 받았어요. 지금 보면은 저희 4명 중에서는 미수 씨가 가장 많이 변했고, 긍정적인 변화가 있었던 것 같거든요. 그런 식으로 저한테도 좋은 변화를 주고 싶으셔서 저의 성향 같은 걸 조금 이렇게 억제하는 그런 역할을 일부러, 선생님이 말씀을 많이 하시는 건 아닌데, 한두 마디 던지시는 게 딱 핵심도 포함하고 있고, 생각할 거리도 던져주시고 한마디로 이렇게 눈물 터뜨리게도 하시고요. 제가 생각했을 때는 한마디 하시는 것도 그냥 하시는 게 아니라 많이 생각하시고 일부러 던지시는 것 같았거든요. 그래서 그런 것들 때문에.

정혜신 _ 그랬구나. 억제하는 것처럼 느꼈다니 조금 미안하네. 근데 그렇게 느꼈을 때, 미란 씨는 자기의 어떤 점 때문에 내가 지적을 한다고 생각했나요? (자세를 고쳐 앉고 주위를 짧게 돌아보고 양미란을 응시한다)

양미란 _ 저 스스로도 저에 대해 느끼는 건데 약간 거만하거나 자만하는 그런 측면이 있어서 선생님이 일부러 그러신 것 같거든요.

정혜신 _ 지금까지 살면서 미란 씨 스스로에 대해서 그런 느낌을 가졌던 적이 있어요?

양미란 _ 예. 저는 그런 게 좀 있었는데, 좀 많이 완화가 된 게, 으흠, 제가 지금 직장에 옮기려고 좀 많이 노력했거든요. 제가 한 번에 이직에 성공했으면 사실 사람들이 노력에 비해서 결과가 잘 안 나오는 게 이해가 안 됐을 거예요. 고등학교 동창 중에 공무원 공부를 하는 친구가 있는데 하루에 10시간씩 공부하는데도 계속 떨어졌거든요. 사실 좀 무시했어요. 머리가 저렇게 안 따라주나, 싶었는데, 그런 마음이 좀 없어졌어요. 제가 실패를 경험하면서부터 그런 것 같아요. 제가 운동신경이 좀 떨어져서 요가나 수영 같은 걸 배우면 저만 못해요. 춤을 배워도 그렇고 잘하고 싶은 마음이 아무리 앞서도 몸이 안 따라가는 거예요. 누구나 열심히 하려고 해도 안 되는 것들이 있는데, 그걸 무시하면 안 되는구나 생각해요. 그래도 아직 그런 면이 저한테 남아 있어요. 근데 그게 자신감 있어 보이기도 해서 좋기도 한데, 다른 사람한테 상처를 줄 수도 있겠구나 싶어요. 혜인 씨 얘기를 들으면 또 언니 이야기를 많이 하는데, 저한테도 그런 측면이 있는 게 아닌가 싶었어요. 특히 저를 힘들게 하는 게 회의를 하면 팀원들하고 항상 트러블이 있어요. 그런데 그 트러블이 제가 회의 도중에 쓴소리를 많이 하고 약간 잘하고 싶은 욕심이 많아서 그래요. 그게 좀 안 좋게 작용을 하는 것 같아서, 저는 여기서 그런 점을 많이 생각하게 된 것 같아요.

정혜신 _ 내가 미란 씨에게 취했던 태도들 말고도 혹시 그런 생각을 하게 된 계기가 있었다면 혹시 어떤 것들이 있었을까요?

양미란 _ 다른 분들이 하는 얘기를 듣는 것만으로도 거기에 내 상황을 적용하면서 깨닫게 된 것 같아요. 저는 내 얘길 하는 것보다, 들으면서 많이 정리가 되었던 것 같거든요. 그러니까, 나는 좋은 쪽으로 얘길 했는데 상대방에서는 그걸 부담스러워할 수 있다라든가, '뭐 초면인데 그런 얘길 하냐' 내지는 '자기가 뭘 안다고', 그런 것들. 그다음에 또, 저는 뭐, 제가 약간의 외로움이라고 느끼긴 했지만, 제가 충분히 커버가 가능하다고 믿고 있었는데 선생님 말씀에 눈물이 쏟아지면서 '아 내가 그렇게 외로웠었나' 그런 걸 처음으로 인식한 거 같아요. 저는 외로움이 감당 가능한 거라고 봤는데 그게 가슴속에서는 크게 있었나 봐요.

정혜신 _ 그런 양미란의 모습을 접하니까 좀 어떻던가요. 당황스러웠나요?

양미란 _ 예, 되게 많이 당황했어요. 근데 그다음 날 되니까 되게 시원했거든요. 뻥 뚫린 것처럼.

정혜신 _ 5번의 시간은 미란 씨한테는 어떤 시간이었어요?

양미란 _ 변화해야겠다는 생각이 더 굳어진. 그러니까 예전부터 그런 생각을 하긴 했었지만, 더 구체화되면서, 좀 변해야겠다, 달라져야겠다 그런 생각이 들더라고요.

미란의 깨달음이 의미 있다. 좋다. 그러나 조금 아쉽다. 내면 깊숙이까지 몸을 담근 정도가 다른 사람들에 비해 덜했다. 그래서 미진한 느낌이 남아 있다. 나는 마지막으로 미란을 조금 더 독려해보기 위해 상담 동반자들에게 무언의 도움을 청한다.

정혜신 _ 그간, 미란 씨 얘기를 들으면서 얘기하고 싶거나 말해주고 싶거나 그런 거 혹시 있으세요?

황지혜 _ 결코 자만해 보이지 않았거든요.

신미수 _ 그 모습 계속 지켜도 될 거 같은데.

김해인 _ 내가 느꼈을 때도 선생님의 지적은 언니가 다른 책 이야기를 하려고 할 때가 특히 많았던 거 같아요. 선생님은 그냥 언니의 생각, 느낌을 물어본 건데, 언니는 그 책 얘기를 해주고 싶었다가 그 얘기를 못하고 딱 막히니까 그때 되게 자존심 상해하는 거 같았어요. 그때 표정이 살짝 바뀌는 게 좀 많이 달라 보였던 거 같아요. 그냥 봤을 때, 그렇게 자만심이 보인다거나 그런 건 아닌 것 같아요. 잘 숨기고 있는 것 같아. 아하하, 그죠, 언니?

황지혜 _ 미란 씨 말하는 게, '저 사람이 나한테 뭘 안다고 저래'라든가 아니면 '자만한다' 이런 느낌보다 '참 독특한 캐릭터다'에 더 가까워요. 아하하.

상담 동반자들은 미란을 우선은 지지해준다. 좋다. 그런 신뢰 관계를 바탕으로 그들이 미란에게 좀 더 내밀하게 다가가주길 기대하며 다시 한 번 묻는다.

정혜신 _ 미란 씨의 어떤 점이 그렇게 느껴지던가요?

황지혜 _ 아니, 그냥 툭툭 이렇게 말을 쉽게 하잖아요.

정혜신 _ 툭툭이란 건 어떤 의미예요?

황지혜 _ "뭐 그래요?" 이렇게 이야기하는 게 본인이 느끼는 것처럼 상대방한테는 자만으로 안 느껴진다는 거죠. 어떻게 보면, 약간 생각을 덜 하는 그런 느낌이긴 한데, 그냥 그렇게 살아도 참 편할 것 같긴 하다, 그런 느낌이어서.

김해인 _ 그러니까, 결정이 되게 빠른 듯한 느낌이 있는 거 같아요. 깊게 고민하지 않고 딱 단순하게, 이건 이거라고 결정하는.

황지혜 _ 저는 그냥 심플하네, 그런 느낌인데.

김해인 _ 맞아. 자만보다는 단순하다는 그런 느낌인 것 같아요.

그간 많은 얘기를 하며 깊은 공감을 나눠왔던 동료들이라서 매우 정확한 표현을 한다. 그렇다. 단순함이 자만으로 전달되곤 했던 미란.

황지혜 _ 본인은 계속 그걸 고쳐야 되고 노력해야 되고 뭐 그렇게 얘기하는데, 나는 어쨌든 그렇게 안 받아들였는데.

양미란 _ (우물쭈물하며) 예를 들면 직장 후배하고 점심 먹고 커피를 마시다가 "너 학사 학위 달랑 그거 하나 가지고는 진급 안 돼"라고 제가 말을 했어요. 근데, 가만 생각해보니까, 바로 옆에 그 비슷한 입장 때문에 실제로 진급에서 누락된 선배가 같이 있었던 거예요. '아, 이렇게 말하면 안 되는데' 싶어서 순간 움찔했어요. 선배가 사실 그 일에 진짜 많이 상처받았겠구나 싶으면서, 좀 의식하게 돼요. 자만은 아닌데 그런 것들요.

정혜신 _ 그런 일들로 일상에서 곤혹스러운 상황들이 좀 있었군요.

양미란 _ 네. 그러니까, 상대는 뭐라고 안 해도 저는 아차 싶고, 좀 미안하기도 하고. 자만한 거보다는 생각이 짧아서 실수한 게 많은 것 같기도 해요. (말간 표정)

정혜신 _ 다른 사람들이 바라보는 미란 씨는 어떤 것 같아요? 직장 외에도 다른 주변 사람들이 양미란이라는 사람을 지금까지 어떻게 생각하고 있는 것 같아요?

양미란 _ 마음속 나쁜 얘기는 잘 안 하니까, 나쁜 건 잘 모르겠는데, 그냥 던지는 말로는 양초딩이라고, 초딩 같다고. 으흐. (뭔가 좀 걸리는 듯) 되게 만날 밝고 활기차다고 말은 그렇게 해요. 잘 웃고 그러다가도, 또 갑자기 뭐 화를 내기도 하고. 그래서 그런지, 잘 모르겠어요. 기분파라는 건지, 할 말 다 하는 스타일이라는 건지, 사실 잘 모르겠어요.

정혜신 _ 음. 다른 분들, 지금 미란 씨 이야기 들으면서 미란 씨에 대한 개인적인 느낌 있으면 얘기하셔도 좋아요.

신미수 _ 저는 초딩이라는 말이 되게, 맞아 아하하하. 그러니까 초딩이라는 게 애들 이미지. 그리고 언니는 이렇게 집에서도 별로 별 문제 없이 굴곡 없이 컸다고 했잖아요. 언니 얘기 들으면, 부잣집에 아무 고민 없는 그런 드라마 여주인공 있잖아요. 자기가 하고 싶은 말 다 하고 그냥 그렇지만 되게 사랑스러운 주인공 있잖아요. 되게 뭐랄까, 어, 어떻게 보면 되게 싸가지 없지만, (양미란 좀 웃고) 어떻게 보면 되게 귀여워. 밉지 않은 그런 캐릭터 있잖아요.

황지혜 _ 진짜 솔직해졌다. 아하하하하.

신미수 _ 드라마에서만 봤던 그런 것들만 접해봤는데 있는 게 너무 신기해요. 그래서 언니가 하는 행동들이, 그게 모르는 사람들은 오해를 할 수 있을 것 같아요. 근데 아는 사람들은 오히려 그게 부러운 장점이 아닌가, 그런 생각도 들어요.

김해인 _ 나도 부러운데.

신미수 _ 언니는 무슨 문제가 있어서 그런 게 아니라 그냥 티 없기 때문에 나오는 행동들? 그렇게 느껴졌어요.

진짜 그럴까? 미란이 그동안 자기 마음을 잘 열지 못했기 때문에 이들이 미란의 단순함을 '고민 없는 부잣집 딸'로 인식하고 있는 것은 아닐까. 미란의 자기 인식도 여기서 크게 벗어나지 못하고 있을지 모른다.

양미란 _ 저희 엄마 아빠도 사이좋고 금슬 좋고 그런 건 전혀 아니고요. (어색하게 웃으며) 엄마 아빠도 되게 많이 싸우시거든요. 좀, 저 같은 경우는 엄마 아빠가 싸우면 신경을 안 써요. 그냥 내 방에서 내 할 일 하고요, (어색하게 웃으며) 동생은 막 말리고요. 그냥 남한테 좀 관심이 없어서 영향을 좀 덜 받는 것 같아요.

'그까짓 거 아무것도 아니란 듯' 말하지만 미란이 자기 상처를 내비치는 순간이다. 힘든 감정을 회피하는 미란의 패턴은 이 순간에도 자기에 대해 솔직하게 말하기 어려워한다. 미란의 성격이 쿨해서라기보다 자기 감정을 직면할 수 있는 심리적 힘이 적어서였을 것이다.

황지혜 _ 근데 관심 없다 그러지만 계속 신경 쓰며 전전긍긍하는 거 같아.
신미수 _ 그러게. 되게 모순되긴 해. 나 하고 싶은 거 다 하긴 하면서도 또 남들 반응에 되게 예민하게 신경 쓰는 것 같기도 하고. 되게 종잡을 수 없는.

미란에 대한 섬세한 평가들이 속속 나온다. 미란은 감당할 수 있을까.

정혜신 _ 내가 미란 씨한테 했던 말에 대해서 첫 시간부터 지금까지 미란 씨가 맘속에 계속 두고 있는 것도 비슷한 느낌이지요?

양미란 _ 그게 내가 항상 뭘 잘하고 싶다는 생각이 있는데요. 아, 지적을 받으면 자신감이 뚝 다운되는.

정혜신 _ 잘하지 못하게 되면 양미란이란 사람이 어떻게 될 것 같은데요?

양미란 _ 스스로가 속상한 거죠.

정혜신 _ (조심스럽게) 어느 정도인 걸까.

양미란 _ 오래는 안 가는데요, 그 순간부터 얼마간은 되게 절망적으로 되는 것 같아요.

정혜신 _ 절망적이라. 어떤 생각들이 드나요, 그런 순간에?

양미란 _ 면박을 당한 느낌? 이 사람들이 나를 미워하는 거 아닌가 하는 생각들?

정혜신 _ 사람들이 미란 씨를 미워하면 어떻게 되는데요? 그럴 때 어떤 상황들을 상상하게 되나요?

양미란 _ (갑자기 울먹이며) 그것도 되게, 저도 사랑받고 싶은 마음이 있는 것 같아요. 모르겠어요, 저도. 제일 힘들 때가 (목소리가 떨리며) 제가 면박을 당하는 상황. 상대방은 그런 의도가 아니어도 그걸 되게 잘 기억해요. 그 사람에 대해서 미워한다기보다는 그 사람을 무서워하게 되는 것 같아요. 그런 상황 자체에 대해서.

정혜신 _ 이런, 무서웠구나.

면박당하면 '창피하다, 화가 난다'라고 하지 않고 '무섭다'고 한다. 창피, 화, 불안 등의 감정이 그 상황과 어울리는 자연스런 감정이라면 무서움은 연결성이 조금 떨어지는, 특별한 반응이다. 그런 감정일수록 개인의 무의식 깊은 곳의 상처와 특별하게 연결된 감정일 가능성이 높다. '무섭다'는 표현에서 미란의 깊은 상처가 희미하게 드러난다. 마지막 시간에 비로소 마음을 여는 미란이 반갑고 고맙다. 힘들겠구나, 미란.

양미란 _ 그래서 더 조심하게 되었나 봐요. 조심하거나 아니면 두고 봐라 내가 복수해야지 그런 생각이 있었어요. (눈물을 계속 흘림. 황지혜가 자신의 가방에서 화장지를 꺼내 양미란에게 준다)

황지혜 _ 선생님의 질문을 받고 저도 당황스러운 적이 많았어요. 말을 하고 싶은데 단어가 달려요. 마음을 표현하는 단어가요. 보면 감정을 표현하는 단어가 되게 많이 있잖아요. 근데 정작 제가 쓰는 단어는 정말 몇 가지 안 되더라고요. 그동안 안 써서. 정말 몇 가지 안 쓰고 살았고 몇 가지 모르고 살았구나, 라는 생각을 하게 되더라고요.

신미수 _ 그리고 감정의 강도를 많이 낮춰서 얘기하고 있지 않아요? 마음에서 느끼는 감정의 강도는 더 센데 어휘 선택을 좀 순화하려는 버릇도 저는 있더라고요.

지혜가 갑작스레 감정을 터뜨리는 미란을 보호하려고 나선다. 미란을 두둔하려고 자신의 어려움도 더 분명하게 꺼낸다. 미란이 많이 안쓰러웠나 보다. 왜 미란에게 그렇게 심하게 했느냐고 나에게 약간의 항의를 하는 것 같기도 하다. 미수도 지원사격을 한다. 심성이 고운 사람들이다. 이런 심성이 합쳐지니 치유적 기운이 탄탄하게 형성되지 않을 수가 없다.

  4명이 함께 시작했지만 마음을 여는 방식과 속도, 정도는 모두 개별적이다. 네 사람 중에 마지막까지 맘에 남는 사람은 미란. 다른 사람에 비해 상대적으로 자신의 심리적 불편함을 또렷이 감지하지 못하는 것 같아서. 기둥 뒤에 숨었다가 갑자기 고개를 내미는 아이처럼 자신의 문제를 불쑥불쑥 꺼내긴 했지만 자기를 잘 펼쳐 보이고 그걸 자연스럽게 들여다보는 단계까지는 가지 못했다. 그럼에도 6번의 세션 중에 미란에게 의미 있었던 순간들이 몇 차례 있었다. 앞으로 미란이 살아가는 도중에 그 순간, 그 순간의 느낌들이 가끔 떠올랐으면 좋겠다. 그래서 미란이 주춤, 하며 자신을 살펴보거나 멈칫, 하고 자기에 대해서 다시 찬찬이 돌아보게 되는 계기가 되길 간절히 바랄 뿐이다. 6번의 세션을 통해서 부족한 내가 미란을 도울 수 있는 부분은 여기까지였나 보다.

매끈하게 정리되지 않는 것, 그것이 사람 마음

김해인 _ 저는 저를 많이 꺼내놨던 것 같아요. 살면서 제가 저 자신한테 좀 거짓말을 많이 했구나. 감정에 대해서 그런 걸 깨달았던 거 같아요. 지금도 잘 지낸다고 생각하지만 예전보다 많이 나아졌다고 생각하지만, 그래도 여전히 혼란스럽기도 하고, 진짜 잘 지내는 건가? 잘 지낸다고 내가 애써 내 감정을 그렇게 생각하고 있는 건 아닌가? 그리고 어떤 상황 같은 걸 얘기할 때도 좀 더 객관적으로 보고, 문제가 있는 다른 사람들에 대한 생각도 멈추기보다 조금 더 생각해보고, 그런 계기가 된 거 같아요. 좀 가벼워지기도 했고. 그런 생각이 들어요.

이들 마음속에는 마지막 시간이니까 어느 정도 좋게좋게 마무리하자는 마음이 있을 수 있다. 그 때문에 그에 반하는 미진한 감정들은 자동적으로 누르게 될지도 모른다. 이것을 다시 한 번 깨닫는 것은 매우 중요하다. 그래서 한번 딴지를 걸어본다.

정혜신 _ 음. 너무 매끈하게 정리를 하는 것 아녜요? (일동 웃음)

김해인 _ 저는 좀 이상한가 봐요. 왜 자기를 위로해주는 사람 만나면 막 슬픈 감정에 빠져들 때 있지 않아요? 여기가 어떻게 보면 자기 상처를 드러내는 곳이잖아요. 그래서 내가 내 상처를 충분히 다 떠나보냈는데도 여기에 와서는 그 감정을 지금 회상하고 있는 것 아닌가, 그런 생각을 하면서도 내가 필요 이상으로 이성을 잃고 있는 거 같은, 막 정신줄을 놓고 있는 거 같은, 그런 때가 많았어요. 막말로.

황지혜 _ 요번엔 매끈하지 않아서 참 좋아. (웃음)

지혜 말이 맞다. 매끈하지 않은 모습이 더 자연스럽고 좋다. 사람 마음은 본래 매끈하지 않은 것이므로.

김해인 _ 그런데 또 집에 가면은 여기서 힘들게 말하고 울었던 것 싹 잊고 너무 잘 살고 있거든요. 그러니까 여기 앉아서 나오는 감정이 정말 지금 내 안에서 내가 느끼고 있는 감정인지 아니면 과거의 슬펐던 일들을 내가 막 괜히 끄집어내서 그걸 다시 회상하는 과정인 건지 이런 것에 대한 혼란이 있었어요.

정혜신 _ 두 가지가 다 해인 씨 마음 아닐까? 두 가지 모두가.

김해인 _ 제가 또 결론을 내리려고 했나 봐요, 아하.

정혜신 _ 그래서 과도하게 정리를 하려고도 하고.

김해인 _ 그런가 봐요. 정리를 착착착 하는 게 꼭 좋은 건가 그런 생각이 지금 드네요. 그냥 나에 대해서 조금, 잘, 내 감정을 잘 헤아리는 데 어떤 기회가 된 것 같아요. 하여튼 지금까지 내가 나를 너무 잘 속이고 있었던 것 같은 생각이 들었어요.

자기 감정을 반듯하게 정리하고 통제하려다 보면 언제나 더 큰 혼란에 빠지게 된다. 마음결, 감정결 같은 것은 본래 반듯하게 정리되지 않는 것이기 때문이다. 상호 모순된 것들이 동시에 들어 있고, 하나의 대상이나 상황에서도 동시에 여러 가지 상반된 감정들이 생기는 것, 그것이 사람 마음이다.

황지혜 _ 제가 첫날 얘기했을 거예요. 이런 데 오면 꼭 가족 얘기 해야 되던데 꼭 해야 되느냐고. 그런 생각 되게 많이 했거든요. 내가 이 감정을, 또다시 내가 그 얘기, 그 감정을 굳이 또 끌어내야 하는 건가. 그러니까 나는 이 자리가 불편했던 거였거든요. 근데 세 번짼가 네 번째 세션 하고 나서, 제 생각은 그거였어요. 이건 내가 보낸다고 보내질 수도 없는 거다. 딱 그 표현이 저한테는 저 스스로 얘기하면서 다가왔던 게, 습한 간을 말리는 느낌이었어요. 으허허. 습한 간을 말리는. 그게 약간 이렇게 뭐라 그럴까, 습기 차고 그런 데서 습진이 생기잖아요. 근데 내가 용기 내서 꺼내면 걔가 이렇게 햇빛 받아서 마르잖아요. 나한테 안 좋은 어떤 감정이 분명히 있고, 내가 살다 보면 언젠가 그 감정이 다시 차오를 때가 있을 텐데, 그냥 먼저 내가 다른 사람들한테 꺼내서, 뭐라 그럴까, 별일 아니라고 위로받는 느낌? 그러다 또 지나가면 잊어버리고 살다가 그렇게 또 그 감정을 만나면 또다시 꺼내서 말리고 그러면 되고. 근데 저는 이 세션 마치고는 다른 데 가서는 내 아버지 얘기를 하고 싶진 않을 것 같아요. 하지만 내가 얘기를 꼭 해야 되거나 하고 싶은 상황이 온다면 뭐 굳이 안 꺼낼 이유도 없을 것 같아요. 할 것 같아요. 저도 사실 원래 그런 성향이 되게 강하거든요. 매사 정리하려고 하는 강박적인.

정혜신 _ 그랬죠, 사실.

황지혜 _ 지금도 그래요, 사실. 근데 저렇게 딱딱 정리하고 나면 일단 그 순간은 편한 것 같은데 다시 오면 막 이렇게 애들 퍼즐 다 맞췄다가 훅 털어버려가지고 확 섞어버리는 그 느낌 있잖아요.

정혜신 _ 실상은 하나도 정리된 게 아닌.

황지혜 _ 그렇죠. 근데 나는 정리했다고 뿌듯해하고, 그러면서 또 의심하고. 이게 진짜 정리된 걸까. 그러면서 혹시 정리 안 된 게 있나 막 구석구석 탐색하고. 그런 골치 아픈 반복 속에서 살았던 것 같아요. 그래서 해인 씨가 그렇게 애쓰는 게 안쓰러웠어요. 뭘 그렇게 애써. 호호

김해인 _ (잠시 침묵) 그게 애쓰는 거구나. 나는 그냥 할 수 있는 걸, 생각나는 걸 하는 거라고 생각했는데. 내가 그런 거였구나.

'아 내가 그런 거였구나, 내가 그래서 그랬구나!' 하는 실감(aha experience)은 자기성찰의 또 다른 이름이다. 이런 실감이 일상에서 늘어날수록 사람은 반복되던 자기 패턴에서 조금씩 벗어나기 시작한다.

편안하고 강박적이지 않은 지혜의 태도가 건강하다.

에필로그

상담이란 조금 특별한 기차 여행 같은 것

드디어 6주에 걸친 집단 상담이 끝났다. 상담 중에 자주 그렇듯 나는 이들과 현실 세계에서도 그랬지만 꿈에서도 자주 만났다. 두 번째 상담을 마친 날, 꿈에서 지혜가 해준 떡볶이를 모두 함께 나눠 먹었다. 네 번째 날, 상담을 마치고 나간 4명이 내 사무실 골목 카페에서 늦도록 얘기 나누고 있는 모습을 퇴근하다 우연히 목격했다. 2시간 상담과 연결된 후일담이 진행 중인지 커다란 통창에 비친 그들의 모습은 영화처럼 매혹적이었다. 특히 미수가 열변을 토하며 흔들던 손놀림이 지금도 눈앞에 선하다. 미수에게 그렇게 적극적인 모습이 있었다니, 하고 혼자 좋아했었다. 마지막 상담이 있던 날, 우리 모두에게 각자 어울릴 것 같은 꽃을 선택해서 꽃다발을 만들어 온 해인의 모습을 떠올리면 지금도 미소가 지어진다.

깡마른 해인은 꽃다발에 파묻혀 거의 보이지도 않았다. 모두가 꽃이 된 느낌이었다. 만개한 봄꽃처럼 우리는 그날 흐드러지게 웃었다.

이번 여정에서 나는 그들의 언니나 친구 혹은 엄마로 함께 울고 함께 화냈으며 귀 쫑긋 세우고 깊이 눈 맞췄다. 마찬가지로 내게 그들은 때로 스승처럼 웃었고 때론 가시나 회초리처럼 내 등짝을 내리쳤다.

상담이란 조금 특별한 기차 여행 같은 것이라고 나는 생각한다. 비유하자면, 치유자인 나는 중간역 어디에서 기차에 올라타는 사람이다. 출발역에서부터 타고 온 누군가와 함께 긴 얘기를 나누다 어느 역에선가 나는 내리고 그는 자신의 기차를 타고 종착역까지 계속 간다.

나는 6주 동안 이들 4명 각자의 기차에 올라타서 한참 얘기를 나누다 내렸다. 그들 각자의 기차는 자신의 종착역을 향해 앞으로도 계속 달려갈 것이다.

시간이 지난 지금, 우리가 그동안 함께 나누고 느끼고 깨달았던 것들이 미수, 해인, 지혜, 미란의 일상에 어느 정도나 번져 있을까. 난 그게 또 궁금하다. 아무리 경험이 많이 쌓여도 이런 감정은 되돌이표처럼 똑같다.

그들이 궁금하지만 나는 그들의 기차에서 이미 내렸고 그들은 자기 길을 가는 동안 나와 함께, 우리와 함께 호흡했던 순간의 느낌과 파장들을 그들 안에서 가끔씩 잔잔하게 떠올릴 것이다. 그러면 그것으로 충분하지 않겠는가.

시간이 더 흐르면, 시골 간이역의 대합실에서 막차를 기다리는 사람들과 함께 톱밥 난로에 불을 지피던 시인처럼 나도 그들의 이름들을 가만히 떠올리고 있을 것이다. 분명히.

> 단풍잎 같은 몇 잎의 차창을 달고
> 밤 열차는 또 어디로 흘러가는지
> 그리웠던 순간들을 호명하며 나는
> 한 줌의 눈물을 불빛 속에 던져 주었다
> —곽재구, 〈사평역沙平驛에서〉

당신으로 충분하다

첫판 1쇄 펴낸날 2013년 6월 15일
10쇄 펴낸날 2021년 5월 20일

지은이 정혜신
발행인 김혜경
편집인 김수진
편집기획 김교석 조한나 이지은 유예림 유승연 임지원
디자인 한승연 한은혜
경영지원국 안정숙
마케팅 문창운 박소현
회계 임옥희 양여진 김주연

펴낸곳 (주)도서출판 푸른숲
출판등록 2003년 12월 17일 제406-2003-000032호
주소 경기도 파주시 회동길 57-9, 우편번호 10881
전화 031)955-1400(마케팅부), 031)955-1410(편집부)
팩스 031)955-1406(마케팅부), 031)955-1424(편집부)
홈페이지 www.prunsoop.co.kr
페이스북 www.facebook.com/prunsoop **인스타그램** @prunsoop

ⓒ정혜신, 2013
ISBN 978-89-7184-691-9(03180)

* 이 책은 저작권법에 의해 한국 내에서 보호를 받는 저작물이므로 무단 전재와 복제를 금합니다. 이 책 내용의 전부 또는 일부를 사용하려면 반드시 저작권자와 (주)도서출판 푸른숲의 동의를 받아야 합니다.
* 잘못된 책은 구입하신 서점에서 바꾸어 드립니다.
* 본서의 반품 기한은 2026년 5월 31일까지입니다.